北航 MPA 案例系列教材

公共治理
创新实践案例与分析

蔡劲松　陈文博 / 主编

北京航空航天大学出版社
BEIHANG UNIVERSITY PRESS

图书在版编目（CIP）数据

公共治理创新实践案例与分析 / 蔡劲松，陈文博主编. -- 北京 : 北京航空航天大学出版社, 2025. 3.
ISBN 978-7-5124-4506-2

Ⅰ. D63

中国国家版本馆CIP数据核字第2024QY8891号

公共治理创新实践案例与分析

责任编辑：李　帆
责任印制：秦　赟
出版发行：北京航空航天大学出版社
地　　址：北京市海淀区学院路37号（100191）
电　　话：010－82317023（编辑部）　010－82317024（发行部）
010－82316936（邮购部）
网　　址：http：//www. buaapress. com. cn
读者信箱：bhxszx@163. com
印　　刷：北京九州迅驰传媒文化有限公司
开　　本：710mm×1000mm　1/16
印　　张：22. 25
字　　数：351千字
版　　次：2025年3月第1版
印　　次：2025年3月第1次印刷
定　　价：88. 00元

如有印装质量问题，请与本社发行部联系调换
联系电话：010－82317024

前　言

我国公共管理硕士（Master of Public Administration，MPA）专业学位教育肇始于世纪之交，迄今已经走过20余年的发展历程，累计为政府部门及非政府公共机构培养了30余万名MPA毕业生。MPA教育不仅成为提升中国公共管理者整体素质和能力的重要途径，也促进和强化了公共管理理论创新与本土实践的结合，为推动我国干部队伍建设、公务员培训和其他公共治理人才的体系化建设，推动国家治理体系和治理能力现代化，作出了不可替代的贡献。

党的十八大以来，党中央作出一系列关于完善国家治理体系和治理能力、提升公共治理水平的重大决策部署。党的二十大明确提出，到二〇三五年“基本实现国家治理体系和治理能力现代化”，这为高质量MPA人才培养工作提出了更高要求和根本遵循。当前，面对百年未有之大变局的复杂性和不确定性，MPA教育应更加注重聚焦中国特色的治国理政实践应用场景，加强公共治理领域的创新规律、应用经验和典型案例的调查研究。需要指出的是，对于中国特色公共治理实践创新案例的研究探讨，重在运用公共管理学科专业知识、理论和科学方法，围绕真实的公共生活、公共事件、公共政策，对治理实践创新反映的现实问题进行系统分析，既要体现调查分析的理论性、实践性、创新性特征，更要深入剖析问题根源，提出解决思路、方法及对策举措。在此背景下，MPA教育作为长链条、全方位、多环节的人才培养体系，其案例教学在全过程人才培养中的作用日益凸显。

一般而言，公共治理是通过管理、调节和优化政府内部、政府与社会、政府与市场等多重关系，以最优途径实现管理目标、提升治理效能的方式和手段。从自主知识体系建构和实践创新研究的视角看，公共治理案例撰写主要包括案例正文和案例分析报告两部分，具有三方面特征：一是对公共治理实践案例事件的全貌信息进行系统收集、整理和处理，实现案例信息的结构化、凝练化、故事化呈现；二是运用公共管理学科专业知识、理论和科学方法对信息资料进行深入剖析，提出解决问题的具体思路、方法和对策建议；三是通过案例凝练写作、研讨交流和案例大赛等环节，推动 MPA 学生将政治判断力转化为公共价值塑造能力，将理论领悟力转化为公共管理深化能力，将政策执行力转化为公共治理实践能力，同时促进对公共管理学科概念、理论和模型的系统性反思与创新性建构。

基于此，本书精选编撰了 12 个典型案例，力求生动呈现中国式现代化进程中公共治理领域的实践创新与探索，主要涵盖社区与环境治理、文化与城乡治理、技术与数字治理等方面内容。这些案例客观反映了新时代我国公共治理实践的创新成果，通过具体情境剖析中国特色公共治理的成功路径与经验，为 MPA 案例实践教学提供参考和支撑。同时，本书以讲好中国故事、传播中国声音为主旨，希望引导读者深入思考现实问题，激发创新思维，为公共管理理论与实践提供多元启发和借鉴。

作为北京航空航天大学 MPA 教育案例系列教材之一，本书不仅适用于高等院校公共管理及相关专业本科生、研究生的案例教学，也可作为公共管理领域研究人员和从业者的参考读物。囿于编者能力和水平所限，书中难免存在疏漏不足之处，恳请专家学者和读者朋友批评指正。

编　者

2025 年 2 月

目录

社区与环境治理

"聚智"与"共治"*

——沈阳市皇姑区M社区多元协同治理模式经验探析

摘要：M社区建于20世纪80年代，是一座典型的老式居民小区。2021年，M社区开启全面改造工程，社区党委坚持党建引领，深入践行"两邻"理念，实施"党建聚邻、服务暖邻、科技安邻、社会助邻、和谐睦邻、文化亲邻"六邻工程，聚焦"老百姓的事有人管，管得有条有理管到位；老百姓的苦有人问，问寒问暖问到家"，持续推进民生改善。积极探索体现时代特征、满足群众需要的基层社会治理新模式，形成"皇姑模式"典型代表。通过强化党建引领、改善人居环境、提高民生服务质量等一系列创新治理，老社区如今有了新模样。M社区的改变是由内而外的，真正做到了"老小区新改造、老邻里新生活"，成为基层治理示范社区。2022年8月，习近平总书记来到辽宁省沈阳市皇姑区M社区考察，对这里的变化给予了充分肯定。

关键词：基层治理；共建共享；社区营造；全要素社区

引言

2022年10月2日，一大早，沈阳市皇姑区M社区的李先生一家就早早地

* 本案例由北京航空航天大学公共管理学院硕士研究生冷霜、李伟、李秋妍、李昂撰写，指导教师为北京航空航天大学公共管理学院陈文博老师。案例研究过程中得到相关单位领导干部、部分居民的大力支持和帮助，在此深表谢忱。

起床了。老两口一边谈论着今天的着装，一边互相开着对方的玩笑。10 月初的天气虽然已有些许寒意，但依然挡不住老两口的喜悦。

今天，是他们社区老人为庆祝国庆、表达幸福生活感受，而进行舞台歌舞表演的日子。对于社区居民来说，这样的场景，在过去是不曾想过的；对于李先生一家更是如此，现在的社区生活如此幸福快乐是老两口想不到的，更出乎他们意料之外的是，搬走之后的某一天还能重返故居。

M 社区始建于 20 世纪 80 年代，是一个典型的老旧小区，充满了历史气息和文化底蕴，但曾经也面临着“房顶漏”“下水堵”等问题。

1991 年住进 M 社区的李先生一家，于 2008 年决定离开这个他们生活了 17 年的地方，尽管包含诸多不舍及不情愿。想不到的是，10 年后的 2019 年，李先生一家再次回到阔别已久的 M 社区生活。与离开时的情景不同，满脸的遗憾和沮丧已不见踪影，取而代之的是满堂的欢声笑语。是什么原因又让他们搬回来了呢？

原来是因为 M 社区开始重视一系列民生问题，并于 2019 年开始进行基础改造、提高服务质量。M 社区如今已经焕发出新的生机，红色的外墙显得格外美观大方，道路两旁有茂盛的绿植，改造后的路面平整干净、焕然一新，令人赏心悦目，一举成为基层治理示范社区。

“改造”让 M 社区的“颜值”提升，居民的获得感和幸福感自然也跟着提升。随着“硬件”设施的不断升级，“软件”也跟上了时代的发展步伐，利用信息化管理平台，运用数字化网格管理为居民的生活带来了便利。

“人在网中走，事在格中办”，各种服务资源与服务力量下沉到一线，使得居民的服务保障更加有力量。李先生老两口经过仔细考察后，决定搬回来，再次回到阔别已久的 M 社区，开启了属于他们的新生活。

从“住有所居”到“住有宜居、住有美居”，M 社区将“小区改造”“社区营造”作为提升老百姓幸福感和获得感的重要内容，持续发力。此中种种，值得分析与探讨。

一、案例正文

（一）起：今昔变迁——忽如一夜“春风”来，节物风光不相待

2022 年 8 月 17 日，习近平总书记莅临 M 社区。随后引来了一些居民前来参访打卡，该社区更是被誉为“老旧小区改造‘天花板’”。

图 1　M 社区（图片由建设方提供）

根据 M 社区居委会提供的相关数据，地处沈阳市皇姑区的 M 社区（见图 1），建于 20 世纪 80 年代，与世界文化遗产清昭陵隔街相望，用地建筑面积 29 万平方米，从白山路一直延伸到黄河北大街，从牡丹江街一直延伸到乐山路。共有 2 个园区，60 栋居民楼，居民总户数 3 094 户，总人口 10 187 人，60 周岁及以上老年人 4 637 人，占比高达约为 45.52%，且独居、空巢老年人居多。

2019 年，M 社区积极投入社会化管理，经过 3 年的基础设施改造和服务提升，已成为沈阳市基层治理的典范，并荣获“全国科教进社区先进单位”“全国青少年科技教育培训基地”“辽宁省社会治理示范单位”“辽宁省和谐示范社区先进单位”“沈阳市平安社区”“沈阳市老龄工作高标准示范社区”等荣誉

称号，作为“美好环境与幸福生活共同缔造”全国试点社区，M社区积极地推动社区建设和发展，曾多次代表省、市、区迎接全国各级部门的考核验收。

1. 社区环境风貌之变

M社区的环境有待提高，这与一些老旧小区相似，由于比较缺乏科学统一的城市规划和日常维护管理，这些街区存在一些需要整改的地方。例如，楼体缺少保温层，冬天室内气温不达标。部分小区存在一些私搭乱建的现象，居民没有活动的场所，道路也拥挤狭窄、坑洼不平等（见图2）。

图2　M社区改造前旧照（图片由M社区居委会提供）

对老旧小区进行改造是提升百姓居住幸福感的重要工作之一，对满足人民群众的美好生活需求有着重要意义，是党和政府一直在大力推动的工作。2020年7月，国务院办公厅发布了《国务院办公厅关于全面推进城镇老旧小区改造工作的指导意见》（国办发〔2020〕23号），旨在全方位推进城镇老旧居民小区改造工作，以提升居民生活质量和社会环境。随着政策的出台，我国各种规模的老旧小区改造工作正在积极推进。为了进一步提高市民的生活品质，各个居民小区都要根据实际情况，科学规划，采取最有效的改革措施，以满足市民的需求。

近几年来，M社区发生了变化。2019年，M社区开始了全面的基础改造，对居民小区的基础设施实行了全面的维护和更新，以提升社区基础建设的整体水平。2020年，M社区主动响应政府号召，积极谋划本社区的建设升级问题，经过细致的规划设计，于2021年开启了全面改造工程。实施了“一拆五改三增加工程”：“一拆”是指拆除违建；“五改”是指地下管网改建、线缆入地改建、墙体防水环保改建、路面改建和绿地工程改建；“三增”设是指加强党群公共服务管理中心的功用，加强各种文体服务设施，以及加强安保服务设施，以提升社区综合环境质量。

经过改造的M社区内路变平了、街灯亮了，各种设施得到有效完善（见图3至图5）。

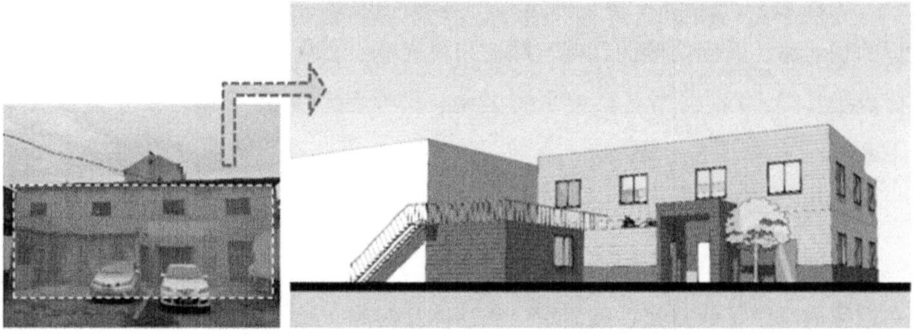

图3　锅炉房改造前后示意图（图片由建设方提供）

图 4　居民楼栋增设保暖层与美化前后对比图（图片由建设方提供）

图 5　加设凉亭的广场前后对比示意图（图片由建设方提供）

小区从“内”到“外”发生了一系列的改变，现在刷卡进院后，踏上平坦的柏油路，看到两侧的红楼、绿树相映成趣，文化长廊、健身器材、休闲长椅点缀其间，“梧桐书房”内书香萦绕，群众活动中心、养老服务中心欢笑不断……

2. 群众精神面貌之变

社区居民的精神面貌也随着环境的改变而发生了变化。改造后的 M 社区在辖区内开设了健身室、阅读室、非遗体验馆等文化娱乐场馆，过去多数除去买菜就只能在家蜗居的老年人，有了新的去处，冬天可以去健身房健身，夏天可以去广场跳广场舞；过去邻里见面无处聊天，现在社区公园旁、花坛边，到处是笑脸洋溢的老年人；过去居民到社区办公室来就是反映房内屋外各种解决不了的问题，现在居民到办公室来聊的都是社区环境变化带来的喜悦。

（二）承：共治之难——社区发展“蜀道难”，难在共识与共建

1. 对社区建设的责任主体比较欠缺共识

居委会、物业公司和业主委员会在一般意义上被视为社区管理的核心，但实际上，三者之间面临着职责混淆、划分不清晰、职权交错的难题，这是一个普遍存在的现象，三者在社区建设的一些问题上缺乏共识。居委会承担着来自行政部门的职责，但面临的“行政化困境”使其基本无暇顾及社区的自治性管理事务；物业公司本应是提供公共服务的主体，但由于侵害物业公司权益的事情会出现，使得它们处在一个敌对的位置；而业主委员会在社区管理中处在劣势，运转面临着“五难”，无法召集业主代表大会，筹建业主委员会也变得困难，常规运转也受到影响，对其成员的监督也变得困难。社区治理是一项重要的工作，旨在促进社区和谐，社区治理三主体的角色错位和三主体边界的模糊化，使得对社区建设的责任主体比较欠缺共识。

2. 居民对社区建设比较欠缺共建热情

社区公共利益是促使居民参与社区建设的关键因素，公共利益越多，参与热情越高；公共利益越少，参与热情越低。通过走访了解到，社区此前开展过的如文明城市创建等公共服务虽然提供了一些便利，但没有直接给居民带来实质性的利益；而且有些服务还存在明显的群体偏好，无法引起集体利益的共鸣，导致居民缺乏热情。此外，参与此类服务的成员，较少有获得其他居民肯定的机会。正如亚伯拉罕·马斯洛（Abraham Maslow）的需求层次理论所揭示的，尊重的需要和自我实现的需要，是人类较为高级的需求。社区居民当然希望在参加社区建设的过程中发挥个人作用，获得社区和邻里的认可，但由于社区缺少相应的激励制度，社区居民参与社区共建的主动性与积极性难以有效调动。

3. 对美好社区建设的路径不清晰

在对建设主体比较缺乏共识、对社区共建比较缺少热情的情况下，社区建设的路径愈加模糊不清，谁是主体力量？如何发动主体力量？这两个问题成为

摆在眼前的核心问题。通过前期社区调研、走访社区居民，收集居民对社区环境和社区文化的意见，发现此前由于居民缺少与同街区其他居民的信息交换，彼此之间的关系变得疏远淡漠，因此在组织、召集居民共同参与社区治理服务上存在一定的难度。虽然社区通过各方力量的参与完成社区自组织、自管理、自治理、自发展，促进社区的发展。但从路径探索的角度来看，社区调动多方资源来培育社区归属感、建设社区生活共同体、创造社区新文化和提升社区的发展潜能等，路径比较模糊。

（三）转：推进举措——凝心聚力谋发展，共同缔造新生活

1. 党建引领，筑牢基层治理根基

习近平总书记于2022年8月17日考察M社区时指出：“要加强社区基层党组织建设，加强和改进社区工作，推动更多资源向社区倾斜，让老百姓体会到我们党是全心全意为人民服务的，党始终在人民群众身边。”①

M社区党委坚持将党的领导贯穿小区治理全过程、各方面。M社区党委下设16个党支部（其中自管党支部10个、非公党支部5个、联合党支部1个），自管党员507名。“一张网”将整合党建、综治等网格，将执法力量、民生部门及保障服务全部纳入治理网格，实施定人、定岗、定责、实名，以实现“同网共治”。秉承“民事共商、社区共建、家园共治、成果共享”工作理念，推行坚持社区党委1个核心，统筹社区党组织、居委会、“大党委”、社会组织、自治委员会、“两代表一委员”等6方力量，解决群众“N”个诉求的“1+6+N”工作模式，搭建互信共赢、协调配合、议事共建平台。

（1）坚持党委“1”个核心，强化“红色引领”作用

“1+6+N”工作模式之“1”：社区党委组建大型党委组织，充分发挥其

---

① 在新时代东北振兴上展现更大担当和作为 奋力开创辽宁振兴发展新局面［N］. 人民日报，2022-08-19（1）.

在统筹区域力量上的优势，实现全面协调、有效推进工作，实现社会发展目标，推动党建与群团组织的协作，动员社会资源，推进“大党委”下各组织机构的协调合作。通过大党委促成两家有矛盾的企业“握手言和”，为社区提供一处闲置锅炉房，并通过大党委下的工会投入、企业赞助等方式，对锅炉房进行改造，新提供一处660平方米的“友邻之家”，兼具多项活动功能。当地某公司作为大党委成员企业，与市房产局协商，提早开展M社区634户“三供一业”改革试验，加装楼栋保温层，以解决群众的实际问题。政府更加灵活地介入社区治理，指导广大党员主动牵头、示范，吸引、整合各方力量介入社区治理，进一步加强和创新社区管理工作，推动社区自治发展，以期达到更好的社会效益。社区党委通过引领居委会、“大党委”委员、社会组织、自治委员会、“两代表一委员”，共同作为社区管理的六个重要主体，搭建了互信共赢、协调配合、议事共建的平台，承担领导、管理、服务、协调等职能。通过解决好社区存在的突出问题，实现“共商、共建、共享”，打造助邻宜居新家园。

(2) 整合社区“6”方资源，全力打造“两邻”幸福圈

“1+6+N”工作模式之“6”：整合6方资源，共促社区营建。

资源1：充分发挥基层党组织优势，建立完善的四级党组织工作体系。为推动党的“末梢神经”向居民小区和楼栋延伸，构建“社区‘大党委’—楼院党支部—单元党小组—优秀党员（党员中心户）”四级党组织体系①。同时，致力于实施“党员骨干倍增”工程，并利用全国劳模唐乾三等优秀楷模的示范引领作用，通过“一带一、一带N”等方式不断地提升党员队伍的素质和影响力。成立“牡丹劳模志愿服务队”“巾帼萤火志愿服务队”“老兵义务巡逻队”等社区志愿组织，利用每月的第一个星期五为居民提供免费理发、家电维修等服务，并开展文艺演出，将社区居民融入大家庭。通过打造充满友爱与奉献精神的“红色幸福牡丹”，让居民感受到家的温暖和幸福。

资源2：以解决居民“急难愁盼”为核心，摸准居民群众的需求。遵循

① 靳娟．完整社区的美好环境与幸福生活共同缔造——以辽宁省老旧小区改造为例［J］．中国房地产，2022（16）：10-16.

“问需于民，问计于民”的原则，成立居民议事委员会，并建立协商议事厅，将社区居民转变为社区治理的主体。为方便居民，筹建睦邻互助会并按照便民、分类原则成立9个互助小组，建立社区积分兑换机制，重点打造线上线下互助服务体系。通过发动群众参与社区问题讨论、策略研究和行动落实，真正做到“群众的事情群众自己商量”。同时，以群众需求为导向，开展邻里“相帮、相助、相乐、相送”4个互助服务项目，吸纳近千人参与互助活动。通过居民发布“微心愿”、互助组开展“微服务”、志愿者获取“微积分”、困难者得到“微帮助”，形成牡丹人家“邻”聚力。通过推广这些做法，走向了一条“以人民为中心”的社区治理之路。

资源3：构建“横向到底纵向到边、全区域无死角”的网格体系。M社区党委按照“一网格一个党组织、一网格一个自管委员会”的原则，由社工和优秀社区党员骨干担任网格员。同时，建立环境卫生、居民教育、治安联防等公共事务自我管理机制，由社区充当召集人，每月中旬召开一次自管委员会协商议事会。这个议事会涉及楼院和居民的切身利益问题，并通过自管委员会进行民主协商，就问题进行决策。采用“自我管理、自我教育、自我监督、自我提升”的民主形式，形成“我的家园我做主，我的小区我来管”的管理理念。这种理念更好地实现了“全区域无死角”的管理目标。

资源4：强化社区“大党委”引领作用，打造出一个区域化的基层党建新格局。为了实现区域化党组织建设和社会治理的深度融合，M社区采用了“专职委员+兼职委员”模式，创新了党建模式，吸引了多种主体参与社区治理。将沈阳飞机工业（集团）有限公司工会、沈阳二四二医院（沈阳医学院附属第三医院）、航空实验小学的各党组织力量凝聚起来，组建了社区“大党委”。同时，同步成立了社区委员会、社区成员代表大会和社区监督委员会，建立了居民议事平台，构建了居民议事与辖区党组织共同参与的治理新模式。这些做法有助于推动社区治理的创新和提升，实现了辖区内治理主体的有效联合，让居民获得更好的服务。

资源5：积极引进社会组织，巩固社区多元治理实效。M社区党委引进了各类社会组织共同开展志愿服务创投，以人力、物力和资金支持社区服务项目。针对社会组织中的七支志愿服务队进行专项指导，针对社区“双职工”，特困家庭孩子托管难等问题，开展“四点半课堂”、日间照料食堂和为老服务等多项服务，在一定程度上解决了空巢老人无人照料的问题，为广大居民群众提供了多元化的服务，满足了群众的各种需求。这些工作不仅加强了社区的治理，还提高了社区服务的能力，让社区治理更加完善。

资源6：充分调动“两代表一委员”的力量，助力提升基层社会治理效能。代表委员积极发挥建设性作用，发挥自身优势，帮助解决各种社区治理突出问题。通过建立“两代表一委员”工作室，将需要政府职能部门解决的问题下沉到社区网格中。这使得社区治理与政府管理之间的互动得到了更好的衔接。代表委员还积极认领牡丹亭、睦邻亭和休闲座椅等社区幸福广场项目，解决老年人在广场娱乐时的休息问题。此外，还为社区广场和八大栋房前屋后的绿地增加了树木，并对广场的大树进行了修剪，净化了居民的生活环境，赢得了居民的一致好评。这些工作彰显了“两代表一委员”力量在社区治理中的作用，为提高社区治理水平作出了贡献。

(3) 面对居民“N”个诉求，强化“民呼我应”力量支撑

“1+6+N”工作模式之“N”：坚持各类资源相结合，保障“应”的力量。建立以党建为牵引的社区管理体系，全方位推动社区管理事项，搜集民众需要，分类分层解决问题，并对服务过程进行全方位评估，形成完善的服务机制。采取“双向需求收集、双向服务提供、双向协调沟通、双向评价报告”等四个双向机制，着力构建“党建引领全统筹、服务力量全报道、共商共治全程议、百姓呼声全响应”的社会治理新格局；坚持线上线下相结合，畅通“呼”的渠道。围绕居民群众“报事”和“办事”需求，明确“线上集、网格巡、入户访、座谈征、舆情寻、上级派”等6种方式，全面收集群众呼声。面对居民的“N”个诉求，采用“问题清单”迅速采取行动，第一时间解决居民生活中的紧急、棘手的问题，采用“项目清单”细致入微、落实到位，让群众感受到实实在在的改善。

(4) 激活党组织神经末梢，开展丰富多彩的社区文化活动

严密的组织体系是党的优势所在、力量所在。推进党建引领基层治理，关

键在于推动市、区、街道、社区、小区五级党组织上下联动，统筹组织资源、整合组织力量、发挥组织优势，推动组织体系和治理体系有机衔接、融合发力。

M社区着力激活小区党组织神经末梢，加强老旧小区“红色物业”建设，推动符合条件的业主委员会设立党支部或党小组，探索建立小区网格党组织、业主委员会、物业企业协调互动机制，组织小区居民有序参与社区相关工作。结合居民中党员多、劳模多、工匠多的实际情况，M社区组织成立了“劳模工匠志愿服务队”“党员楷模宣讲团”“巾帼萤火志愿服务队”等志愿服务队伍和社区舞蹈队、歌唱团等文娱团体，广泛开展志愿服务和丰富多彩的社区文化活动，让老年人在社区大家庭里老有所为、老有所乐。社区劳模工匠服务队的志愿者以“幸福来敲门”的方式为辖区居民提供优质的志愿服务。社区志愿者随叫随到的服务让M社区独居老人的吃饭、出行、洗浴等日常需求得到满足。通过大手拉小手科普进社区、“小学生上大学”体验活动，组建各类兴趣活动小组，举办劳动知识小课堂等，组织开展社区小学生丰富多彩的科技、体育、文艺和劳动活动，推进家、校、社协同育人。M社区用实际行动践行着“服务暖邻”理念，邻里文化长廊的一张张照片承载着邻里互助的幸福缩影。M社区也成为老年人心中的“幸福大院”。

2. 共建共享，多元主体形成合力

(1) 重塑共识

M社区是典型的单位老旧小区，居民“等靠要”的思想严重。对此，M社区积极组织起皇姑区民政局、沈阳飞机工业（集团）有限公司工会、沈阳二四二医院、航空实验小学等单位党组织力量，建立起强大的社区大党委，凝聚群团组织，党的领导和服务下沉到基层。在社区“大党委”的凝聚下，妇联、共青团、工会等组织一系列文化活动，以共同记忆重塑居民的“社区认同”（见图6）。以此为基础，M社区通过广泛征求居民意见、挖掘社区能人、制定社区公约、建立楼栋自治共管小组、汇聚辖区单位资源等方式，凝聚合力，解决群众“急难愁盼”。

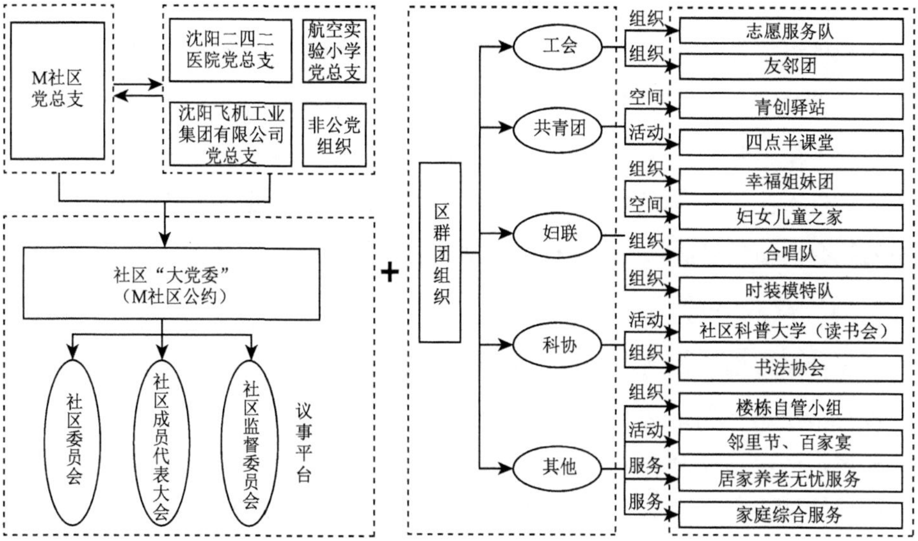

图6 M社区党建与群团组织合作示意图（图片由建设方提供）

（2）决策共谋

通过利用现代信息技术，M社区不断拓展政府与市民之间互动的渠道，为社区居民创造更多的交流机会。M社区通过老百姓通俗易懂的表达方式，让居民提出意见和建议，参与房前屋后的治理，形成社区发展的愿景，以此凝聚人心。采取多种形式的社区基层协商工作，如座谈访问、入户调查、工作坊等，深入了解社区居民的需求，发动群众积极参与，发挥社区居民的主体功能，共同研究决定社区居民急需解决的问题，一起探讨解决办法，调动社区居民参与社区建设工作和整改管理工作的积极性，使他们从“要我干”转化为“我要干”，从而使基层人民政府和部门从传统单一的管理者、包办者转化为推动者、辅导者和鼓励者。

（3）发展共建

M社区以空间建设和活动为载体实现共建，包括违建锅炉房的改建、共同捐资筹资等。为了提高社区居民的“主人翁”意识，鼓励居民积极参与环境整治工作，包括改造老旧小区、分类生活垃圾和建设公共空间，这样才能真正改善社区环境，让居民感受到社区的温暖。使居民主动配合配套基础设施和公共服务设施建设，珍惜用心用力共建的劳动成果，持续保持社区美好环境。M社区积极组织各方力量一起参与人居环境的建设和管理工作，在挖掘社区能人、培养社区骨干的同时，引导社会团体、义工团队、驻区企事业单位和专门的社会工作组织供给人才、物质、智慧和财力支持，推动规划师、建设者和技术人员进入社区，为社区发展作出贡献。此外，为了促进社区共建，开展了一系列社会活动，包括共产党员社会贡献日和义务服务周等。

(4) 建设共管

M社区以组织保障和激励机制形成长效管理机制。社区居民自发组建了各种自治小组，制定文明公约，并开展了公共事务的认捐认领工作，特别是房前屋后的绿地认领等。为了更好地保护社区环境，社区居民共同商议，拟订居民公约，并加强对公共空间管理、停车管理、生活垃圾分类等相关内容的监督执行，以确保社区环境的持续改善和社区的可持续发展。M社区为了更好地开展社区营建工作，建立健全“爱心积分机制”及义工积分激励机制，以分数评比颁奖等形式，鼓励社区居民、企业和社会组织参与社区营建工作，共同维护社区公共空间和公共设施，实现人居环境的持续改善。

(5) 效果共评

为了更好地改善社区人居环境，M社区建立了一套相对完善的评价标准和激励机制，以便社区居民能够对“共同缔造”活动的实效进行客观、公正的评价和反馈，并不断推动各项工作的改进。此外，M社区进行了“共同缔造”杰出团体和领先个人的评比，以调动各界积极参与“共同缔造”项目的兴趣。为了促进“以奖代补”激励机制的发展，M社区通过奖励的形式来激励社区居民和团体组织参与广泛且效果显著的项目，从而推动“共同缔造”不断深入发展。

(6) 成果共享

M社区致力于解决民众的问题，满足他们的需求，让居民在家门前享受到高品质的公共服务，以此来提高生活质量，全力打造“两邻品质幸福圈”。社区群众的切身利益得到保障，成为“共同缔造”真正的活力源泉。通过发动群众共谋共建共管共评，实现社区人居环境建设和整治工作人人参与、人人尽力、人人享有，建设"整洁、舒适、安全、美丽"的社区环境，构建和睦的邻里间人际关系，形成良好的社会气氛，让社区居民有更多的安全感、幸福感和获得感，实现政府治理和社会调节、居民自治的良性互动，打造共建共治共享的社会治理格局（见图7）。

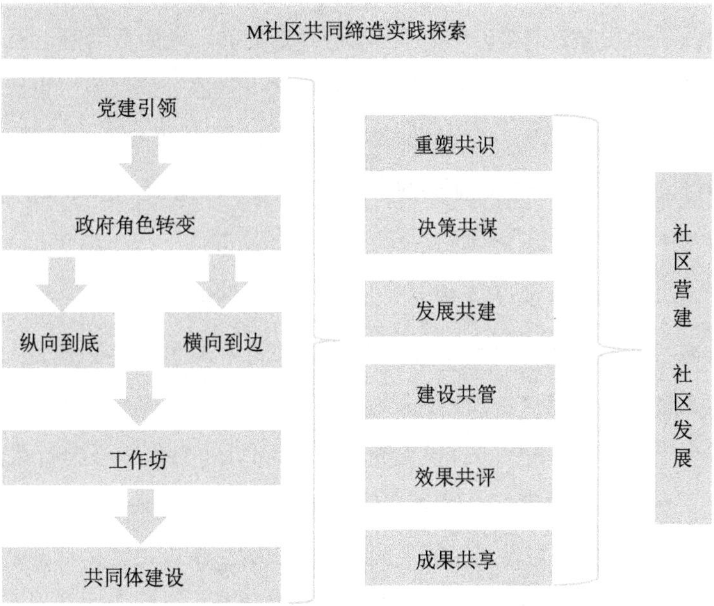

图7　M社区共同缔造的实践探索示意图（由笔者绘制）

（四）合：建设成效——"一枝一叶"总关情，"一老一幼"系民心

2022年8月17日，习近平总书记来到M社区考察时指出："老人和小孩是社区最常住的居民，'一老一幼'是大多数家庭的主要关切。我国已经进入老龄化社会。要大力发展老龄事业和老龄产业，有条件的地方要加强养老设施建设，积极开展养老服务。未成年人健康成长事关国家和民族未来，事关千千万万家庭幸福安康。社区要积极开展各种公益性课外实践活动，促进未成年人身体健康、心理健康、心灵健康。"①

① 在新时代东北振兴上展现更大担当和作为开创辽宁振兴发展新局面［N］. 人民日报，2022-08-19（01）.

1. 老吾老以及人之老，让老年人不再孤单彷徨

M 社区的主要特点之一就是老年人多，其中独居老人、空巢老人占比大，解决小区内老年人的基本生活需求是重点问题。作为沈阳市第一批政府购买居家养老服务的 100 个试点社区之一。M 社区致力于为长者提供优质的公共服务，社区为此建设了“居家养老服务中心”，配备养老食堂、老年活动室、助浴室、日间照料室等功能房间，为老年人提供专业的一体化居家养老服务，为长者带来全方位的家庭健康咨询服务，并为他们供给多项基本生活服务，包括餐饮、洗浴、清洁、出行、理发等，以满足他们的多样化需求，社区还与沈阳二四二医院密切合作，为老年人的健康保驾护航，不断擦亮“品质养老”民生品牌。

（1）以社区食堂建设为依托，让老年人吃出品质

为打造“品质养老”民生工程，满足辖区老年人助餐服务需求，2017 年 8 月，皇姑区政府从 M 社区 1 200 平方米的社区办公用房中划出 600 平方米，用来建设区域性居家养老服务中心，投入资金 50 余万元，对该中心进行装修改造及日常维护。秉持“与邻为善，以邻为伴”的理念和“保障老年人，服务社区”的原则，M 社区依托区域性居家养老服务中心，大力推进社区食堂建设，配建了 150 平方米的惠民餐厅（见图 8），实行折扣优惠服务。有需求的老年人可以在惠民餐厅就餐，也可以在信息自助平台上订餐，由智慧养老服务企业人员完成送餐。

图 8　M 社区惠民餐厅（图片截取自央视新闻视频）

每天惠民餐厅都会接待近百名客人，其中有165名老年人申请了订餐服务。每天中午，餐厅提供两荤三素一汤的菜肴，老年人可以享受优惠价格：60～79岁的老年人每人每餐10元，80岁以上的老年人每人每餐8元，百岁老人免费。每到用餐时间，前来就餐的老年人络绎不绝，其乐融融。

（2）以“时间储蓄”活动为载体，激发志愿服务热情

M社区党委以党建引领为核心，把“老有所为”和“老有所养”有机结合，鼓励老年人加入志愿者队伍发挥余热，并将志愿者的服务以积分形式储存，待有需求时反哺于志愿者，让爱心循环起来。发动老党员、老劳模、退役军人等多元力量，组建“红邻党员、劳模工匠、健康护航、童心善邻、专业技术、暖心调解、邻里守望、巾帼萤火”8支志愿服务队伍。目前，M社区以退休老党员为主的助老志愿者达217人，志愿服务项目涵盖便民理发、家电维修、绿化、摄影、舞蹈、书法等内容，已有1200余位老年人受益。

（3）以政府购买服务试点为引领，向普通家庭扩展服务

M社区是沈阳市第一批政府购买居家养老服务的100个试点社区之一。在过去的一年里，210名80岁以上的长者每月可以享受3小时的无偿家庭健康上门咨询服务，包括理发、助餐、护理等服务，为他们提供更加全面的养老保障，受到老年人及其家庭的欢迎。目前，M社区老年人已经由“被服务”转变为“要服务”，服务方式也由政府买单向自主消费延伸，由80岁以上享受政府购买服务的老年人向其他低年龄层老年人延伸。

（4）以建设家庭养老床位为契机，推进智慧化养老服务

以沈阳市开展家庭养老床位建设为契机，M社区积极推进智慧养老信息平台的建设，为辖区失能老年人提供全面的适老化和信息化改造咨询服务，以满足他们的养老需求。推广语音视频互联、燃气烟雾报警、人体红外监测等信息化设备在老年人家庭的应用，搭建起老年人和智慧终端的桥梁。借助智慧养老信息网络平台，可以收集他们的日常活动和身体状况数据，并对他们的突发疾病、走失和风险隐患进行实时监测。此外，还可以利用系统平台和终端设备向家属发出信息，让他们可以及时掌握老年人的状况，并及时处理突发情况，为老年人和家属提供高效精准的咨询服务。

(5) 以医养结合为辅助，为老年人健康保驾护航

M社区与附近医院合作，建立了一个结合线上和线下的医疗服务机制，以解决辖区老年人就医难的问题。通过联合社区网格员的走访，为2 003名老年人建立完善的保健档案，并实施全员追踪，以确保他们的身体健康。针对老年人的健康状况和病情，分别建立线上咨询诊断群，群里配备各专科医生，对常见病在线上指导用药、诊断病情。同时，为突发疾病紧急入院的老年人开辟绿色通道，形成分级医疗、双向转诊的有序就医格局，进一步完善了“大病在医院，小病在社区”的社区医养服务体系。

(6) 以文化娱乐为主要方式，丰富老年人精神世界

社区内的梧桐书房是老年朋友最爱去的地方，那里不但能看书，还能跟着老师学习非遗传承人的各种手艺。看书看累了，不仅可以去露天的带有健身器材区域锻炼身体，还可以去养老中心的健身房体验专业的健身器材。社区内还组织了舞蹈队，大家一起排练、表演节目，甚至参加比赛，老年朋友的生活方式因为M社区的改变也变得更丰富，进一步丰富了他们的精神世界。群众活动开展有序，生活更加丰富，邻里关系生动和谐。同时还以沈阳飞机工业（集团）有限公司产业文化为载体，发动群众深挖沈阳飞机工业（集团）有限公司特有的航空报国文化，以共同记忆唤醒共同意识为切入点，通过组织居民创作“沈阳飞机工业（集团）有限公司老故事”明信片、“牡丹之歌”及拍摄“牡丹共同缔造微电影”，传承沈阳飞机工业（集团）有限公司悠久的历史文化，让更多人了解沈阳飞机工业（集团）有限公司的精神。

2. 幼吾幼以及人之幼，护卫孩子健康快乐成长

(1) 学校课堂与社区课堂无缝衔接

M社区开办了“幸福教育课堂”，为双职工家庭提供课业委托、兴趣爱好培育等公益服务，得到了居民的共同称赞，被居民称作“四点半课堂”。“四点半课堂”的开启，增加了孩子业余时间的活动空间，为丰富孩子学习兴趣和强身健体提供了新的平台。即使不参加各种兴趣班，也为孩子单独开设自习室，方便孩子尽快完成作业。

(2) 幸福教育课堂拓展课外兴趣

在这里，孩子可以根据自己的兴趣爱好选择书法、绘画、烹饪等兴趣班，以及音乐、舞蹈、表演、演讲等才艺班（见图9）。孩子既学到了课堂上学习不到的知识，又为孩子适应社会生活打下基础，授课老师十分专业，也都十分认真负责，孩子可以根据自己的喜好参加比赛。

图9 孩子参加幸福教育课堂兴趣课程（图片由建设方提供）

(3) 解放家长的双手

M社区四点半课堂的开启和假期各类课外活动的开展，不仅造福了孩子的心理世界，同时也解放了家长和带孩子的老年朋友的双手。家长纷纷反映，就算家里没有老人带孩子，孩子放学后就和其他孩子在四点半课堂上课。

二、案例分析报告

（一）案例研究背景

1. 大量老旧小区面临存量更新问题

20世纪50年代到21世纪初，我国为了解决城镇居民的居住问题，通过多种渠道、多种方式建造了大量住宅，基本解决了当时情况下居民的居住问题。但进入新时期以来，这些住宅已经进入老龄期，急需逐步改造和翻建。一是老旧小区存量较大。老旧小区问题在全国范围内普遍存在。二是时间跨度长。从中华人民共和国成立到21世纪初，各地用不同方式建造了大量不同类型的住宅。三是急需解决的问题多。老旧小区普遍存在整体建设标准较低、基础配套设施落后、居住舒适度较差等问题。四是急需解决问题的范围广。很多小区跑冒滴漏问题、上下水不畅、污水倒灌、管网老锈、积水内涝、污水污便混流、垃圾堆积等问题严重影响居民的正常生活，也严重影响了城市的整体形象。五是所有权问题复杂。这些老旧小区的归属权问题复杂，有的属于国有、有的属于企事业单位、有的属于机关部门，有的是早期开发商建造的商品房，有的是军事单位内部自建房等，归属权的复杂性导致老旧小区更新改造的复杂性提高。

2. 社区治理面临一老一小重点问题

进入21世纪后，伴随家庭结构的变化，传统的复合大家庭转型为核心小家庭，中国逐渐成为深度老龄化的国家，20世纪八九十年代出生的人，大部分都是独生子女，在未来20年，当两个中年人既要赡养老人又要抚育幼儿时，负担可想而知，也会引发一系列社会问题。一方面，是老年人的照顾问题，以前家庭内部几个子女可以轮流照顾老人；而现在，照顾者的数量相对少，而被照顾者的数量相对多，这对社会是一个巨大的挑战。另一方面，我国整体生育率逐年下降，这跟育儿负担重也有很大关系。在20世纪90年代以前，很多单位设有托儿所、幼儿园，单位承担了很大部分的育儿责任。而现在的育儿，主要靠母亲或者老一辈帮忙，这给家庭带来一定的压力。随着“一老一小”被提升到重要战略层次，国家正在全力以赴推动优惠政策落地实施，2020 年，国务院印发了《国务院办公厅关于促进养老托育服务健康发展的意见》（国办发〔2020〕52 号），其中明确提出了二十三项具体政策举措；2021 年 3 月，《中华人民共和国国民经济和社会发展第十四个五年规划和 2035 年远景目标纲要》正式发布，对“一老一小”问题指明了时间表和路线图①。完善“一老一小”服务是保障和改善民生的重要内容，“一老一小”服务体系建设，围绕保基本、促普惠、市场化展开，持续发挥中央预算内投资的撬动作用，就养老服务保障兜底、拓展普惠性养老服务供给、积极引导社会资本投入、推动城市“一老一小”整体发展，以及树立样板等方面下功夫，重点支持社区居家服务网络、专业化服务机构、服务能力提升等建设内容。在“一老一小”的照顾问题上，如何加强社会化服务成为迫切需要破题的研究课题。

3. 激活多方参与社区治理问题

改造与翻建后的社区治理是社区管理与建设的长远问题，各方力量必须在过往工作的基础上加强管理效能，形成社区良性发展的长效机制。如何有效激发多方参与社区建设，是迫切需要加强探索的课题。一是有效发挥各级政府特别是街道和社区居民委员会的力量。二是利用公安、消防等系统的力量，促进社区安全稳定工作迈上新台阶，提升社区居民的安全观念和技术水平，确保社区居民的安全生活质量不断提高。三是充分调动居民参与社区治理的积极性。居民是社区功能的受益者和参与者，迫切需要建立和实施社区居民治理骨干制度，让广大居民为社区管理建言献策。四是调动社会多元力量共同参与社区治理，需要进一步加强社区与社会工作者、社区社会组织、社区志愿者、社区公益慈善资源的共同参与和联动整合。五是更好地发挥党建引领作用，需要进一步促进社区党委发挥对社区建设的领导作用，充分立足社区、服务群众、深化治理。

---

① 人民政协报社，中国房地产报社联合调研小组．难事办好 试点先行［N］．人民政协报，2021-12-06（5）．

（二）研究内容、研究方法和研究框架

1. 研究内容

笔者以沈阳市皇姑区 M 社区为研究样本，以全要素网格化社区治理理论、社区营造理论、社区发展理论为主视角，运用文献分析、实地调研、个案研究等方法，分析 M 社区改造的背景和现状，依据多元主体协同治理和居民满意作为核心的两个主要理念，对老旧小区改造工作进行评析，并对实践经验进行总结。

2. 研究方法

通过文献分析、案例分析、对比研究和实地调研，本研究对所选的老旧小区进行全面而深入的调研分析。为了更好地理解老旧小区改造、社区更新和社区共建的相关研究，笔者对相关文献进行了广泛的查阅，以期获得更加准确的结论。同时，笔者总结出改造实践的相关难点和对应方向，确定了从 M 社区视角研究老旧小区改造策略的研究思路。利用案例分析法和对比研究法，将选出的 M 社区作为改造案例，开展横向和纵向对比研究。为了更好地了解案例小区的实际情况，笔者开展了实地调研，采取了田野调查、行为观察等方法。通过实地考察和调查问卷，笔者深入了解了老旧小区居民的活动分布、空间布局，并且收集了居民对改造的需求、社区公共服务的需求等信息，以期更好地满足他们的需求。

实地调研法，是一种收集第一手信息的方式。调研人员要了解社区居民的基本情况，并编制合适的问卷；其次，进行实地考察。这是一个非常重要的过程，可以帮助研究人员更好地了解社区的情况。

访谈法，即研究性交谈，是以口头形态收集客观、无偏见的实际材料，以便正确地反映样本所代表的整体情况的方式。它可以分为结构型访问和非结构型访问，前者使用答卷或调查表，按照特定的标准程序完成，后者则是自由交谈，没有具体的标准程序。

个案研究法，对 M 社区居民一个或几个个案材料的收集、记录，形成个案报告，通常采用观察、面谈、收集文件证据、描述统计、测验、问卷、图片或录像资料等方法。

3. 研究框架

本案例分析主要分为三部分。首先，阐释了分析过程中运用的全要素网格化社区治理理论、社区营造理论、社区发展理论等主要内涵及其对本案例的指导意义。其次，根据现状问题分析，指出M社区在社区更新和营建中面临的问题，并剖析了问题出现的原因。最后，基于社区营造与社区发展理论，分析得出M社区进行老旧小区治理的路径在于角色转变、凝聚共识、发动力量、形成机制等，并总结其构建社区营造共同体的经验。案例小组通过对M社区的调研，提供了一个在老旧小区改造上具有“创造性”特点的典型案例。

（三）相关理论研究

1. 完整社区

20世纪30年代，吴文藻作为中国社区研究的奠基者与开创者，最早提出“社区”的概念。他指出：“社区是能够让居民进行公共参与、公共活动、彼此之间能够交流沟通的多功能场所，也是由相应的人口和用地规模共同组成的区域。”① “完整社区”是一个较新的概念和实践路径，中国工程院和中国科学院两院院士吴良镛提出：“社区规划与建设的出发点是基层居民的切身利益”②。社区不仅包括住房，还包括服务、治安、卫生、教育、对内对外交通、娱乐、文化公园等多方面因素，既包括硬件又包括软件，内涵非常丰富，应是一个“完整社区”的概念。所谓完整社区，简单理解就是从幼儿园、老年服务站、社区卫生服务站，到便利店、菜店、社区食堂、家政服务网点；从公共活动场地、健身休闲运动场所，到家政保洁、养老托育等到家服务内容，这些居民日常生活所需的服务、设施、场所，应该齐备完整。因此，社区还需要实现物业管理全覆盖，有健全的社区协商机制，有沟通议事平台。所以，建设一个完整的社区，就是希望打通城市管理和城市治理的“最后一公里”，在一定程度上提升居民生活的幸福感。

---

① 范一龙，夏当英．从“燕京学派”到“魁阁”：吴文藻社区思想的脉络演进及影响［J］．哈尔滨学院学报，2023，44（7）：101－105．

② 吴良镛．学术前沿议人居［J］．城市规划，2012，36（5）：9－12．

2. 全要素网格化社区治理

“网格化社会治理”机制保持了现行行政框架下的基本层级架构，为城市社区管理提供了创新性思路。“网格”作为治理施政的单位之一，运用信息化技术把“人、地、事、物、组织”等海量数据信息化、电子化处理并汇集整合，有效突破现行常规行政管理中组织机构的层级限制，实现各种资源要素整合，最终实现“专群（专门机构与群众）联动、条块（职能管理与属地管理）配合、社群（社会力量与社区群众）互动”的工作格局。基层社会网格化的创新之处在于由传统被动、定性和分散的社会管理机制，转变为主动、定量和系统的社会治理机制。2017 年，中共江苏省委办公厅、江苏省人民政府办公厅印发了《关于创新网格化社会治理机制的意见》（苏办发〔2017〕57 号），该文件指出，按照“全要素网格”的要求，网格主要承担信息采报、便民服务、矛盾化解、隐患排查、治安防范、人口管理、法治宣传、心理疏导及其他工作。全要素网格的含义主要有三个方面：一是公共资源要素全，凡是涉及与社会治理有关联的人、地、事、物、组织，全部纳入网格，做到一网汇总；二是网格管理员覆盖全，按照一格至少一人的标准组建专职网格管理员队伍，建立完善网格工作事项准入机制、网格工作清单式管理，实现一网统抓；三是公共服务要素全，凡是涉及与社会治理有关的社会民生、城管执法、环境保护、法律援助等行政管理职能，全部延伸至网格，构建一网统筹。

3. 社区营造理论

“社区营造”始于 20 世纪初期的欧美国家，是工业化社会后期人们重建社区归属感和安全感的思路之一。日本建筑学会认为社区营造就是通过不同主体的多样性合作来逐步改善社区的资源配置状况，提高整个社区的活力，为居民提供高品质生活的系列持续活动过程[①]。1994 年，中国台湾地区提出“社区总体营造”的理念[②]，倡导社区居民以自组织形式参与地方公共事务、凝聚社

---

① 刘晓春．日本、中国台湾的“社区营造”对新型城镇化建设过程中非遗保护的启示［J］．民俗研究，2014（5）：5－12.

② 杨晓帆．网络治理视角下台湾重建区社区营造中各主体互动关系探究［J］．价值工程，2018，37（12）：80－81.

区共识。清华大学社会学系罗家德教授等在《自组织运作过程中的能人现象》一文中认为，社区营造就是要政府引导、民间自发、NGO帮扶，是社区自组织、自治理、自发展，协助解决社会福利、经济发展、社会和谐问题的过程①。社区营造的核心是让社区从“依靠输血”变为“自我造血”，主要是通过政府引导、民间自发、枢纽型社会组织帮扶，促成社区居民自组织、自治理、自发展，共同解决社区的公共议题，包括制度性的、服务性的及空间性的所有议题。社区营造的逻辑起点，在于社区居民形成社区自组织，社区自组织是社区营造的基础。社区营造的基本内涵涉及社区居民的主动参与、社区传统文化的重建、人与自然的和谐共生、社区邻里互帮互助，以及社区资源的挖掘、整合和利用五个方面。

4. 社区发展理论

社区发展理论也称“地区发展模式”，它不但强调从当地居民的多样化需求和当地的资源、环境和人口等方面入手推动当地可持续性发展；而且强调居民的参与积极性和合作互助精神，联合起来主宰、使用社区资源、化解社区矛盾、提高社区福利水平，加强社区认同感和归属感，从而推动社区的发展。杰克·罗斯曼（Jack Rothman）指出社区发展的目标在于提升社区自助、整合的能力，通过居民亲自参与社区互动，与政府一同改善社区内外环境，使居民养成并增强自助互助意识，增强社区凝聚力。地区发展模式作为社区工作的工作模式之一②，认为社区居民不愿意参与社区事务及社区问题的主要成因是居民间缺乏沟通和合作，其工作的重点是挖掘、培养社区骨干、搭建居民支持网络，通过社会工作者发动社区居民，促使社区居民关注社区共性问题、广泛参与讨论、积极采取行动、共同解决问题，从而改善社区邻里关系，最终达到社区发展的目的。在地区发展模式视角下开展社区工作，主要发挥引导推动、促进协调、参与设计的作用，本着居民自决、自治、共治的原则，发展社区个人

---

① 罗家德，孙瑜，谢朝霞，等．自组织运作过程中的能人现象［J］．中国社会科学，2013（10）：86－101；206.

② 葛连琳．地区发展模式下居民参与社区治理的实践与思考——以南京市D社区治理服务项目为例［J］．国际公关，2021（8）：22－24.

及团体的力量，注重居民的自组织建设和培育，让部分有积极性的社区居民扮演重要角色承担治理任务或参与活动策划与管理工作，增强居民处理事务的能力和责任感，实现从“被动参与”向“治理的主人”的转变。

5. 社区发展的螺旋模型

借鉴在科技创新系统中国家重点研发计划的“超螺旋模型”，两条反向螺旋链分别是由企业组成的“产业链”和由高校和科研院所组成的“学研链”，中心方向轴是以中央政府部门为核心的国家科技管理体系。笔者认为在社区建设中，也可以构建螺旋模型，通过以党建为引领，引导多种主体间多元化、交叉性的合作，在不同的“连接键”上推动社区的发展，以实现社区共建、共治、共享的目标。这种模式的特点是党建引领，以党建为中心方向轴，居民需求链与服务供给链中多元主体参与，合作共赢，推动社区更为全面、协同、可持续地发展（见图 10）。

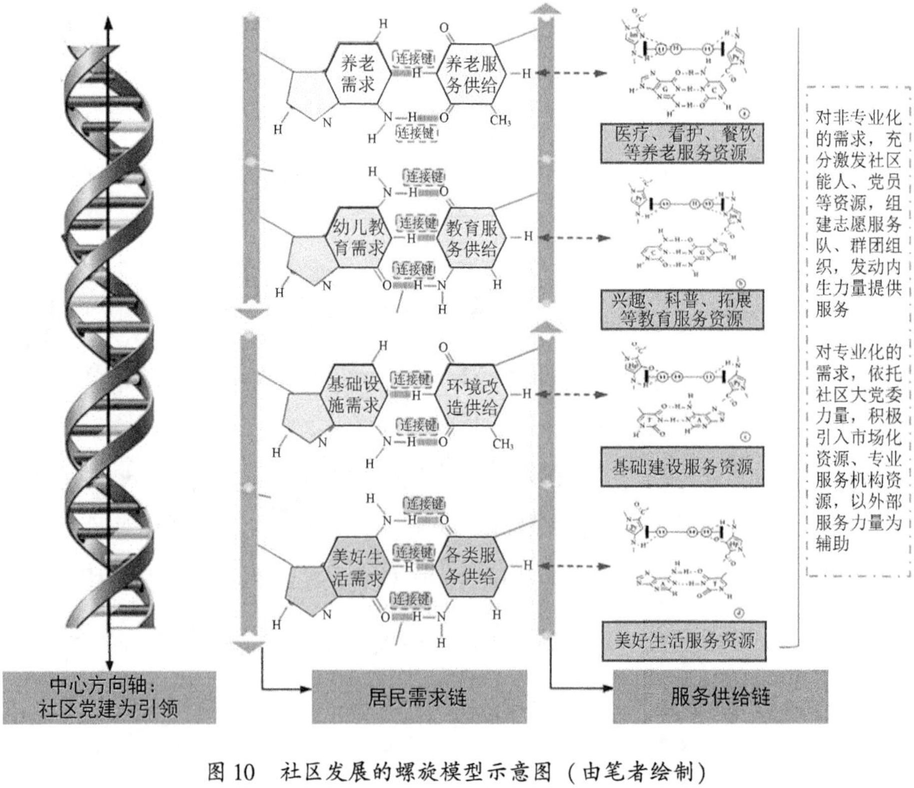

图 10　社区发展的螺旋模型示意图（由笔者绘制）

（四）案例分析：社区营造理论下 M 社区的实施路径

M 社区是一个典型的单位制老旧社区，面临着单位社区转向社会性社区过程中的一些典型问题，如社区面临失管、社区人口老龄化、社区硬件环境落后、“沈飞”的历史文化传承缺失等。M 社区以改善群众身边、房前屋后人居环境的实事、小事为切入点，以建立和完善全覆盖的基层党组织为核心，以构建“纵向到底、横向到边、共建共治共享”的治理体系为目标，积极推进政府职能转变，动员居民“共建共治共享”，广泛开展美好环境与幸福生活共同缔造活动，发挥群众的智慧和力量，一起制定发展规划，一同实施，一同监管，一同评价，共同分享成果，努力实现社区的可持续发展，探索形成一套创新社会治理的机制。M 社区实践充分证明，美好环境与幸福生活共同缔造是实现共建共治共享、创新社会治理体系的有效途径之一，也是实现高质量发展的有效路径。

1. 角色转变——培育营建的主体

为了改变社区管理中多元参与主体的碎片化状态，M 社区应加强党的领导，革新社区管理工作激励机制，充分发挥社区党组织的政治优势和社会机构的资源优势，形成合作共治共享的综合治理激励机制，以多元化议事协商机制，促进社区管理的有效运行。通过充分发挥社区党组织的政治领导作用，融合多元市场主体，以实现社区公共利益作为核心目标，遵循民主协商的原则，科学合理设定议程，严格遵守约定程式，建立社区党组织、居委会与居民之间的诚信伙伴关系，推动社区治理朝着更好的方向发展。大力发展社区社会组织，共同解决社区管理中的问题，促进共同发展。为了更好地推动社区治理，建立多元化的议事协商机制，由社区大党委牵头，普通居民、志愿者和社区自治组织参与其中。根据不同的事项制定不同的议事规则，并充分发挥党组织的政治优势和组织优势，以提高基层社会的治理效能。从“纵向到底”角度而言，M 社区建立覆盖全面、统一领导的基层党组织，以社区党委为核心，形成完善的社区管理体系，并通过各种群团机构的参与，使每一位居民都能够获益。贯彻以人民群众为中心的发展思想，通过共同努力实现政府角色的转变，政府不仅要担负起管理的职责，还要积极宣传、发动、组织、协助和引导居民群众。从“横向到边”角度而言，要全面覆盖所有居民，把所有居民纳入党组织所领导的各类组织，共同协商、统筹管理。

2. 凝聚共识——社区文化的建构

以“共同缔造”工作坊为抓手，形成社区共建共享文化的建构。“共同缔造”工作坊以问题为导向、以群众为主体、以社区的空间为载体，最终形成社区行动。通过让公众参与社区的发展，改善人居生存环境，提高社区治理服务水平，形成一个共同缔造的氛围，加强认同感和归属感，最终把群众组织起来共同缔造美好环境与幸福生活。一是坚持决策共谋：以问题为导向，积极发掘社区资源，广泛吸纳社会组织，搭建社区议事场所，开展多种形式的培训活动，让社区能人在决策共谋中发挥重要作用。二是坚持发展共建：在政府承担大部分资金投入的基础上，鼓励居民出小部分资金参与共建过程。共建形式既可以是空间建设上的参与，也可以是社区人文活动、美化完善空间环境的参与，还可以是出力、出主意等形式的参与。三是坚持建设共管：构建公共事务认捐认管机制，培养社区志愿者精神，引导居民参与社区共管，制定社区准则，共同制订社区行动计划，以促进社区发展。四是坚持效果共评：主要是社区管理绩效评估、建设项目评优及社区事务评估等，可以促进社区内部的竞争，激发小空间的长期管理活力。五是坚持成果共享：让社区居民享受到完善的设施和服务，以满足他们的需求。

3. 发动力量——居民热情的调动

引导居民关注社区共性问题、广泛参与讨论、积极采取行动、共同解决问题。美好环境与幸福生活共同缔造的主要工作，要从群众关心的身边小事做起，要充分整合社区治理的各方力量。社区工作的重要组成部分是发掘社区中的意见领袖和志愿者，并建立起他们的支持网络。通过开展居民议事会等活动，号召以“社区骨干”为中心的居民关系圈参与社区公共事务，让部分有积极性的社区居民发挥积极作用，扮演重要角色承担治理任务或参与活动策划与管理工作，实现从“被动参与者”向“治理的主人”的转变。在“共同缔造”过程中，从房前屋后做起，在参与上，以自主改造加合作改造等多种形式相结合，其中包括：规范生活垃圾分类工作，涉及环境的改善、居民行为的塑造以及社区软环境的改善、软实力的提升，社区公约的拟定，形成居民对社区环境卫生、停车管理、自治公约等方面的共同约定的细则；无障碍空间的设计，对弱势群体，特别是“一老一小”非常重要。此外，通过对小区进行立面整治，可以显著改善社区环境和风貌，而且操作起来也十分简单易行。M社区通过引导社区居民参与建设和整治社区环境，不仅在一定程度上提升了他们的主人翁意识，而且还有效地改善了社区的外观和氛围，使其变得更加美好，也提升了居民对社区的感情。

4. 形成机制——探索治理共同体

党的二十大报告指出：“发展壮大群防群治力量，营造见义勇为社会氛围，建设人人有责、人人尽责、人人享有的社会治理共同体。”建设社会治理共同体是一项系统工程，作为社会治理基本单元的社区，是社会治理共同体建设的“最佳切口”。M社区在社区治理共同体建设探索中，发挥基层党组织领导作用和政府主导作用，通过搭建参与平台、组织开展活动、挖掘整合资源，激发社会组织、企事业单位、市场主体和居民群众参与社区治理的积极性，实现合作共治。鼓励引导各类主体参与社区服务供给，解决社区服务资源分散、优质资源供给不足等问题。其核心是建立和完善全覆盖的基层党组织，切入点是改善群众身边、房前屋后人居环境的实事、小事，路径是构建“纵向到底，横向到边、共建共治共享”的城乡社会治理体系。

（五）经验总结：M社区构建社区营造共同体的经验

在我国社区治理过程中，往往出现参与社区治理的多元主体权责不清，政府与社会的边界模糊，社区行政化，社区治理多元主体协同性、回馈性、系统性不足等问题[①]。同时，也存在社区自治机制不够健全、社会参与不足、社区居民缺乏归属感，社区多元主体共治共享的良性互动局面尚未完全实现等问题。M社区的社区营建实践经验为多元主体的共治提供了重要的参考，它不仅

① 伊玫瑰，邵晓玲．多元共治：社区治理创新模式探究——以厦门市海沧区为例［J］．莆田学院学报，2020，27（1）：20－27.

能够激发社区活力，增进居民感情，还能在一定程度上有效地维护社会的稳定和谐。

1. 构建多元共治治理体系

随着我国共同建设、共同管理、共享发展的社会治理格局日益成熟，社区治理的主体也从单一的政府机构转变为多元化的社会组织、居民、企业等，各方力量的积极参与，为社区的发展提供了有力的支撑，促进了社会的和谐稳定。

（1）坚持基层党组织的领导核心作用

社区治理的成功离不开党组织的指导和支持，基层党组织应该为社区提供良好的环境，并培养社会组织和自治组织。基层党组织要在社区治理中发挥引领、统筹、协调作用，化解社会矛盾，引导、统筹和协调多方利益，促进社区自治的发展。

（2）明确社区居委会的权责

社区居委会是社区管理的主要组成部分，它不仅是居民表达自己诉求和提出合理化建议的平台，还是政府部门提供公共服务的主要通道。它不仅能够协调社区内部纠纷，还能够为居民带来更多的便利。社区居委会是居民参与社区治理的重要平台，能够引导居民开展治理决策活动、发展社区志愿组织等，让居民真正感受到自己的主人翁地位与责任。

（3）引导社会组织参与社区治理

社会组织在社区治理中发挥着重要作用，不仅能够提供优质的公共服务，还能够为居民带来便利，充实文化精神生活。为了更好地参与社区治理，社会组织应该加强自身管理，提升公共服务的供给能力。应对社会组织参与社区营建工作给予一定的支持和激励，鼓励社会组织参与社区营建，进一步弥补政府在社区治理方面的不足，促进社区治理精细化。

（4）引导社区居民积极参与社区治理

社区居民是社区治理的出发点和落脚点。M 社区的治理实践表明，居民是社区治理的核心力量，充分调动居民参与的积极性，如在社区项目拨款制度上，M社区采用了“以奖代补”的新形式，在很大程度上激发了居民参与的热情。

2. 打造多元共治治理平台

社区治理的核心是通过培养和发展自治组织来提升社会的服务水平、管理和监察水平。通过对沈阳市皇姑区M社区的实际案例分析，笔者认为，这种治理机制是一种多方参与的合作模式。M社区动员了多元主体力量，包括政府、企业、社区组织和社区居民，充分发挥各自的优势，建立起有效的联系，形成三个多中心合作治理网络平台，以促进社区治理的互动式交流与协作，实现社区治理的有效性和可持续性。

（1）网格治理平台

基于政府的网格化管理，将基层党组织和社区居委会的专业人员有效地纳入网格，整合党建、综治等网格为“一张网”，将综合执法能力、城市民生管理部门和保障服务公司全部下沉纳入治理网格，定人、定岗、定责、实名制编入治理网格，实现“同网共治”，为居民带来更加有效、便利的服务。

（2）参事议事平台

以满足社区居民的需求为核心，以倾听居民的声音和解决他们的问题为目标，努力实现社区治理的有效性和可持续性。M社区在此基础之上将排查和收集的诉求、风险、问题清单形成信息板，“零上访”信息板显示矛盾纠纷、民生诉求、涉法涉诉等问题；“零事故”信息板显示燃气风险、水暖管道、用电安全等问题；“零案件”信息板显示“三清机制”落实、风险排查、民生实事办理、特殊人群走访等问题。工作室将问题逐条分解，落到人头，限时处理，销号管理，动态更新，对社区内无法解决的问题，工作室迅速“吹哨”，推动专业力量进行处置。通过平台，居民可以表达自己的真实想法，并与社区居委会、企业和组织等机构进行沟通，共同解决问题。

（3）信息互动平台

通过信息互动平台，多元主体可以进行有效的交流与互动，他们可以在这里表达自己的观点、分享想法和经验。开发建设相关微信小程序，实现诉求直达“码”上办理，通过扫描二维码，上传诉求、问题、风险隐患，工作室同步接收、认领、办理、反馈，快速解决。

3. 激发多元主体的共治活力

（1）加强社区的自治能力

社区居委会是社区治理的重要载体，应当充分发挥其服务功能，积极调动各方资源，共同努力为社区提供高品质的公共服务。政府部门应赋予其更多的自主性，将部门职权下沉至社区，让社区能够自己进行管理工作和自我服务。为了扩大社区的自主性空间，居委会应不断加强自身能力建设和民主运行机制的创新，为此，应从多方面着手，包括人才源头途径、培训、管理制度等，采取多种措施，培养和引进专业的社区工作人才，以提升社区的自管理水平。政府部门应大力支持社区居委会共建自治交流平台，以有效整合各种资源和信息，为社区的发展创造更多的可能性。

（2）发展社区的志愿服务

社区志愿者是社区发展的重要参与力量，良好的社区志愿服务能够增强社区居民的归属感和认同感，也能够促进社区治理。因此，为了更好地促进社区发展，应增加社区志愿服务者的数量，以期达到更好的社会效益。为了提高社区志愿服务的质量，需要采取多种措施来增强居民的志愿精神，促进社区居民之间和谐友好相处。还应积极吸纳具备专业技能的人加入志愿者队伍，如教师、律师、医务人员等热衷公益活动的先进分子，尽量使志愿者多元化，可提供多样化的服务。M 社区发动老党员、老劳模、退役军人等多元力量，组建“红邻党员、劳模工匠、健康护航、童心善邻、专业技术、暖心调解、邻里守望、巾帼萤火”8 支志愿服务队伍，广泛开展文化宣讲、便民理发、家电维修等志愿服务，全力打造“两邻品质幸福圈”。

（3）培育社区的社团组织

在社区治理中，通过培养和引导各类民间社团组织，增强社会专业服务能力，推动社区社会化管理，有助于促进社区多元治理。为此，应当对公益社团组织进行分类培养和管理，以促进社区自治的健康发展。首先，政府部门应为初期成立的公益类社会团体组织者提供优惠政策和资金，并适当调整其市场准入激励机制，以促进其蓬勃发展。其次，各种类型的社区应该依据自身特点打造独特的特色组织。对于正在蓬勃发展中的社团组织，政府部门应该提供更多专业指导，并定期进行专业培训，以增强其参与社区自治的能力。最后，政府部门应当对发展成熟的社团组织进行严格的监管，以确保其社会参与行为符合法律法规。

4. 培育社区居民的公民精神

（1）增强社区居民共同体意识

为了让居民更好地理解和遵守相关法律和政策，应积极组织居民认真学习《业主守则》《物业管理条例》《社区居民委员会组织法》等，并加强宣传，让他们意识到自身的权益与社区的总体权益息息相关，持续培育居民主人翁意识、参与社区共建意识，强化居民的责任意识。通过营造良好的社区氛围、搭建共同治理平台及发挥社区精英的示范作用，加强居民的责任意识，培养他们的公民精神，让他们在社区营建中发挥更大的作用。

（2）构建合作互助的社区网络

社区网络是一个由多元主体共同参与的复杂空间，它不仅能够促进社区内部的互动和协调，而且还能够提高社区管理的工作效率和服务质量。要积极构建和睦的街坊人际关系，尊重老人，关心弱势群体，齐心协力，营造一种互助互爱、和睦友爱的社会气氛。为了激发居民积极参与社区自治的热情，应引导他们积极参与社区的各类活动，构建良好的社区居民网络共同体，让他们有动力为社区的集体事务出力，形成合作善治的氛围。

（六）推广“1+6+N”党建引领下的社区营建服务模式

M社区秉承“以人为本、共建共享”的理念，将社区党委作为核心，统筹整合社区党组织、居委会、“大党委”、社会组织、自治委员会、“两代表一委员”等6方力量，打造了“1+6+N”多元合作的工作模式，以满足居民的多种需求，构建了互信、协调、共建的平台，致力于打造一个“两邻品质幸福圈”。

1. 核心引领：筑牢红色引领根基，坚持党委“1”个核心

社区党委在践行“两邻”理念方面不断深入，充分发挥领导核心作用。通过引导广大党员以身作则，吸引并整合社区管理的各方力量，积极参与社区治理，不断加强和创新社区管理服务，推进社区民主自治建设。社区党委、居委会、大党委委员、社会组织、自治委员会、两代表一委员作为社区管理的六方主体，共同承担领导、管理、服务、协调等职能，并搭建了互信共赢、协调配合、议事共建的平台。通过解决社区存在的问题，实现“共商、共建、共享”，共创宜居家园。

2. 发掘服务供给能力链条，整合社区“6”方资源

以党建为引领，整合社区“6”方资源，促进社区多元共建。一是发挥基层党组织优势，建立完善四级党组织工作体系。构建“社区‘大党委’—楼院党支部—单元党小组—优秀党员（党员中心户）”四级党组织体系①，推动党的“末梢神经”向居民小区、楼栋延伸。二是以解决居民“急难愁盼”为核心，摸准居民群众需求。遵循“问需于民，问计于民”原则，成立居民议事委员会，建立协商议事厅，将社区居民转变为社区治理的主体。筹建“睦邻互助会”，按照便民、分类原则，成立互助小组，建立社区积分兑换机制，打造线上线下互助服务体系，发动群众参与到社区问题讨论、策略研究和行动落实，真正做到“群众的事情群众自己商量”。三是构建“横向到底、纵向到边、全区域无死角”的网格体系。M社区党委按照“一网格一个党组织、一网格一个自管委员会”的原则，由社工和优秀社区党员骨干担任网格员。同时，建立环境卫生、居民教育、治安联防等公共事务自我管理机制，每月召开一次自管委员会协商议事会。四是强化社区“大党委”引领，打造区域化基层党建新格局。M社区采用“专职委员+兼职委员”模式，创新党建模式，多元主体参与社区治理，实现了区域化党组织建设与社会治理的深度融合。将沈阳飞机工业（集团）有限公司工会、沈阳二四二医院、航空实验小学等的

---

① 靳娟．完整社区的美好环境与幸福生活共同缔造——以辽宁省老旧小区改造为例［J］．中国房地产，2022（16）：10-16.

党组织力量凝聚起来，组建社区“大党委”。五是积极引进社会组织嵌入服务，巩固社区多元治理实效。社区党委通过引进“社会组织”共同开展志愿服务创投，充实社区服务项目，从人力、物力、资金上扶持。六是充分调动“两代表一委员”助力提升基层社会治理效能。通过“两代表一委员”工作室，使一些需要政府职能部门解决的问题下沉到社区网格中，使社区治理与政府管理的互动上做好衔接和对接工作。例如，代表委员积极认领社区幸福广场的牡丹亭、睦邻亭、休闲座椅等项目，解决老年人在广场娱乐时的休息问题，得到居民一致好评。

3. 摸清居民需求痛点，对接服务居民“N”个诉求

以党建为引领，调查摸清居民诉求，坚持各类资源相结合，保障“应”的力量。为此，构建党建引领下的社区治理工作体系，力求做到力量全进入、需求全收集、解决全分类分级、服务全过程全评价。整合社区六方力量，建立了一个“协同有力、各尽其责、运转高效、精细管理、精准服务”的工作体系。实行“双向需求征集、双向提供服务、双向沟通协调、双向评价通报”四个双向机制，致力于构建一个“党建引领全统筹、服务力量全报道、共商共治全程议、百姓呼声全响应”的社会治理新格局。同时，坚持线上和线下相结合的方式，畅通群众“呼”的渠道。围绕“报事”和“办事”需求，明确了线上集、网格巡、入户访、座谈征、舆情寻、上级派等六种方式，全面收集群众呼声。第一时间处理居民生活中的急事、难事、烦心事，并将“问题清单”转化为办实事的“项目清单”，确保细处着力，把实事办到群众心坎上。在面对居民的“N”个诉求时，时刻关注并解决居民关注的问题，满足群众的需求，并且着重落实问题的细节，真正让服务惠及居民。

三、结束语

对城市老旧小区进行综合整治和更新营建，是顺应时代发展步伐、利国利民的大事。此项工作的顺利实施与推广，将推动城市整体建设，提高市民生活质量。本案例对沈阳市皇姑区 M 社区的更新改造和社区营建进行了系统性分析，展现了 M 社区从民生问题层出不穷，到治理方法“一拆五改三增加”的

效率初显，再到科学技术、智慧服务与便民服务的深度融合，并在此基础上，总结形成可供复制推广的“皇姑模式”路径经验。全面剖析了秉承社区党委坚持党建引领，深入践行“两邻”理念，实施“六邻工程”持续推进基层民生改善等一系列创新治理的有效手段。M社区的改变是由外而内的，是真正做到了“老旧小区新改造、老邻里新生活”，成为基层治理示范社区的典范。社区营造最重要的是从居民的角度出发，提升居民的参与意识，挖掘社区能人，培育居民自组织，培养居民的自治能力，使得居民参与公共事务的意愿强烈起来，吸引和带动更多的居民参与社区营造。虽然M社区在治理、发展过程中，依然面临一些难题，但这种“创造性”的探索无疑为老旧小区改造提供了有价值的参考。在推动项目过程中，其自身执行的成功经验能为当前推进基层治理体系建设和治理能力现代化提供哪些有益借鉴，值得我们进一步探索。

参考文献

[1] 在新时代东北振兴上展现更大担当和作为 奋力开创辽宁振兴发展新局面 [N]. 人民日报, 2022-08-19 (1).

[2] 关艳玲，陶阳，赵静．“在总书记引领下，我们的生活会一天比一天好”[N]. 辽宁日报, 2022-08-19 (10).

[3] 叶青．“牡丹样本”是怎么“改”出来的？[N]. 沈阳日报, 2022-08-28 (1).

[4] 人民政协报社，中国房地产报社联合调研小组．难事办好 试点先行 [N]. 人民政协报, 2021-12-06 (5).

[5] 范一龙，夏当英．从“燕京学派”到“魁阁”：吴文藻社区思想的脉络演进及影响 [J]. 哈尔滨学院学报, 2023, 44 (7): 101-105.

[6] 吴良镛．学术前沿议人居 [J]. 城市规划, 2012, 36 (5): 9-12.

[7] 刘晓春．日本、中国台湾的“社区营造”对新型城镇化建设过程中非遗保护的启示 [J]. 民俗研究, 2014 (5): 5-12.

[8] 杨晓帆．网络治理视角下台湾重建区社区营造中各主体互动关系探究 [J]. 价值工程, 2018, 37 (12): 80-81.

[9] 罗家德，孙瑜，谢朝霞，等．自组织运作过程中的能人现象 [J]. 中国社会科学, 2013 (10): 86-101; 206.

［10］葛连琳．地区发展模式下居民参与社区治理的实践与思考——以南京市D社区治理服务项目为例［J］．国际公关，2021（8）：22－24.

［11］李云新，刘春芳．国内邻避冲突问题研究的回顾与展望——以CSSCI数据库文献为分析样本［J］．武汉理工大学学报（社会科学版），2016，29（2）：168－173.

［12］伊玫瑰，邵晓玲．多元共治：社区治理创新模式探究——以厦门市海沧区为例［J］．莆田学院学报，2020，27（1）：20－27.

［13］靳娟．完整社区的美好环境与幸福生活共同缔造——以辽宁省老旧小区改造为例［J］．中国房地产，2022（16）：10－16.

物业管理困境下的“治”与“制”*

——从Y小区物业交接纠纷寻求社会治理平衡之路

摘要：本案例描述了北京市Y社区，业委会合法选聘新物业公司后，原物业公司恶意交接的事件始末。首先，介绍了Y社区基本情况，梳理了整个事件的经过，说明了各利益相关方的法律职责。其次，采取档案查阅、访谈等研究方法，探究是什么原因让业主长期处于水深火热之中，正当权益得不到维护。最后，小组成员将运用公共管理的理论知识，深入总结分析从该事件中反思出的问题和意见建议，探索出一条促进业委会和物业公司健康发展的“新”路，不断丰富社会治理的方式方法，在小区内建设整洁优美、文明和谐的小区环境。

关键词：业委会；物业管理；恶意交接；社会治理

引言

街道处于行政的末梢，是治理的基本单元，基层干部的工作必须直接抓到街道，树立到基层一线解决问题的鲜明导向。要坚持党建引领，推进区域化党建，把业委会与物业管理纳入社区治理范畴，完善群众参与治理机制，加强社

---

* 本案例由北京航空航天大学公共管理学院硕士汪安、王婷、许颖撰写，指导教师为北京航空航天大学公共管理学院陈文博老师。2019年12月14日至15日，陈文博老师与汪安、王婷、许颖组成调研组，赴北京市Y社区对物业交接纠纷开展实地调研，在此深表谢忱。

区基础工作，构建社区治理体系。

北京C物业管理有限责任公司（以下简称C物业）于2012年3月26日与北京市Y社区业主委员会（以下简称业委会）签订了Y社区物业服务合同，开始为Y社区业主提供物业服务，直至2015年3月25日合同终止，后无续签。2017年10月，小区业主采取招投标的方式，选聘新物业公司，北京H物业服务有限公司（以下简称H物业）最终中标。2017年12月20日，业委会书面告知C物业，要求其于1月31日按规定进行物业交接。但在整个交接过程中为何C物业不按仲裁及交接协议执行？为何不听执法人员劝阻？为何无视执法人员执法？又为何多次妨碍正常工作会议、抵制物业交接与撤出甚至威胁并诅咒业主子女？其中社区业主和业委会又扮演着怎样的角色？本案例正文展示了该物业公司种种匪夷所思的举动，结合基层社区中“治理”与“制度”问题，在问题解决过程中寻求经验之道。

一、案例正文

（一）Y社区基本情况

Y社区建成于1994年，坐落在淮海湖东路8号，包括高档别墅和公寓楼，开发商为北京T房地产开发有限公司，物业服务企业为北京C物业服务有限公司。小区共有22栋楼，36个单元，总户数104户，总面积23 602平方米，其中住宅102户，总面积22 333平方米，常住人口超两百人。非住宅（会所及办公楼）2户，总面积1 269平方米。

根据相关合同协议，北京C物业服务有限公司主要负责小区内包括日常安保、小区绿化、环境清洁、房屋设备维护等相关工作。

Y社区自2006年6月以来，通过投票选举的方式，现已成立第三届业主委员会，业主11人（包括党员2人）当选业委会委员，其中业委会主任1人，副主任5人。

根据《物业管理条例》规定，业主委员职责为召集业主大会，选定物业管理服务公司，并与之签订服务合同，监督其工作。

根据《业主大会议事规则》规定，业主委员会职责包括召集业主大会会议；定期报告有关决定执行情况，提出物业管理建议；在业主大会作出决定后三十日内，代表业主大会与物业服务企业签订、续签、变更或者解除物业服务合同；及时了解业主、物业使用人的意见和建议，监督和协助物业服务企业履行物业服务合同；督促不交纳物业管理服务费的业主限期交纳；组织业主对物业共用部位、共用设施设备的维修、更新、改造方案进行书面确认，并监督实施；监督管理规约的实施；组织筹集专项维修资金；组织业主委员会换届和补选工作；完成业主大会交办的其他事项。

（二）起因经过

在Y社区与北京C物业服务有限公司的服务合同到期后，业委会通过广泛征求业主意见，做出终止与北京C物业服务有限公司合作关系的决定，同时向该物业公司相关负责人转达此决定，并于2017年10月通过招投标方式，聘选北京H物业服务有限公司为该小区的新物业服务公司。2017年12月20日，业委会书面告知C物业，要求其于1月31日按规定进行物业交接。

在多次催促C物业尽快交接后，该物业公司以部分业主拖欠物业费为由，拒绝交接，且物业人员态度恶劣，多次引发与业主之间的口角纷争，无奈之下，受广大业主之托，业委会成员来到街道办事处找到街道主任王大姐寻求支援，希望街道能协调处理，尽快促使相关单位完成交接工作，避免影响小区业主的正常生活。

本是一起常见的业主与物业公司的纠纷问题，王大姐在了解相应情况后，秉承服务百姓的原则，第一时间联系了区住建委的相关负责人，并于2018年1月24日在街道办事处约谈C物业项目实际负责人李某某、元某某。在此过程中，王大姐苦口婆心地向物业人员宣传有关规定。根据《北京市物业管理办法》（北京市人民政府令第219号）第二十七条的规定，“原物业服务企业不得以业主欠交物业服务费用、对业主共同决定有异议等为由拒绝办理交接”。

本以为面对条款的白纸黑字，物业公司能顺利答应交接，谁承想，此二人无视王大姐和区住建委工作人员的宣传指导，在会场上大声指责与会人员。随后在现场拨打12345热线，以业委会成员资格有问题，业主欠费等理由，想方设法拒绝履行交接义务。

（三）权责分明，交接工作理应自然顺畅

一直以来，街道办事处、住建委、业主大会、物业公司都是依照各自的职责和规章制度各司其职（见图1）。

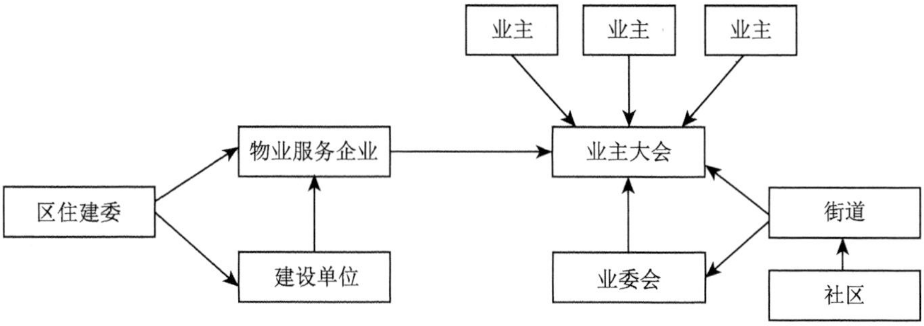

图1 相关职能部门关系

1. 街道办事处

根据《中华人民共和国地方各级人民代表大会和地方各级人民政府组织法》第八十五条，市辖区、不设区的市的人民政府，经上一级人民政府批准，可以设立若干街道办事处（以下简称街道），作为它的派出机关。

在业主大会和业主委员会的成立及活动中，根据北京市住房和城乡建设委员会2010年发布的《北京市住宅区业主大会和业主委员会指导规则》（京建发〔2010〕739号）（以下简称739号文件）第五条规定，街道办事处、乡镇人民政府应当依据法律、法规、规章和本规则，本着依法行政、合理行政、程序正当、高效便民、权责统一、政务公开的原则对业主大会、业主委员会的成立及活动提供协助、指导和监督。街道办事处、乡镇人民政府对业主大会、业主委员会作出的违反法律、法规和规章的决定，应当及时责令限期改正或者撤销其决定，并通告全体业主。

第四十九条规定，建设单位拒不履行协助筹备成立业主大会相关义务的，街道办事处、乡镇人民政府应当责令限期改正；违反法律、法规、规章的，可

以依法处罚，并将处理、处罚结果抄送区县房屋行政主管部门。

第五十五条规定，对街道办事处、乡镇人民政府作出的撤销业主大会、业主委员会违反法律、法规和规章的决定有异议的，业主大会、业主委员会可以依据《行政复议法》提出行政复议申请，或者依据《行政诉讼法》提起行政诉讼。

2. 区住建委

根据《北京市物业管理办法》（北京市人民政府令〔2010〕第 219 号）第三条的规定，区县房屋行政主管部门负责本行政区域内物业管理活动的监督管理工作。

第二十条规定，物业服务合同应当对双方权利义务、物业服务事项、服务标准、服务费用、项目负责人、物业服务用房的管理与使用、合同期限、服务交接、违约责任等内容进行约定。

物业服务企业应当自物业服务合同签订之日起 15 日内，将物业服务合同报物业服务项目所在地区县房屋行政主管部门备案，区县房屋行政主管部门将备案材料抄送物业服务项目所在地街道办事处、乡镇人民政府。

第三十九条规定，违反本办法第十条规定，建设单位不履行交接义务的，由区县房屋行政主管部门责令限期改正；逾期不改正的，可处 3 万元罚款。

第四十一条规定，违反本办法第二十条规定，物业服务企业未按时将合同报送备案的，由区县房屋行政主管部门责令限期改正，并可处 1 万元罚款。

第四十二条规定，违反本办法第二十五条、第二十六条规定，物业服务企业擅自停止物业服务的，由区县房屋行政主管部门责令改正，并可处 1 万元以上 10 万元以下罚款；造成损失的，依法承担赔偿责任。

第四十三条规定，违反本办法第二十七条规定，原物业服务企业未按规定交接的，由区县房屋行政主管部门责令限期交接；逾期不交接的，可处 3 万元罚款。违反本办法第二十七条规定，原物业服务企业拒不撤出物业管理区域的，由区县房屋行政主管部门责令限期撤出；逾期不撤出的，可处 10 万元罚款；不能维持正常物业管理秩序的，由区县人民政府责成区县房屋行政主管部门、物业所在地街道办事处、乡镇人民政府及公安机关组织接管。违反本办法

第二十七条规定，新物业服务企业强行接管的，由区县房屋行政主管部门责令改正，并可处 1 万元以上 10 万元以下罚款；造成损失的，依法承担赔偿责任。

3. 社区（党委、居委会）

根据《中华人民共和国城市居民委员会组织法》第二条的规定，居委会是居民自我管理、自我教育、自我服务的基层群众性自治组织。

根据 739 号文件第五十三条的规定，物业管理区域内，业主大会、业主委员会应当积极配合相关的社区居民委员会依法履行自治管理职责，支持社区居民委员会开展工作，共同做好物业管理区域内社区建设等相关工作。社区居民委员会应当协助街道办事处、乡镇人民政府指导、监督社区内的业主委员会开展工作，维护居民的合法权益。物业管理区域内召开业主大会、业主委员会会议，应当告知相关的社区居民委员会，并听取其意见。

4. 业主

根据 739 号文件第七条的规定，业主为依法登记取得房屋所有权的人；因人民法院、仲裁委员会的生效法律文书取得房屋所有权的人；因继承或者受遗赠取得房屋所有权的人；因合法建造等事实行为取得房屋所有权的人。基于与建设单位之间的商品房买卖民事法律行为，已经合法占有建筑物专有部分，但尚未依法办理所有权登记的人，在物业管理活动中享有业主权利、承担业主义务。

第八条规定，业主在物业管理活动中享有下列权利：对物业管理区域内共用部分实施共同管理；对共同管理的有关事项提出建议；对需要业主共同决定的事项，行使表决权；在物业管理活动中，享有选举权和被选举权；对物业管理活动享有知情权、监督权；监督业主大会和业主委员会的工作；监督物业服务合同的履行；监督专项维修资金的管理和使用；对物业共用部位、共用设施设备和相关场地使用情况具有知情权和监督权；法律、法规、规章以及管理规约、业主大会议事规则规定或者约定的其他权利。

第九条规定，业主在物业管理活动中履行下列义务：遵守法律、法规、规章及相关规定；遵守管理规约、业主大会议事规则；执行业主共同决定和业主大会授权业主委员会作出的决定，并承担相应的责任；履行物业服务合同约定的义务；按照规定和约定交纳专项维修资金、物业服务费用和其他应当由业主共同分摊的费用。

5. 物业服务企业

根据219号文件第十九条的规定，业主选聘的物业服务企业应当具有法人资格，并按照国家规定取得物业服务企业资质。市房屋行政主管部门应当建立物业服务企业信用信息系统，对物业服务企业实行动态监督管理。

第二十一条规定，物业服务是包括各专项服务的综合服务。物业服务企业可以将专项服务委托给专业性服务企业，但不得将全部物业服务一并委托给其他单位或者个人。未选聘物业服务企业的，业主可以共同决定将各专项服务委托给专业性服务企业或者个人。

第二十二条规定，物业服务企业应当按照物业服务合同和本市规定的服务标准、技术规范等提供质价相符的服务。物业服务企业及相关人员实施锅炉、电梯、电气、制冷以及有限空间、高空等涉及人身安全的作业，应当具备相应资质或者委托具备相应资质的单位及个人实施；委托实施的，应当明确各自的安全管理责任。

第二十七条规定，物业服务合同终止或者业主共同决定不再接受事实服务，物业服务企业应当在60日内与全体业主完成交接。物业服务企业应当履行下列交接义务，并撤出物业管理区域：移交物业共用部分；移交本办法第十条规定的相关资料；移交物业服务期间形成的物业和设施设备使用、维护保养和定期检验等技术资料，运行、维护保养记录；结清预收、代收的有关费用；法律、法规、规章规定和物业服务合同约定的其他事项。原物业服务企业不得以业主欠交物业服务费用、对业主共同决定有异议等为由拒绝办理交接。原物业服务企业在应当办理交接至撤出物业管理区域前的期间内，应当维持正常的物业管理秩序，并不得向业主收取物业服务费用。原物业服务企业拒不撤出物业管理区域的，新的物业服务企业和业主应当与原物业服务企业协商解决；协商不成的，应当依法提起诉讼或者申请仲裁，不得强行接管。街道办事处、乡镇人民政府和房屋行政主管部门应当加强对物业服务企业交接工作的监管。

此外，文件还对物业服务企业进入小区后开展的工作提出具体要求。

6. 业主委员会

根据739号文件第四十条的规定，业主大会选举产生业主委员会。业主委员会一般由5人以上单数组成，具体数额、选举结果的确认应当在业主大会议事规则中明确约定。

第四十二条规定，业主委员会执行业主大会的决定，接受业主的监督，依法履行下列职责：召集业主大会定期会议和临时会议；定期向业主大会报告物业管理情况；代表全体业主与业主大会选聘的物业服务企业签订物业服务合同；及时了解业主、物业使用人的意见和建议，监督物业服务；组织和监督专项维修资金的筹集、使用；监督物业共用部分的经营及经营收益的管理和使用；督促业主按照约定交纳专项维修资金、物业服务费和其他应当由业主共同分摊的费用；建立并妥善保管工作档案，为业主提供查阅、抄录和复制档案资料的便利；调解业主之间因物业使用、维护和管理产生的纠纷；对违反国家和本市相关规定以及管理规约、业主大会议事规则的行为，可以要求行为人停止侵害、排除妨碍、消除危险、返还财产；配合社区相关组织做好本物业管理区域内的社区建设工作；业主大会赋予的其他职责，但《北京市物业管理办法》第十一条规定由业主共同决定的事项不得授权业主委员会直接行使。

二、案例分析报告

（一）问题提出及研究意义

习近平总书记指出，党的工作最坚实的力量支撑在基层，经济社会发展和民生最突出的矛盾和问题也在基层，必须把抓基层打基础作为长远之计和固本之策，丝毫不能放松。这一论述是以人民为中心的发展思想落实在社会治理领域的重要指南，关系人民幸福安康、社会和谐稳定、国家长治久安，为社会治理制度体系提供更完备、更稳定、更管用的“总钥匙”，是我们不断探索创新基层社会治理新模式、推进基层社会治理体系建设和治理能力现代化的根本坐标。①

中国特色社会主义进入新时代，社会面貌发生着深刻变化，对既有利益格局进行着深刻调整。我们应切实巩固基层基础，着力化解影响社会秩序和活力的新的结构矛盾，以高度的政治责任感和强烈的政治担当大力推进城乡社区治理工作。

（二）理论分析框架

1. 多元治理理论

多元治理是以法治为基础的多元主体共同治理，是我国社会治理实践探索的经验总结，也是实践中形成的新要求，是社会治理的制度创新。

多元共治主要包括四大特征：多元主体，开放、复杂的共治系统，以对话、竞争、妥协、合作和集体行动为共治机制，以共同利益为最终产出。

多元治理的基本内涵包括三方面。一是治理主体的多元性。主张除政府外，市场主体和社会主体等都可以参与公共事务的管理与调节。其中，市场主体主要包含企业，社会主体则是指积极参与公共事务管理，参与决策和共识的建构。二是治理手段多样化。治理在依靠政府权威的同时，也可以依赖市场化手段，考虑新技术及工具的应用，治理手段从以强制为主向以平等对话、合作为主的多元化手段转变。三是治理目标多元化。治理目标由单纯追求效率向公共利益最大化转变，最终达成国家与社会公民之间的合作共赢。

2. 社区营造理论

社区营造，即针对不同社区的历史传统、区位环境、发展阶段和现实特征，通过营造居民共同关切的公共性议题，发起持续性的集体行动，以居民的积极参与和群体性互动，促使社区内社会资本的增加，建立居民彼此之间及居民与社区环境之间的协调互动关系，以最终实现社区自决和自治的目的。

社区营造的内容主要依据社区的需求而定（见图 2）。社区营造的基本原

---

① 北京市习近平新时代中国特色社会主义思想研究中心．让基层社会治理深植实践温暖人心［EB/OL］.（2019－03－28）［2019－11－30］http：//m. gmw. cn/baijia/2019－03/28/32688094. htm/.

则之一是自下而上实现社区参与，提高社区成员对社区事业的关心程度和介入程度，帮助他们找到最关键的问题，培养自助能力，并通过共同的工作计划或项目，推动社区发展。社区意识从本质上讲就是一种民主的主人翁意识，即个人对所属社区拥有的一种和衷共济的一体感。此种一体感植根于个人对社区的直觉和态度，同时表现出认同、关怀、参与的心理作用。这是人与社区通过互动交流所产生的一种情感表达。促进社区成员或团体的自由发展和自动调适，充分发展社区居民的潜力。

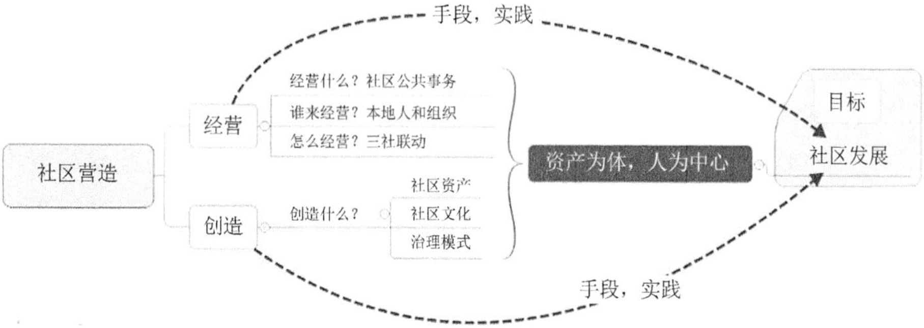

图 2　社区营造示意图

简单地说，社区营造就是政府引导、民间自发、社会组织帮扶，使社区居民自组织、自治理、自发展，共同解决社区所面对的公共议题。社区营造致力于以生活文化为中心的人的改变和人与环境的关系协调，构建一种“自下而上”多主体合作的社区治理的行动和话语体系，实现社区整体可持续发展。

3. 委托代理理论

委托代理理论指行为主体根据明示或隐含的契约，指定、雇用其他行为主体为其服务，同时授予后者一定的决策权利，并根据后者提供的服务数量和质量对其支付相应的报酬。

在业主自治中，业主大会（全体业主）就是授权者即委托人，被授权者就是业主委员会或物业服务企业。业主大会规定业主委员会拥有的权利和义务是一种委托代理。业主委员会只能依据业主大会的授权处理相应的事务。

聘请物业服务企业进行物业管理也是一种委托代理。业主大会选聘物业服务企业进行专业化的小区物业服务，业主大会根据物业服务情况给予物业服务企业相应报酬就是委托代理的体现。

委托代理理论解释了业主自治中，业主大会、业主委员会、物业服务企业三者之间的关系，对普及业主自治有指导意义。

（三）案例分析

1. 理论运用

（1）多元治理——共商共建共担风雨

在C物业旷日持久的交接保卫战中，参与主体由原先单一的物业—业主，到物业—街道、建委—业委会—业主，再到后期加入的派出所民警，充分体现了多元治理中治理主体的多样性。以上相关方可称为“直接利益相关者主体”。而在整个事件的处理过程中，临近小区的业主、业委会，以及其他街道的工作人员，我们称为“非直接利益参与者”，都通过各种渠道为此次矛盾处理提供经验帮助，由此形成更加激烈的多方博弈。从政府部门层面，“一核多元”或“多中心”主体参与有利于倾听多方声音，还原事实真相，明确相关职责；从基层业主、业委会层面，能充分了解业主需求，商讨可行对策，能逐步推进事态发展；从非直接利益参与者层面，通过表达态度意愿，参与社会治理，积累经验形成总结。

然而，社区治理现代化是一项系统工程，其需要协调社区中各个主体之间的利益关系。目前社区治理中的多元利益协调机制还没有建立起来，导致多元共治与社区治理现代化的融合还面临着一定的困境。本案例中可以看到，由于前期业主和业委会的不作为，未在前期治理中发挥相应的职能。而在后期的交涉过程中又因不同主体权责不同，实际权责存在主管部门和执法部门相分离的情况，使得事件处理进度一拖再拖。

（2）社区营造——同心同力同舟共济

社区营造强调的是“自下而上”实现社区治理。在本案例中，业主是一个社区最基本的构成部分，是此次事件的最直接的利益相关者，只有在处理过程中充分了解业主意愿，倾听业主心声，才有可能圆满解决问题，构建和谐社区。为何要更换物业？前期物业管理中存在哪些问题？业委会是否正常行使职责？业主的心声能否得到适当反馈？是否存在物业或业委会不作为的现象？这一连串问题，只有业主能给出答案。在此次事件中，街道、住建委的工作人员也在和业主、业委会充分沟通的基础上，获取第一手资料，才能制定出合理的处理方案。社区营造融入社会治理就是让居民可以“自下而上”地参与社会治理，从自身需求出发来管理自己生活的空间。

此外，物业公司也是社区建设的参与者，在社区舞台中同样拥有话语权。虽然在短期内物业公司和业主可能存在利益冲突：物业公司一味地追求高收入低成本导致少作为或不作为，与业主的资金投入和心理预期不对等，导致冲突，但是从长期来看，无论是业主还是物业公司，都是希望能有良好的工作、居住环境，稳定的收入、和谐的社会关系，以实现自我价值。

相对于业主和物业公司的“下”，街道和住建委作为政府职能的代表，相较而言处于事件中的“上”。近年来，社会已经从最传统的“上行下效”慢慢开始转变，政府由单一的管理职能，慢慢向管理与服务并重转变。归根结底，政府和居民的利益都是一致的，都希望社区和谐，社会稳定。

（3）委托代理——代权代责代行使命

委托代理理论是契约理论的主要内容之一，主要研究的委托代理关系是指一个或多个行为主体根据一种明示或隐含的契约，指定、雇用另一些行为主体为其服务，同时授予后者一定的决策权利，并根据后者提供的服务数量和质量对其支付相应的报酬。授权者就是委托人，被授权者就是代理人。

在本案例中，聘请物业公司提供相应服务是一种委托代理行为，业主成立业委会处理相关事宜也是一种委托代理行为。但是一般认为，在委托代理关系中，由于委托人和代理人的效用函数不一样，委托人追求的是自身财富最大化，而代理人追求的是自己的工资津贴收入、闲暇时间等最大化，这将导致两者冲突，在没有有效的安排下，代理人的行为很可能最终损害委托人利益。

故而在业主成立业委会后，因为没有相应的激励机制和监督机制，业委会成员参与治理全靠自身的使命感和责任感，可能导致后期业委会成员消极怠工，怠于行使权力，或是无心理事，甚至退出业委会。相较而言，Y 社区的业委会还相对比较成熟，在物业纠纷过程中，一直尽心尽责参与其中，但纵观街道其他小区，业委会基本形同虚设。而在物业公司开始工作后，由于委托人（业主、业委会）未能及时起到监督作用，导致前期物业公司懒散放纵，后期变本加厉，待到业主想要及时止损，维护自身利益，更换物业公司时，才因种种分歧引发矛盾。当然，物业公司自身也存在相应的问题。

2. 困境下突围的街道职能

街道在开展社区治理工作时，始终将党建引领多方协同作为社区治理的基础，以“街道吹哨、部门报到”作为解决社区实际问题的方法，以引入社会组织搭建多元参与的议事平台为有效手段，引导社区居民对小区实现自我管理。

（1）以党建为引领，搭建多元平台，有效实现小区自治

一是注重党建引领，发挥社区党委统筹作用，开展好区域化党建工作。社区党委定期走访小区物业服务公司，与公司管理人员进行沟通，了解小区现状及存在的问题。二是发挥社区党员作用，做好对小区业委会的及时对接工作。通过业主中的党员既是业委会委员，又是社区党员骨干的多重身份，在社区党组织、业委会、物业、业主之间发挥桥梁纽带作用，使各方“合成一股力、拧成一股绳”，形成同频共振、同向发力的效果。三是搭建社区会商平台，解决社区问题。利用地区党建协调会、社区党建协调分会等，建立重大事项会商平台和难题会诊机制，分析各类渠道收集到的难点问题，对社区居民普遍关心的热点、难点问题给予正面的回应和积极的引导，将该平台作为收集问题的重要渠道，将问题带到居民议事厅进行讨论，不断增强政治领导力、思想引领力、群众组织力、社会号召力。

（2）加强工作指导专业化，积极履行职责，有效推进依法行政工作

一是找准角色定位，认真履行职责。组织相关科室、社区工作人员专题学习739号文件、《北京市物业管理办法》（北京市人民政府令〔2010〕第219号）等有关文件资料，认真梳理现行法律、法规、规章和规则，明确街道的角色定位及功能，协助、指导和监督业主大会、业主委员会的成立及活动。二是引入法律顾问，依法指导业委会工作。街道在指导小区业委会工作时，引入

专业法律顾问，安排职业律师对业委会工作进行全程指导，并就具体事项所涉及的法律法规给予专业解读并审核把关，保证每步工作符合法律规定。三是借助议事平台，规范议事协商工作。依托街道参与式协商治理工作模式，将“表、议、决、选、做、评”的“闭环式”参与式协商工作流程进行信息记录，实现居民有序参与社区治理决策前的协商与决策后的实施，并实现工作过程中的监督与痕迹化管理。

(3) 以专业为指导，积极履行职责，有效推进依法行政

一是探索“三治”融合，化解矛盾纠纷。面对新老物业公司管理交接问题和群众聚集事件，街道坚持依法行政，建立自治、法治、共治的“三治融合”社会治理体系，确保新老物业公司顺利、平稳过渡，从而有效化解社会矛盾。二是坚持法治先行，推动业委会自治。街道多次与业委会委员，就业委会职责、换届选举、委员资格等工作进行高效沟通，同时做好居民的正确舆论引导工作，培养家园意识，协助业委会开展工作，提高小区自治参与度。并与原物业公司（C 物业）召开工作会，结合小区实际情况，详细解释说明适用的法律法规。引导业委会、原物业公司正面对待不同的意见，并通过合法合理的途径反映诉求。三是坚持多元参与，共同化解矛盾。街道积极联系区房管局、小区业委会、原物业公司、新物业公司（H 物业）、社区等部门共同围绕小区物业服务、新老物业公司交接、治安问题等进行积极讨论，畅通沟通渠道。运用“街道吹哨、部门报到”工作机制，联合区房管局、派出所，履行自身工作职责，现场调处矛盾纠纷及交接的具体事宜。遇到居民日常来电来访情况，区住建委、街道、社区工作人员进行解释说明，促进小区和谐稳定。

3. 案例引发的问题思考

(1) 社区治理角色行政化

社会组织在社会治理中的功能定位是社会协同，这就意味着社会组织在参与社区治理时，其功能定位是协同，而非主导。但从目前社区治理的具体实践过程来看，社区组织却承担了社区治理的主要责任。以城市社区治理为例，在城市社区治理中，街道办事处、居民委员会是社区治理的重要社会组织之一。伴随着我国社会管理工作重心的不断下移，街道办事处、居民委员会目前实际

上承担了大量的行政管理工作，组织机构行政化、工作人员公职化的特征十分明显。这实际上就说明社区组织在社区治理中出现了角色错位的现象，协同作用演变成主导作用。

（2）制度规定有待完善

虽然出台了739号文件、《北京市物业管理办法》（北京市人民政府令〔2010〕219号）等规定文件，但是内容过于概括，往往不同主体在认知上存在歧义。在指导召开业主大会、成立业委会的过程中，至今没有规范的工作流程、工作形式、工作方法，开展工作都是靠经验来完成的。

（3）业委会失能

受小区规模大、人数多、业主文化水平参差不齐、参与意识不强等因素影响，业主大会和业委会在小区自治中困难重重，主要表现为在社区治理结构中业委会运作乏力，以及业主委员会在内部治理过程中与外部治理环境缺乏互动而产生的冲突。一方面，由于没有薪酬、业委会成员没有时间开展业委会工作等原因，部分成员提出辞职，其他成员不发挥自身作用，导致业委会处于瘫痪状态，无法有效运作；另一方面，由于指导规则对业委会成员要求低，约束力小，选举产生的业委会成员素质参差不齐，缺乏相应的专业知识，对业委会工作存在偏差，责任心不足，直接导致业委会公信力缺失。

（4）行政诉讼成本高

目前法院推行立案登记制，本意是法院的大门向当事人完全敞开，当事人可以依法无障碍地行使诉权。实际上，法院对不符合诉讼主体的案件也予以了立案，无形中增加了街道行政诉讼成本。例如，Y社区原物业服务企业C物业由于不愿交接，故通过行政诉讼的方式，要求撤销业委会备案事项变更单，企图取消第三届业委会成员的合法资格。但根据739号文件，该申请系由Y社区业委会提出，相对人应为Y业委会，而非C物业，且C物业提出的街道未能履行审查、监督职责与事实不符（均有证据资料），发现及拆除违建也不属于街道的职权范围（实为城管大队）。最后，C公司于开庭当天向法院申请撤销本案。

（5）物业公司工作不到位

目前，小区物业公司存在自身工作不到位的情况。例如，物业服务水平下降，与业委会、业主就物业服务协议内容存在歧义，拒不执行新老物业公司交接，未经业主同意擅自动用公维基金等损害业主利益的行为。街道虽有属地责任，但没有监督和处罚权，必须经过与区相关部门反复协调，才能逐步梳理解决途径，有些问题，甚至区相关部门也不能沟通解决。例如，Y 社区原物业公司 C 物业自 2015 年合同终止，后无续签，不仅未提供相应的服务，还限制业主购电，拒绝提供物业费发票，私自盗用、变白、损坏小区公共财产和设施。2017 年 10 月，全体业主通过招投标的方式，合法选聘 H 物业。C 物业对选聘结果、仲裁决定也置若罔闻，并通过信访、诉讼、拨打 12345 热线、撕毁协议等方式拒绝履行交接义务，经过街道、区住建委、派出所、律师、公司的副总等多次努力下勉强于 5 月 27 日交接了小区安保人员。最后，街道就此次事件共召开会议 8 次，现场指导 4 次，收到材料 20 份，接待来信来访 8 次，发函 1 次，收到法律诉讼 1 次，投诉热线 2 次，收到锦旗 1 面。

（6）物业费收缴调价纠纷

物业费收缴难，拖欠、少缴和拒绝缴纳物业费在居民那里已经习以为常，已经成为居民表达对物业服务不满的惯用手段。物业服务企业收不到物业费，就针锋相对，停止对特定对象的服务或撤出小区。例如，F 社区就对不缴费业主所在的楼门停止服务。物业费调价不合理，有的回迁小区目前收缴的物业费较低，与实际运维费用有较大的差距。例如，某小区仅有一栋住宅楼，共 270 余户居民，物业费为 1.15 元/平方米，全部缴齐的情况下年收入 30 万余元，实际一年运维需 50 万余元，又适逢全地区地下空间整治，楼下地下室被清除，物业公司收入来源减少，在物业费标准不变的情况下，无法实现收支平衡。有的小区物业费始终保持 0.5 元/平方米，仅靠物业费物业公司无法运行，导致物业服务能力下降，居民更不满意物业服务，进而不缴纳物业费，形成恶性循环（见图 3）。

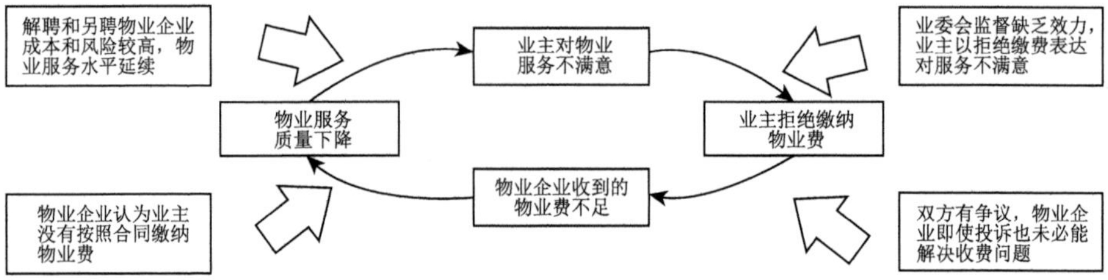

图 3　物业费引起的恶性循环

(7) 停车管理引纠纷

小区没有规划停车位，在全地区清理地锁后，业主与物业公司就停车管理办法存在歧义，导致冲突，并提出成立业委会申请。小区物业公司提高停车费价格，就有关政策的理解上与业主存在歧义，双方出现矛盾。例如，J 小区属于回迁小区，没有规划停车位，自 2004 年入住起，由于部分车主阻挠和反对，未能实行停车管理并私装地锁，其间街道、物业公司、执法单位共同开展联合执法，拆除全部地锁。由于地面停车无法办理备案手续，物业公司长期没有开展停车管理工作，小区处于无序停车的状态，出现剐蹭也无法维权。2016 年 6 月，业主愤而提交申请成立业主委员会的有关资料，希望可以通过更换物业公司、引入停车管理公司等方式解决停车难问题。

(四) 对策建议

1. 向街道赋能赋权

修订现行文件规定，明确街道在物业管理中的职责，并赋予相应的职权，实现权责统一。梳理区域各部门工作内容，建立职责任务清单，进一步明确各自的工作范畴，为履行职责奠定基础。依托“街道吹哨、部门报到”工作机制，及时召集区有关部门，解决物业管理中的矛盾纠纷。

2. 建立物业公司惩罚黑名单制度

随着小区业主与物业公司矛盾的日益增多，为了加大对物业公司违规违法行为的惩处力度，应建立物业公司惩罚黑名单制度，采取吊销执照、限制服务年限等方法，对不按照规章制度开展日常管理工作的物业公司进行处罚，完善物业公司信用体系，为选聘物业公司提供参考，不断提升物业服务质量，促进地区物业行业发展。

3. 聘选专业代理人

指导物业公司开展工作、业委会成立工作要求工作人员具备专业的法律知识，组织协商能力。建议聘请专业律师或具备相应素养的专业代理人长期协助小区业主、物业公司开展日常管理工作，指导各方依法依规维权。

4. 建立物业费变动机制

随着物价水平的上涨，物业费始终维持早年价格，物业公司无法正常运行，有效的价格变动机制可以激励物业公司尽职尽责完成自身工作，维护小区环境秩序。

5. 规范化业委会成立流程

按照现有法律规定，成立业委会程序急需简洁、清晰、明了、规范的工作流程。更新手册内容，使之成为行之有效的参考手册，帮助街道、业主、物业公司准确地明白各项工作内容。业主委员会应通过征求业主意见和召开业主代表会议等方式，每季度对物业管理和服务质量进行评价，年终作出总评价，每次评价的结果都及时反馈给物业服务企业。如果物业服务企业对评价有异议，可以由居委会、业主委员会、物业服务企业三方进行协商，确认评价。仍有争议，可以上报街道和房管局物业行政指导部门调查核实。

6. 建立业委会奖惩机制

一方面，目前的业委会都是自发自愿组织，对于业委会不作为或是乱作为的情况，法律规定缺少行之有效的惩罚和退出机制；另一方面，由于业委会成员都是兼职状态，一旦出现问题，直接撒手不干，最终受到损失的还是广大小区业主。建议加强对业委会的监督，制定合理的奖惩机制和退出机制，对成员形成约束力。

三、结束语

见一叶而知深秋，窥一斑而知全豹。事件的解决过程纵然路途坎坷，但通过多方的努力周旋，总算是圆满结束。但这件事留给我们的，更多的是一份反思。如何更好地统筹各方利益、维系各方关系，如何更好地实现全民参与，多元共治，都是我们今后有待解决和优化的问题。在社区基层治理的道路上，还有很长的路要走。借用屈原在《离骚》中所书大概能恰如其分地表达：路漫漫其修远兮，吾将上下而求索。

参考文献

[1] 雷达．领导科学［M］．西安：西北大学出版社，2008：9.

[2] 刘燕．当代西方公共行政决策及启示［J］．山东财政学院学报，2009（3）18－21.

[3] 须鹏．街道办事处指导业主自治的困境与对策研究——以苏州市姑苏区友新街道办事处为例［D］．苏州：苏州大学，2016.

[4] 宋海霞．社区治理现代化呼唤多元共治［J］．人民论坛，2018（20）：66－67.

[5] 李玉文，刘维跃，马琪，等．老旧小区物业自治新思路［J］．价值工程，2019，38（10）：1－4.

[6] 王光荣．城市社区物业管理难题的破解策略［J］．兰州学刊，2013（2）：124－128.

基层协商“僵局”何以“破局”*

——以北京市C小区停车楼建造为例

摘要：本案例描述了在北京市机动车保有量逐年增长、停车难问题日益凸显背景下的C小区停车难的一次尝试。C小区坐落于海淀区的某街道，属于居住区夜间停车缺口巨大导致停车难问题的典型小区。针对这一类问题，北京市出台了一系列政策，鼓励立体式停车位、停车楼建设，但小区内建造停车楼牵动多方利益，处理不当容易引发冲突。C小区内有一块空地可以用于停车楼建造，但在推进过程中，小区业主、物业公司、停车楼承建公司、街道办事处和居委会存在观念冲突。利益相关方之间有过交流沟通，但是没有形成有效的协商机制，也缺乏合理的协商流程和方法，最终导致建造停车楼事宜暂时搁浅。而北京市多个小区通过合理的协商机制，已经成功建造停车楼。本文拟通过C小区停车位改造这一案例，从公共政策的角度分析问题所在。同时，参考同类小区成功改造做法，通过协商式治理模式等方法，分析C小区停车楼项目推进过程中存在的问题，并提出实质性建议，探索解决方案。

关键词：停车楼；协商式治理；社区治理

引言

随着北京市机动车保有量的增长，停车难问题日益突出。在C小区，业

---

* 本案例由北京航空航天大学公共管理学院硕士研究生张朋、李欣格、田田等撰写，指导教师为北京航空航天大学公共管理学院陈文博、李亚老师。

主、物业公司、停车楼承建公司、街道办和居委会的利益冲突导致停车楼建设停滞不前。作者借鉴协商式治理模式，提出了实质性建议，包括加强沟通协调、制定合理的规划方案、完善法律法规等，以期实现停车楼建设的成功。

一、案例正文

（一）起因经过

1. 因停车难要建停车楼引起居民的反对

2017 年 7 月 13 日，连续的闷热天气总是让人容易烦躁，但是刚参加工作的小张不得不压下这股没来由的火气和同事在 D 街道办楼下的空地上搭起凉棚、架起饮水机、搬来电风扇。“可不是要举办什么活动！只是 C 小区的‘民声请愿团’又来了，而且今天天气不好，领导让我负责把他们照顾好。”24 岁的小张对工作保持着初始的热情，他把这看成街道办事处领导对他工作能力的考验。

谈到这些人为何而来，小张自称是最了解的人并说道：“毕竟从他们五月份第一次来就是我负责接待的。他们小区就在我们办公地点稍微往南的路口，很近，是个回迁房小区。他们来主要是反对小区建停车楼。自从 2017 年 4 月要在小区里建停车楼的消息传出后，认为不能建的一部分人就串联起来站出来反对，并取得了不少小区居民的支持。有带头人起草了一份反对建造停车楼的公开信，还上门收集了支持者的签名，然后觉得可能只有联合签名的公开信力度不够，所以组织了代表直接就来街道办静坐上访，希望街道办能出面阻止。”

在居民第一次上访结束时，小张在街道办事处小会议室对刘书记和万主任说：“关于他们反对的原因，我听了他们的诉求之后大概总结了五点：一是认为建停车楼没必要；二是担心活动空间减少；三是认为会造成污染，尤其是建造期间；四是担心自家房屋采光受影响；五是担心建成后小区安全受影响。”

根据居委会给的数据，该小区机动车大约有 1100 辆，停车位一共不到 500 个。该小区周边（见图 1、图 2），经常停放许多辆机动车，在一定程度加大此路段的交通压力。

图 1　小区西北处丁字路口东南角停车乱象（百度全景地图 2015 年 4 月）

图 2　小区西周围的停车乱象（腾讯街景地图 2017 年 4 月）

2. 调解过程

D 街道办事处的小会议室里，几人分别坐定，一场“辩论会”即将开始。

参会人员有以下几位：

刘书记，D 街道工委书记，2017 年 2 月调任 D 街道工委。

万主任，从2015年3月起至今担任D街道办事处主任。

李主任，C社区党支部书记兼居委会主任（由于C小区户数较多，因此一小区划分为C社区）。

王先生，C小区3号楼住户，家中无车，联名反对信的起草者及签名收集者。

齐先生，C小区8号楼住户，家中有车且有一地上停车位，正在参加司法考试，曾多次通过不同渠道反映小区内外停车乱象问题。

陈女士，C小区1号楼住户，退休教师，寡居，腿脚不便需要乘坐轮椅。

阿先生，C小区2号楼住户，下岗工人，女儿、女婿和外孙均住在C小区。此外，家里有两辆车。

以下内容根据相关当事人回忆整理

万主任开场道："今天是你们第三次来了。前两次呢，双方各持己见，态度都很坚决，我希望这次我们能讨论出一个结果来。毕竟你们来一次，我们的全部工作人员基本上都要搁置其他工作专门来接待你们，对我们的工作影响还是挺大的，这种情况我们不希望看到，当然我们能理解，也知道这不是你们的初衷。今天大家来得很是时候，我们也是这周收到了K公司关于停车楼的最新一版设计稿，他们公司负责人也就设计图向我们作了解读，我跟刘书记都认真看了，很科学，也更能打消大家的一些顾虑。"

接下来刘书记和万主任就之前反对者群体的几点理由进行了一一解答。

一是停车楼建造必要性问题。刘书记再次强调："C小区周边确实是D街道管辖范围内乱停车现象最严重的区域，这点我相信大家也是感同身受，尤其是像齐先生这样关心社区治理、希望生活质量得到提升的人们。因为这点，D街道这两年也没少受点名批评。以前是没有好的解决途径，仅靠罚款、拖车等手段整治违停确是治标不治本，现在有了立体停车楼这一方案可以从根本上解决这一难题。"据K公司介绍，停车楼建成后，能增加车位近600个，除满足小区停车需求外，还可以通过提供错时停车位手段化解周边停车乱象，让居民出行更高效、安全。二是像陈女士和阿先生这类老年人担心的活动空间减少的问题。K公司出具的最终稿显示，停车楼会把一层架空，到时候居委会会负责添置一些健身器材，这样小区里反而多了一块半室内的活动空间，所以关于活动空间减少的顾虑可以被打消了。三是污染问题。本来街道办事处是想邀请K公司的工作人员跟居民解释一下他们现在的先进生产工艺的，但K公司相关负责人担心他们的参与会增加居民的抵触情绪，就让街道办事处代为转达：一方面是，K公司有合作的预制基地，很多建筑程序会在预制场所完成，在施工现场的程序操作较少，这就很少造成建筑垃圾污染；另一方面，K公司也承诺在规定的施工时段以内再跟大家协商施工时间，尽量减少噪声污染，以不打扰居民日常生活为标准。四是2号楼东南侧的住户担心的采光受影响的问题。K公司已经委托相关机构根据设计图进行测算。如果能通过修改设计避免采光受影响的问题，K公司就会再修改设计图；如果修改设计也无法避免采光受影响的问题，也会依据相关规定跟受影响住户进行赔偿协商。五是反对方业主很关心的小区安全问题。K公司为了建造停车楼还是很积极主动的，主要表现在其充分考虑居民实际需求而不断完善设计稿。最终设计稿是新建停车楼与现有地下停车场合为一体，将地下车库出入口作为停车楼出入口，所有车辆一律从现在的地下停车场出入口驶出驶入，也就是小区其他出入口一律不再允许车辆驶入，真正实现了人车分流。孩子与老人在小区里活动只会更安全。”

参会代表并没有当场反驳，刘书记认为，参会代表去跟外面的居民说明情况，停车楼就可以开工。这样既解决民生难题，又可以给自己的履历上增加靓丽的一笔。

目送四人出了会议室，刘书记、万主任、李主任相视一笑，顿时感觉松了一口气，闲聊了几句准备回去工作，却被外面忽然的喧闹打断。接着，小张带着王先生走进会议室道：“不好了，大伙儿还是不同意，说是今天不给个明确的答复，明天就去区政府上访！”感受到刘书记和万主任征询的目光，王先生也是叹息一声点了点头。

刘书记无奈地摇头，说道：“李主任，你和小张还有这位王先生一起去先安抚下大家的情绪，我和老万商量一下。”几人应声离开会议室。

万主任其实认为稳定最重要，但前期看到希望才和刘书记站在同一立场。

这会形势比人强，就要放弃了，于是打算劝劝刘书记。刘书记摆摆手，打断了万主任："我知道你想说咱们还是坚持稳定压倒一切。可是，这明明就是合情合理又利民的好事，他们为什么都不能认真考虑再做决定呢？他们不信任物业、不相信居委会的能力，找到我们，我们也算是积极应对、进行了相关干预吧？那些所谓的理由都站不住脚，而且毕竟利大于弊啊，为什么就听不了劝呢？"

虽然前功尽弃有些懊恼，劝说K公司放弃也是出力不讨好，但最终两人还是出于"稳定"考虑决定放弃继续说服反对业主的"不现实"想法。两人来到楼下向来访群众做了保证："明天我们去趟K公司去劝他们放弃，也请大家冷静，等我们的消息，暂时不要去区政府上访。天也快要下雨了，我们先安排人送大家回小区。"

刘书记回到办公室不久，小张就来汇报说已经把人全部安全送回小区了。刘书记站在窗前，嗯了一声表示回应。望着窗外乌云密布的天空，刘书记重重地叹了口气。窗外，雨点开始落下，仿佛一道掀不开的帘幕。

（二）纷纷议论停车难

1. 停车资源很紧俏

雨中的北京有着不一样的风情。

这风情可能并不是所有人都喜欢的。例如，这时就有一位居住在C小区的张大爷撑着伞立在雨中，即使裤子已经被雨水打湿，他也没有离开。那是因为他站立的地方是一个路侧停车位，他在为即将下班的女儿占停车位。他说："我和老伴儿是甘肃的，来北京主要是照顾女儿起居的。以前都是我老伴儿来给她占，今天下雨了，车位肯定更不好找了，我这早下来一会还能占个靠小区近点的停车位，这样她明天上班也能节省点时间。"对老伴儿和女儿的疼爱从这几句简单的话语就能感受出来。张大爷感叹："北京之大，大到连一个停车位都装不下。"

北京市是特大型一线城市，人口众多，汽车保有量逐年增长。公开信息显示，2018 年末北京市机动车保有量 608.4 万辆，其中，私人汽车 489 万辆。

2009 年至 2018 年，北京市机动车保有量从 402 万辆增至 608.4 万辆。而停车设施建设缓慢，停车资源供求失衡问题长期存在（见图 3）。

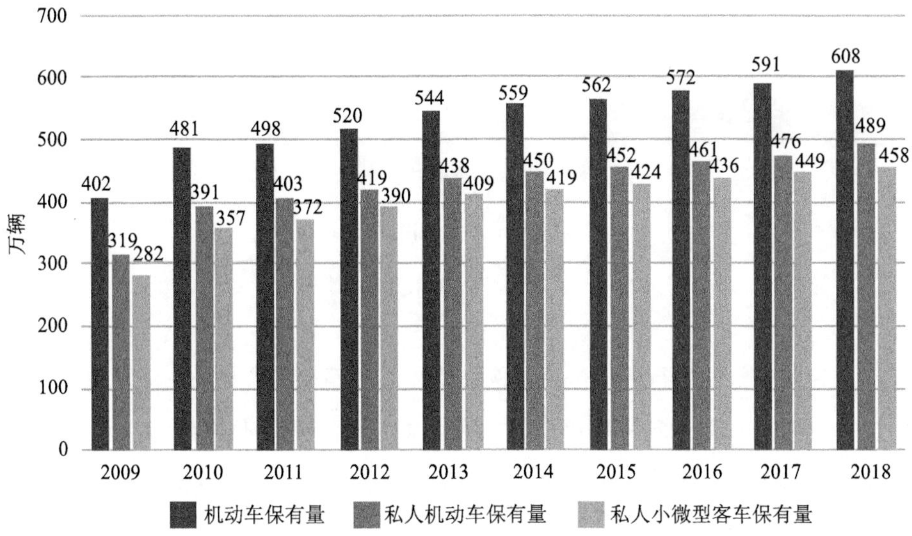

图 3　北京市机动车数量图（北京交通发展研究院制图）

根据北京市交通委员会公布的《北京市停车资源普查报告》①（以下简称《报告》）显示，截至 2016 年底，全市城镇地区最终核定车位总数为 382 万个。北京市城镇地区夜间停车总数为 384 万辆。与车位总量相比，停车供需总量相当，但是北京市城镇地区居住停车缺口总量达 129 万。居住区域夜间停车供需矛盾突出（见图 4）。

① 该报告显示的是北京市交通委员会 2015 年 10 月启动的一次全市范围的普查项目，将全市 16 个区下辖的 331 个街、乡、镇划分为 2 006 个普查小区。城镇地区，按照居住小区（单位大院）、平房区（胡同区）、公共建筑、路侧占道、立交桥下空间、路外公共停车场、驻车换乘停车场、混合区域（含商住楼、居住加办公区等）、其他等 9 大类型，细分为 6.6 万个基本单元，逐一编号、进行调查；农村地区，按照“有车即有位”的原则，认定为停车位数量。报告历时近两年完成，首次公布为 2017 年 8 月 30 日。

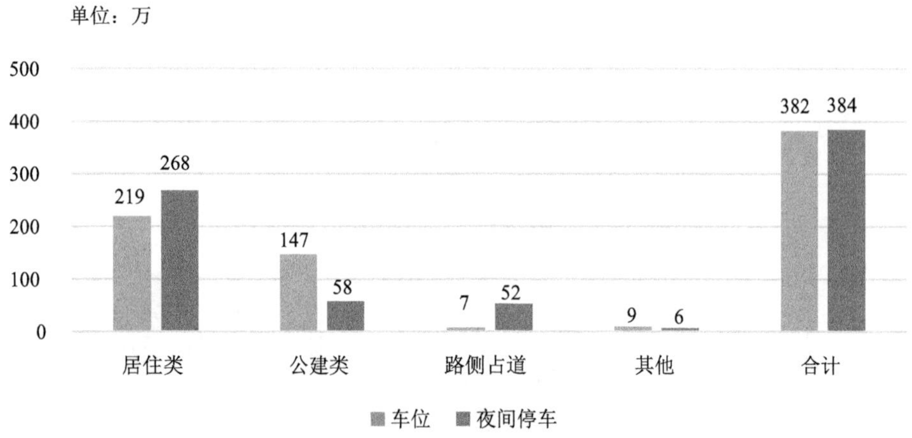

图4　不同类型车位与夜间停车需求

居住停车位与出行停车位总比例失衡。居住停车需求与居住停车位比例为1∶0.63（依照国际通行准则该配比应为1∶1），出行停车位比例为1∶0.42（依照国际通行准则该配比应为1∶0.2）。虽然停车需求与车位供给大体相当，但居住停车位与出行停车位的比例严重失衡，出行停车位比例偏高，居住停车位总量明显不足，夜间居住停车矛盾突出。其中，五环内严重缺位区占比65%，三环内严重缺位区占比达84%。

2. 先天不足是硬伤

C小区究竟需不需要建造停车楼？有没有必要建停车楼？我们通过一组数据和图片直观展现一下。

C小区共有2 304户，2017年上半年C社区居委会统计的机动车数量为1 106辆。C小区设有地上停车位150个，地下停车位307个，停车位配比不到1∶0.2，停车资源缺口数为649。

小区内停车位不足，直接导致小区内及周边道路乱停车现象严重。下面将C小区内部及周边共6处位置的一些信息作相关列举（见图5）。

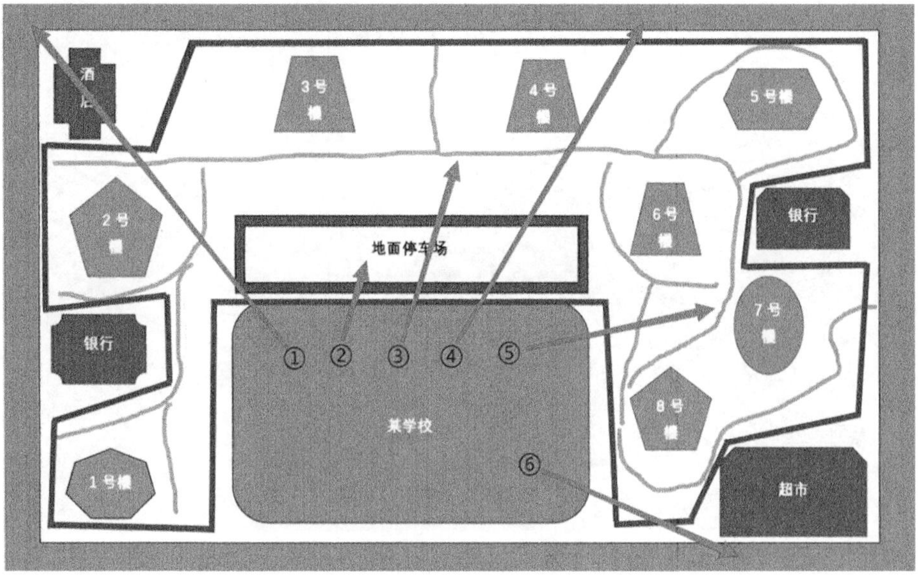

图5　C小区示意图（外框为小区四至道路；实线线段围绕的区域为C小区生活区域；不规则线为小区道路。笔者制图）

图5中的位置①处为丁字路口，我们实地查看发现，为了保障行人出行，市政部门在人行横道上加装了限停立柱。

图5中的位置②处，为小区现有地面停车场，也是停车楼拟建位置。据介绍，停车场未安装车牌自动识别系统前，已有停车位的业主为防止车位被占用多采用加装地锁的方式保障自身权益。

图5中的位置④处划定了平行式路侧停车位，但是我们现场看到的景象是：为了多停车，违法占道停成斜向成了常态。

图5中的位置⑤处地砖铺就的道路明显为步行通道，却被违规停放的机动车占去了较大空间（见图6）。

图5中的位置⑥有明确的道路禁停标识，但路侧仍存在乱停车现象（见图7）。

图6　位置⑤并未划定停车位（C小区热心居民提供，拍摄于2017年6月）

图7　位置⑥违停警告牌（笔者拍摄，2019年12月）

3. 多措并举难排解

上文提到的张大爷并非特例。“周末孩子来探望，我至少得提前半小时下楼搬个小板凳给他们占车位。”家住 C 小区 1 号楼的居民祥叔也因为停车难而烦恼。

C 小区周边停车位抢手究竟是小区自身问题还是周边环境影响呢？我们再将小区的四周展现给大家：小区东侧是某大型购物中心（以下简称某中心），其有专用车位 750 个，而且由于离地铁站较近，周末高峰期也从未出现过满载现象；小区西至道路西南侧是两家四星级酒店，设有地下停车场，提供 268 个停车位；小区北侧是某商品房小区，有 12 栋楼、1100 多户，停车位配比为 1∶0.6，另有从某中心协调来的车位 100 个，已是平衡状态；小区商铺有小型酒店一间、小型超市一个、商业银行支行两处、其他商业若干，可提供的停车位数量总计超过 120 个。从以上数据可以看出，C 小区周边给这一区域的停车难问题几乎不可能带来加重因素。

笔者在进行实地调研时，C 社区居委会的李主任介绍道：“现在划定了居民专用路侧停车位，优惠政策是居民可以到居委会办理优惠停车证，价格和小区地上停车位一样，都是 150 元一个月，而且可停车区域比较广。我们这儿的优惠证统计数据是 403 张，那按照我们 2017 年统计的机动车数量来看，还有 200 多辆车没有办理优惠证，那他们是怎么停车呢？晚上停车两小时才一块钱，如果经常出车，就晚上停几个小时，那一个月可能 150 元都用不了。”

（三）利益相关方各执一词

将现有地面停车场改造成停车楼，事关公共利益，牵动 C 小区居民的心。支持者认为停车楼可以填补现有停车位缺口，改善小区停车状况，有人积极推动，有人随波逐流。反对者则因不同利益考量联名反对。

1. 物业公司乐筹谋

C 小区车位稀缺问题由来已久，小区车主占用消防通道、抢占公共空间等导致抱怨声此起彼伏。小区的物业公司也不时收到相关投诉。

2017 年 4 月，C 小区物业公司收到上级主管单位通知，要求其准备筹建停车楼事宜。物业公司上级主管是地方机关单位，负责 C 小区物业公司业务盈亏。因过去物业服务质量、收费等问题，小区居民怨声载道。物业公司和居民之间火药味十足，积怨久矣。

改造停车场补充停车位是一项便民措施，能够有效解决小区停车问题，或许借此能改善和小区业主的关系。于是，物业公司兴致勃勃地推动停车楼筹建事宜。

物业公司负责人先和街道办事处进行沟通，双方一拍即合。但获得街道办事处的支持只是第一步，按照区交通委相关要求，建造停车楼需要征得 60% 以上业主的同意。

由于小区尚未成立业委会，物业公司无法通过问询业主代表来征得民意。在和街道办事处沟通后的一周，物业公司便陆续开始电话联系曾经反映停车问题的业主。经过电话沟通，物业公司统计数据显示，联系的近半数业主同意这一方案。

2. K 公司志在必得

K 公司是上级部门指定的承建方。其在获悉建造停车楼的消息后，对建楼的合法合理性及可行性进行评估和调查。

通过询问街道办及咨询律师得知，按照法律规定，C 小区的地面停车场所有权并不属于业主，实际上为国家公有产权。

小区曾规划建造 9 幢楼，但因原占地的学校未及时搬迁等问题 9 号楼未成功建成，所以 C 小区多出一块空地。业主从 2010 年开始在此停车，此后成为公共停车场，在此停车的车主向物业缴纳停车费。从法理角度看，K 公司将地面停车场改建为停车楼无须通过业主的同意。

K 公司和物业公司沟通协调后，联系了设计公司实地勘察、准备设计方案。为尽可能地方便居民生活，K 公司几番易稿。按照最后的设计稿，停车楼建成后，将达到一箭三雕的效果。不仅可以扩充停车位，满足小区业主所需，还能与现有的地下停车场共享出入口，节约资源，达到人车分流的目的。另外，停车楼一层为架空设计，外围可栽种绿植，提高绿化覆盖率，内部可增设各种设施建成居民休闲活动场所。除此之外，物业公司还曾规划将部分房屋作为员工值班室（实际上就是员工宿舍）。

3. 支持者暗自称赞

C 小区一共有 2 304 户住户，停车位配比率不到 1∶0.2。随着私家车保有量持续攀升，供需矛盾突出，小区业主停车范围包括小区内划线车位、地上停车场、地下停车场、小区空地停车，以及小区外部划线车位。

没有“抢到”小区内部停车位的车主只能见缝插针地停车。要么冒险停在路边，和交警“打游击”，面临被贴条的风险，要么把车停在距离小区步行 10～15 分钟的区域，十分不便。更有甚者为图方便，游走在灰色地带，将车辆侧身停在路肩上或占用消防通道，让本就狭窄的小区通道更加逼仄。

长期饱受停车之苦的业主对于建造停车楼的提议拍手叫好。在他们看来，停车楼既能增加停车位，还有利于减少邻里纠纷，同时通过错时共享停车可增加业主共有收益，是一举多得的好办法。

部分没车的业主也成为支持者。C 小区车位缺口不仅对有车的业主造成不便，没车的业主也不时抱怨。周末年轻人回到小区探望老人，老人提前占车位的情景屡见不鲜。如果停车楼建成，停车位可以基本满足小区需求，那么在闲时也能为开车来访小区的外来人员提供方便。

腿脚不便的老人、盲人等老弱病残群体是第三类支持业主。因为，小区内乱停车，车辆挤占公共空间等问题，造成出行不便，影响日常生活。他们认为，建造停车楼基本解决小区停车问题，或许可以让车主规范停车。

支持者在物业公司电话征求意见时纷纷投出了赞成票。但除此之外，他们没有其他进一步的行动。

4. 街道办事处顺水推舟

停放车位总量不足，供需失衡，车主违规占用小区消防通道、绿地、公共通道等，私设车位，不仅影响社区秩序，而且危及居民的生命财产安全。因此，街道办事处频繁接到此类投诉，曾经尝试过整顿治理，但违规停车现象依旧屡禁不止，为街道办事处的管理工作带来巨大压力。

停车楼建成后可以在一定程度上有效缓解管片内停车难问题。从 2012 年至今，北京市政府 4 次发文要求加强停车治理，鼓励建设立体停车设施。由于停车楼集约化程度高，能够在同样的占地面积上短时间内迅速补充车位供给，在一定程度上缓解停车难的问题，北京市近年来掀起了兴建停车楼的热潮。2018 年，北京市城六区通过新建立体停车设施为居民提供车位 2 万余个。

C 小区建造停车楼不仅为居民排忧解难，而且也符合政策走向。因此，街道办事处为停车楼建造积极奔走、主动协调各相关部门。

5. 反对者疑窦丛生

无人组织小区居民或代表进行沟通协商，缺少畅通的沟通渠道，这令大部分业主产生诸多疑虑。

小区人车不分流，车辆在狭窄的道路上行驶，孩子进出不安全。对此有孩子的家庭表示担心。

四周相邻楼房面临通风、采光、日照、噪声污染等问题，无人能够给出相应的解决方案，权益或将受到侵害的业主情绪激动。建造停车楼费用如何分摊？建成后如何评定停车费？停车楼如何维护保养？一连串的疑问无人可以作答。

对于既得利益群体——已持有车位的业主而言，建造停车楼反而可能引发通行不便、噪声污染等问题，另外，停车楼的运行效率也不如地上停车场。因此，他们选择维持现状。

此外，建造停车楼并非一举多得，反对者调查了解到北京市不少小区建成停车楼后停摆，造成浪费。以朝阳区工体南路小区为例，这是最早投建停车楼的小区之一，但建成后未达到预期，停车楼使用率低，最终无人使用成为摆设。现在看来，被弃用的停车楼占用公用地块应该重修或拆除，成为棘手问题。如果没有合理和长远的规划，他们担心 C 小区停车楼也会成为摆设，得不偿失。

持反对意见的业主怨气颇重，物业公司在停车楼中加建宿舍的行为，加剧了他们对牵头建造停车楼的物业公司不信任感。此次事件导致居民与物业公司的关系进一步恶化，双方剑拔弩张，“权利保卫战”一触即发。他们签字联名反对动工建造停车楼，并集体前往街道办事处信访部门群访。

6. 居民上访街道办事处

眼看着停车楼的设计方案已成型，一切就绪，动工似乎箭在弦上。反对者接连两次上访街道办事处，反对建造停车楼。在街道办事处耐心安抚之下，他们同意召开一次协商会议，与刘书记、万主任等街道办负责人直接对话。

经过一番讨论，到访的居民依然坚持己见，眼下所谓的停车难问题，在反对者看来也只是略有紧张的状态，并未出现太大的问题而影响工作生活。他们扬言如果街道办事处解决不了，次日就集体前往区政府维权。

街道办事处负责人面露难色，晓之以理动之以情均告无效，看来这些来势汹汹的业主心意已决，负责人连忙安抚。考虑以大局为重，刘书记只好亲自出面，说服物业公司和设计公司放弃投建停车楼，以避免引发更大的冲突。

至此，停车楼建造计划胎死腹中，K 公司前期的时间投入、设计投入等均被浪费。由于没有收到业主任何诉求，居委会袖手旁观，始终没有作为。

一切戛然而止，C 小区又回到起点。

（四）且有良策

停车楼是立体停车的一种，顾名思义就是将停车空间不只局限在平面的延伸和排布上，更多的是发挥其竖向的空间，以竖向多层的房屋形式再加以合理的车位排布以达到多停车为目标的停车方式。

C 小区的停车问题也是很多小区普遍面临的问题，很多小区在解决停车问题的时候也遭遇了 C 小区遇到的种种问题。位于北京市石景山区的八角南里小区，同样存在停车难的问题、同样希望通过建设停车楼解决停车难问题、同样面临各种问题。而最终，八角南里小区的停车楼成功建成并投入使用。因此，分析八角南里小区停车楼的案例可以帮我们找到破解停车楼建造问题的良策。

北京市石景山区八角南里小区有着和 C 小区类似的困境。八角南里小区是石景山区一个典型的老旧小区，现有居民 2 300 多户。由于没有机动车地下停车条件，物业部门只能利用楼间空地设置停车位。居委会工作人员介绍说：“这几年随着私家车越来越多，而停车位配比仅为 1∶0.25，现有的 500 多个停车位远远不能满足需求，居民意见特别大，乱停车、占用消防通道等问题也特别突出。居民经常因为停车困扰求助于‘12345’热线。”

2019 年 7 月，石景山区八角南里小区的停车楼建筑工程全面开工，停车楼规划面积 7 000 平方米，可容纳 300 辆车，投入使用后将大幅缓解八角南里小区的停车压力。

当然与 C 小区情况相似，八角南里小区的停车楼在筹建阶段也不是一帆风顺，停车楼选址紧邻 26 号楼和 13 号楼，一些居民担心有噪声污染，通风采光也会受到影响，反对意见强烈。部分居民对停车楼建成后的收费标准心存疑虑，犹豫不决。

为克服阻力，八角街道办事处、八角南里小区居委会、物业公司经商讨后决定通过协商的方式推进停车楼的建设。2019 年 4 月，各方决定定期举行项目推进会，项目推进会为各方提供了协商平台。第一次项目推进会前，各方分别进行了充分的协商前准备工作，八角街道办事处充分调研验证建造停车楼的必要性，筹建方案的可行性，八角南里小区居委会对居民建造停车楼的态度进行摸底，开展了第一轮入户工作。物业公司制作了初步的设计方案。

各方选定参会代表后于 2019 年 4 月初，进行了第一次的项目推进会，议题为：第一，建造停车楼的必要性和可行性。第二，居民对建造停车楼的顾虑。第三，停车楼的设计方案和运营方案。项目推进会采用轮流发言和自由讨论相结合的方式，各方进行了充分的协商。项目推进会最后根据协商情况制订了下一步工作计划。街道办事处争取各部门的支持，解决停车楼建造的审批问题。居委会进行第二轮入户工作，就初步的设计方案和运营方案与居民进行沟通，收取意见。物业公司收到居委会反馈的意见后对停车楼设计方案和运营方案进行修改和细化。

2019 年 4 月下旬，第二次项目推进会召开，各方采取相同的协商议事模式，围绕相关部门对停车楼建造在行政审批上的注意事项，居民对停车楼建造方案和运营方案的意见反馈和停车楼建造方案的调整进行了深入的讨论和协商。此次项目推进会的焦点为物业公司的设计方案和运营方案如何打消居民顾虑。会议最后各方对部分焦点问题的意见达成了一致，如如何解决建造过程中的噪声和采光问题，停车楼建造过程中的安全问题，停车楼建成后的收费标准等，会议最后各方制订了下一步工作计划，街道办事处与居委会进行第三轮入户工作，将协商的结果告知居民以打消居民的顾虑。物业公司根据协商的结果制定最终的建造方案和运营方案。

2019 年 5 月中旬，各方进行了第三次项目推进会。会议确定了停车楼的最终建造方案和设计方案。各方就设计方案和运营方案签字，并决定将设计方案和运营方案在小区内进行公示，街道办事处与居委会将负责争取居民签署停车楼建造同意书。同时各方决定在停车楼建造期间定期召开项目推进会，保障停车楼建造的顺利进行。最终经过多次召开业主大会，70% 的居民支持停车楼的建造。2019 年 7 月，八角南里小区停车楼建筑工程正式开工。

自 2019 年 4 月项目启动以来，各方先后落实项目推进会、安全生产现场会等 11 次，处理因施工扰民、方案结构变更等相关居民投诉 13 起，处理 12345 市民热线诉求 26 件。

想要从八角南里小区的案例中得到破解建造停车楼难的良策，我们需要将八角南里小区和 C 小区进行对比。

相同点：①同样严重的停车难问题；②同样有意愿也有条件通过建造停车楼解决停车问题；③停车楼的建造同样面临着不同当事方的冲突。

差异性：在解决不同当事方的冲突时，八角南里小区和 C 小区有着截然不同的解决方法。八角南里小区采取的是有组织的，高效的协商方法；C 小区则是冲突的当事方采取通过施压迫使其他当事方妥协退让的方法。

八角南里小区的项目推进会是一种有组织的协商机制，这种协商机制可以为协商的启动提供保障，在项目推进会开始前，冲突的当事方进行了调研，这是对冲突的有效评估，每次项目推进会都有明确的议题：议事流程，以及各个当事方的工作计划。

C 小区各个当事方并没有进行有效的协商沟通。首先，C 小区没有各个当事方参与的协商机制。其次，面对同样的冲突，C 小区的当事方选择了相互施压的方式迫使其他当事方妥协和退让。最后，停车楼建造的问题搁置不前。

对比两个小区一成一败的结果，我们可以得出在解决冲突的时候，高效的、设计科学的协商更有可能实现当事方的共赢。这种协商可以帮助当事方进行真诚有效的沟通与对话，沟通与对话可以缓和关系，挖掘议题，探寻利益，进而各方共同找出创造性的解决方案，实现利益的共赢。

二、案例分析

（一）理论基础

1. 冲突理论

冲突理论是现代西方社会学理论之一，着重探讨社会冲突的本质和根源，冲突的类型、预防及其在社会生活中的作用等。随着冲突理论成为社会学理论中的重要组成部分，特别是20世纪60年代以后，一众西方学者不断总结充实，冲突理论成为西方社会学理论中的显学，并成为分析社会发展和变迁的有力工具①。在公共冲突管理学知识体系建构方面，麻省理工学院的劳伦斯·萨斯坎德（Lawrence Suskind）著述最丰，起着不可替代的作用。在大量理论研究的基础上，他于1999年发表文章，以公共政策领域纠纷解决为例，专门总结了美国公共冲突管理实践的发展过程。2009年，萨斯坎德发表“25年之前与从今以后的25年：公共冲突管理的未来”，再次对公共冲突管理进行回顾与展望，认为和协商民主的“联姻”是公共冲突管理理论取得的巨大成就，构建共识是冲突管理实践的重大突破。2013年，乔治梅森大学冲突管理学院院长安德烈·巴托利（Andrea Bartoli）与其同人罗宾·沃拉切尔（Robin Wolbacher）等共同出版的论文集《诱发冲突：破坏性社会关系的动力基础》，把冲突管理的复杂性研究推入新的高潮，也为冲突治理的研究开辟了新的天地。

---

① 张梦圆，任建华．冲突理论的脉络及其当代法治启示——基于冲突理论脉络展开的考察［J］．法律社会学评论，2015（00）：17－30.

冲突治理研究远远突破组织冲突的视野，大量涉及社会公共领域的冲突现象，为公共冲突管理学开辟了广阔空间①。

随着经济和社会生活的进步，社会复杂性、或然性和多元性会带来公共问题的持续增加，不同的利益相关者之间的冲突相伴而生，此起彼伏，也必然会推动冲突理论的中国化应用。李亚认为，从20世纪90年代中期以来，中国社会多元利益格局逐步形成，人们越来越多地参与关系切身利益的决策中，通过多种渠道表达和维护自身利益。在这种背景下，公共冲突再采用单方面牺牲某群体利益的做法越来越行不通②。

公共冲突涉及全部或相当部分利益相关者群体的利益。为了实现治理的平稳、可持续发展，从根本上消除不同群体间的利益对立，实现利益共融，才是长期共赢的解决方式。从C小区建造停车楼阻碍重重的局面中，笔者认为在整个事件发展过程中，并未存在显著的限制、调解或遏制的有效机制，比如谈判、第三方干预等，以引导群体行为能够与组织目标保持一致。

2. 协商治理理论

协商治理理论可以视为治理理论不断丰富与发展的产物。20世纪90年代兴起的治理理论，是在西方国家公民社会与第三部门发展与日渐成熟之时，同时传统的政府管理又出现"失灵"的背景之下提出的。在参与主体方面，治理理论认为政府不再是公共管理的唯一主体，市场、社会团体、公民等都是重要的公共管理主体；在组织形式方面，治理理论不局限于传统政府的科层制组织体制，而认为社会网络组织将成为未来治理的主要组织形式；在权力运行方面，治理理论摒弃了"命令—服从"的单向度权力运行的政府统治，转而强调双向互动的权力运行结构。随着治理理论的深化，协商治理理论也逐渐发展起来。

协商治理从协商民主发展而来，目前对于协商治理或协商民主的定义，学界尚未形成统一的认识。张敏认为协商治理是指在公共事务的管理中，公民经

---

① 时和兴．冲突管理学源流探析——兼论公共冲突管理学的发轫［J］．国家行政学院学报，2013（5）：55-60.

② 李亚．创造性地解决公共冲突［M］．北京：人民出版社，2015：40.

特定的协商程序，通过自由平等的对话、讨论、辩论，以及听取相关的背景知识等话语交往方式进行更具理性的公民参与，进而在公共决策中发挥重要作用的治理方式①。何包钢将协商民主看作是一种新的治理机制，即政府搭建一个协商民主平台，通过理性讨论使公民发生思想变化，最后公民自身做出解决难题的方案②。王浦劬则指出协商治理是政治主体基于政治组织和公民的政治权利，以协商和对话的程序和形式达成共识或者协调分歧，以实现国家和公共治理利益目标的特定政治机制③。孙存良、李徐步等认为协商民主是指受决策影响的公民，通过自由平等的对话、沟通、交流、协商、讨论等方式参加政治生活，解决公共事务。协商民主是民主政治发展的重要成果，以协商民主为基础的协商治理是从统治到治理转型的必然选择，具有明显的优越性④。胡象明强调协商治理以公共治理中的多方参与为前提，在公共治理中能够真正体现多数人的意志，在公共治理中有助于实现公共利益的最大化⑤。综上，协商治理主要是指，在社会主体利益多元化的情况下，以理性协商为主要方式处理与解决涉及多方利益的公共事务的公共决策机制。也就是在协商治理中更强调多元主体之间的平等沟通与协商，鼓励在协商中达成共识，取得一个多元利益主体都满意的结果，其与过去政府单方主体单向度的管控方式有很大的区别，更加注重公众参与决策过程，要求发挥公众在公共事务治理中的作用。

随着协商治理理论的不断深化，再加上现实中社区的相关利益主体日益多元化，社区公共利益的需求实现愈发强烈，而传统单一的行政力量已难以满足日益多样化的需求，此时将协商治理理论引入社区治理，构建一种多元主体利益协商的机制，有助于解决社区治理中面临的难题。在本案例中，C 小区各方

---

① 张敏．协商治理及其当前实践：内容、形式与未来展望［J］．南京社会科学，2012（12）：72－78.

② 何包钢．协商民主和协商治理：建构一个理性且成熟的公民社会［J］．开放时代，2012（4）：23－36.

③ 王浦劬．中国协商治理的基本特点［J］．求是，2013（10）：36－38.

④ 孙存良，李徐步．协商治理：优势、困境与出路［J］．上海市社会主义学院学报，2017（6）：25－30.

⑤ 胡象明．协商治理：中国公共管理体制改革的目标模式［J］．学术界，2013（9）：66－72；306.

利益主体对修建立体停车场意见相左并产生冲突，导致最终未能解决停车位不足的问题；而与之形成对比的是八角南里小区的成功协商实践。由此可见，引入协商治理理论进行分析与阐释具有合理性。首先，通过运用“协商”这一软机制，能够更好地倾听多元利益主体的各种声音、充分了解公众的利益需求，有助于制定出更加符合公共利益的公共政策，从而提高政策的民主性。其次，将专家的意见纳入决策，有利于提高公共政策的科学性。最后，协商治理比起传统的管理手段，更具柔性，有利于切实解决基层社区中的问题，从而减少甚至控制社会冲突。因此，运用协商治理理论，能够从理论层面为小区治理困境与政策执行提供一定的理论支撑，具有现实层面的研究意义与可行性。

（二）面临的困境

1. 多元利益冲突亟待协调化解

多元利益相关主体基于自身需求及行为特征所做出的决策行为经过综合作用应达到一致或基本一致方可推进整个规划项目，否则，需重新考虑利益主体的综合决策。

在本案例中，与C小区停车楼建造相关的利益主体主要有：物业公司、街道办事处、居委会、K公司及支持与反对方业主，涉及公共利益、经济利益与自身利益的交织协调。利益冲突点能否协调解决成为停车楼建造项目能否继续推进的关键。

（1）物业公司

物业公司是负责经营物业管理业务的企业型经济实体，其经营行为接受业主委员会和全体业主的监督，如小区面临重大的管理措施，应当提交业主委员会审议，并经业主委员会认可。聚焦案例中的C小区物业，与之意见相悖的声音主要来自反对方业主这一利益主体。

C小区物业公司在本案例中的诉求其实就是推进立体停车楼的建造项目，其主要考虑到公共利益：一是可以增加C小区的停车位，满足业主在停车问题上的实际需求；二是可以缓和物业与业主之间“水火不容”的局面；三是符合上级主管单位的统一要求，也可视为物业公司在服务业主方面的一项便民举措。本来是件一举三得的好事，为什么却没有得到大部分业主的支持呢?

究其原因我们不难发现，首先C小区并未成立业委会，加大了物业公司收集民意的难度。其次，物业公司仅仅电话询问已反馈过“停车难”问题的业主的意见，这一做法不仅没有将信息覆盖到全体业主，导致信息不对称，同时也造成了样本数据不具代表性，更难以得出全体业主同意率超过60%的结论。建造停车楼的受众主体是全体业主，但却未让全体业主了解情况，这不是很矛盾吗?

（2）街道办事处

街道办事处主要是基于实现公共利益最大化的角度来行使权力和履行义务。C小区目前乱停车现象严重，占用了公共绿地、通道等公共资源，侵犯了公众生命财产安全的权益。面对这一情况，街道办事处为维护公共秩序献计献策。结合小区公共区域空地有限、平面停车场已无法满足业主车位需求等实情，立体停车楼的规划中一层可以作为公共活动空间，既可满足解决停车难问题的硬性要求，又可解决反对方业主提出的此举占用公共活动场地的意见，而且也符合北京市政府对于解决本市辖区内停车问题的指导意见。

然而，其在执行过程中却没有如此顺利，街道办事处未考虑到小区所有业主的合法利益，贸然推进引发不满，且作为基层政府，更应通盘考虑，协调各方利益，从而推进立体停车楼项目。

（3）居委会

作为C小区基层自治组织的居委会带有公益性，其在立体停车楼项目中是中立方，应起到纽带的调节作用。居委会是最接近业主方，可汇总意见，代表业主发声的机构。其本身在停车楼项目上不具有赞成或反对的倾向性，主要是考虑业主的看法，当然如果能既符合业主的期望，又可解决小区实际问题，那更是锦上添花。

作为中立平台，应站在公共利益立场做出决策，使停车楼项目的推进更加透明化，并成功帮助各利益相关者取得一致方向。然而，在整个事态发展的过程中，其并未为多元利益主体创造良性的沟通方式，导致项目最终无限期搁置。

(4) K公司

K公司为C小区停车楼项目的承建方，在建筑方面拥有相应的主导权及决策权，其在规划中的行为诉求遵循“成本—利益”的原则，在开发建设的过程中以经济利益最大化为目标。然而，在其追求经济利益的道路上，或多或少会忽视甚至牺牲部分公共利益及居民自身利益。因此，面对这一情况，既需要街道办事处的引导和统筹，也需要居民担起公众监督的责任，从而维护自身利益。

(5) 业主

C小区业主是一个利益关系复杂的群体，他们的决策会受到各种因素的影响，如物业服务水平、环境、居住条件及公共设施等因素，概括起来即为自身利益。支持方业主深受停车难问题的困扰，从他们的角度上讲，迫切希望增加一块停车场地，能够增加停车位，减少乱停车给居民带来的不便和矛盾；而反对方业主主要是基于小区内环境的角度，因建筑停车楼不可避免地会带来影响采光，噪声污染，产生建筑垃圾、灰尘等问题，而且具体收费标准以及使用权限也没有议定章程，同时考虑到会占用公共用地，影响出入安全，因此维持现状对眼下的他们来说，可能是最好的方式。

其实不论是支持方还是反对方业主均是站在自己的角度思考问题、发表言论，却忽视公共利益，更不要说站在对方角度提出相应解决意见。

2. 协商不足导致冲突难以化解

(1) 管理中比较缺乏协商意识

传统的管理手段强调单方面的管制，而缺乏协商意识。在本案例中也体现了这一点。C小区在关于停车场建造的问题中，物业公司、支持业主、反对业主与居委会都各执一词，在问题的解决中缺乏交流与沟通。政府应在C小区停车楼建造中强调各个相关主体的表达与沟通，从而向共识发展。也就是说多元协商主体需要公平参与、自由表达、理性倾听、沟通对话并进行有效回应，才能针对冲突议题全面分析与权衡利弊，从而寻求最大共识。

但是在目前的社区治理中，协商民主精神十分缺乏。这是因为我国的基层协商是在市场经济体制不完善、政治体制改革不到位、法治建设不健全、公民社会不发达、参与型政治文化没有构建起来等背景下产生和发展的。受传统政治文化以及社区建设浓厚“行政化”色彩的影响，我国社区居民对社区缺乏感情和信任基础，对社区的价值认同度不高。

本案例也是如此，C小区的物业公司、小区居民（支持方与反对方）与居委会在立体停车场建造的冲突中，缺乏多元协商的意识。由于物业公司服务水平低、服务意识差，通过小区周边环境对比，居民由此产生的心理落差较大，造成居民与物业公司的矛盾日益突出，甚至双方更多地把彼此看作是潜在的“敌人”。而同时，居委会又因为各种原因不愿或未能出面协调，这就使问题并未向合作解决的方向发展，而是陷入了僵局。尽管在少有的几次谈话与辩论中，政府与居民有过短暂的沟通，但总体而言依然缺乏较为规范的协商过程。这体现了在C小区停车位纠纷中，“协商”始终未被纳入决策过程之中。协商民主精神与协商意识的缺失，在一定程度上不利于新时代下城市社区治理的推进，因为这种蕴含公平参与、积极回应、合法透明等基本价值理念的协商恰恰是解决基层社区治理难题的重要工具之一。通过协商治理能够把C小区的居民、物业公司、政府等引导到沟通的平台上去，在协商平台上代表着各自利益的居民、物业公司、政府等才能够进行讨论，倾诉自己的关切与利益。

（2）民众意见吸纳不全面

传统的管理方式重视结果，而忽视过程，为了完成社会管理的任务，有时会出现形式民主的现象。在本案例中，在征求民众是否同意建造停车楼问题上，物业公司只电话联系了曾经反映停车问题的业主，便粗糙统计得出近半数业主同意停车楼方案的结果。而这一征集民意的过程既不透明，也不规范。在这一过程中，民众的意见并未被充分全面吸纳，甚至很多居民都不了解还有征集民意的环节。这导致相当一部分居民的意见未被纳入决策考虑之中，造成后来知情的居民上访等不良现象，在一定程度上影响了C小区的和谐与稳定建设。

而协商是一种公正公开的、透明的社会治理手段，更加注重通过公民参与的社会自身实现管理。在重视共识结果的同时，也强调过程，通过包括民众在内的相关利益主体的充分沟通交流，向着共识方向前进。因此，不仅代表着不同立场与利益的居民能够被纳入决策之中，而且其在交流中能够充分表达自己的意见，若能够形成最终的共识，则会推动停车楼建造问题得到良好的解决。

（3）多方主体参与度较低

传统的管理方式以政府为单一治理主体，而忽视了社会力量与公民的参与。多方主体参与度较低正是C小区停车场问题久未解决的原因之一。多方主体参与不足主要表现在参与动力不足和参与不均衡上。

社区多元主体的参与度较低，协商动力不足。C小区尚未成立业主委员会，这在一定程度上导致居民的意见无法汇集。基层社区的协商治理需要多元主体的共同参与。本案例中就存在着主体参与度不高的现象：一方面，搭便车的想法使部分居民不去主动参与社区公共事务的协商，因此造成居民的参与度不高；另一方面，如今社区内的居民自治组织尚处于发展的初级阶段，自治能力不足，参与协商的动力不足。

社区多元主体参与不均衡。在本案例中，居民、物业公司、K公司与街道办事处等主体之间拥有资源及动员资源的能力不均衡，如物业公司与居委会相较于居民而言拥有的资源更多，而居民群体内部之间，拥有多元社会网络的人比其他人掌握更多的资源，这会导致他们之间参与能力与参与程度的差异，也影响了协商的公平性。在利益需求多样化、协商事务复杂化的情况下，协商主体的知识、素养和能力的参差不齐很容易使强者更强、弱者更弱，那些本来就处于强势地位的群体掌控话语权，而那些本来就处于弱势地位的普通居民和边缘群体利益表达受阻，从而导致协商平等性缺失、激化矛盾等。例如，C小区内居住着不少盲人，建造停车楼真正实现人车分流对他们来说是真正的利好，但支持者中没有为他们设席位，反对者更是对这合理需求弃之不顾。

（三）对策建议

1. 促进多元主体协商，转变政府传统治理理念

（1）树立协商治理理念

转变政府传统治理理念，要求引入多元治理主体参与协商，完善政府主

导、各方参与协调共治的社区治理体系。在现代公共治理中，只有承认存在利益差别或冲突的多方存在，并且为了协调多方之间的利益矛盾，把多方的参与纳入公共治理的过程之中，协商治理才得以成立，才具有真正的意义①。

在C小区案例中，应当在协商中充分引入社区居民（支持方及反对方）、物业公司、K公司等相关利益主体，在协商中通过表达、对话、讨论和沟通等方式，平衡与协调停车楼建造牵涉的公共利益，选择和确定解决停车问题的实现途径。协商治理正是以协商和对话方式，承载着实现公共利益，协调平衡不同利益之间关系的治理功能②。因此，在协商中积极沟通社区居民中的支持方与反对方之间的利益关系，消除和化解其间的利益矛盾，才能够有利于最终达成关于停车楼建造或停车问题的共识。

在引入多元协商主体的过程中，要兼顾决策的民主性与科学性。一方面，要注重引入C小区的居民代表参与协商，由居民参与做出的关于停车楼建造的公共决策比较容易贯彻实施，也能够改变街道办事处在停车楼问题的决策上所面临的困境；另一方面，在关于停车楼建造问题中涉及技术性的因素，需要专家来思考，拿出解决方案。此时，也要注重引入专家，促进专家在C小区停车楼建造中的有效参与，能够使最终做出的决策更具有科学性与合理性。

(2) 明确政府与社会的角色

重新界定政府的职责，在促进多元主体协商中赋权于社会。

一方面，要转变政府传统治理理念，重新界定政府角色。传统的管理理念强调严格的等级序列，而新时代下治理能力的现代化强调政府只是一个掌舵人，划桨应由其他主体，如市场、社会与公民等参与完成。在C小区的停车楼建造问题中，应当由管理理念向治理理念转变，以协商治理为基本理念，转变政府职能，采取政府、物业公司、居民等多元主体对话的方式来化解停车楼建造中产生的冲突。通过协商治理，也能够有效减少因不满停车楼建造而屡屡上访的现象，使人们更加理性地思考停车楼建造是否合理等问题。通过协商机制

① 胡象明．协商治理：中国公共管理体制改革的目标模式［J］．学术界，2013（9）：66－72；306.

② 王浦劬．中国协商治理的基本特点［J］．求是，2013（10）：36－38.

的引入，有助于在推动政府职能转变中，促进政府角色的重新界定。同时，也有助于在一定程度上发挥民众的“隐性决策权”，使民众的利益诉求得以有序表达和释放，回应民众的民生和民主关切，同时也提升了政府的施政合法性①。同时，协商机制相对于传统的管理具有一定的弹性与柔性，对传统的管理手段形成补充。

另一方面，促进社区的协商治理，要求政府下放权力，赋权于社会，还权于公民。打造参与式的治理空间。协商在本质上是人们围绕一定的公共事务而展开的互动，因此应在进一步赋权的基础上营造参与空间。政府要进一步增加公共资源的供给，并畅通公共资源配置的公众参与，以此增强公共性事务的吸引力，引导人们从私人领域走向公共领域，形塑某种参与式认同。自组织是提升社区公共性和协商参与能力的有效载体，也是基层协商民主制度化发展的根本动力所在。有组织的利益表达是增强利益博弈能力、实现有序参与的关键。因此，应积极发挥自组织在协商能力提升过程中的基础性作用，提升民众组织化参与协商的层次和水平。

2. 构建社区协商治理的平台和机制

（1）搭建多元化社区协商平台

协商民主的基本要义在于平等对话、共同参与、缩小差异、减少冲突、达成共识、凝聚合力，按照尊重多数、兼顾少数和求同存异的原则，广泛地发展政治参与，吸纳各方面利益诉求，促进民主决策和科学决策②。为了更好地发挥协商民主的作用，促进基层社区的协商式治理，解决社区公共事务的难题，亟须搭建多元化的社区协商平台，拓宽多元利益主体协商的渠道。

多元化社区协商平台包括线下协商平台与线上协商平台。社区协商议事会（或社区议事会）就是典型的线下协商平台。它通过组织相关人员就引起社区多元主体冲突的某一相关问题进行共同讨论与协商，从而实现了多元利益群体对话，有助于解决大多数社区较为复杂的公共事务问题。通过这一线下协商平

---

① 李德虎．基层协商民主的制度性追求与制度化路径［J］．探索，2019（4）：76－86．

② 王芳，陈进华．城市社区协商：从基层民主到社区共治的内在逻辑及实践路径［J］．江海学刊，2019（5）：148－154．

台的搭建，为社区居民提供了有效沟通与协商的路径，从而形成人人参与、人人享有的局面，提升社区居民的自治能力。C 小区可通过成立社区协商议事会，为停车楼建造等问题提供一个线下的协商平台，将物业公司、居民和街道办事处等相关人员都聚集在一起，就该问题进行深入与多轮的协商，以促进问题的解决。基于此协商平台，我们可以汇集多元利益主体的意见：第一，为业主的参与提供合法化透明化的渠道，使其自由表达自己的意见，行使监督的权力，并能够获取其他各方观点。第二，物业公司、承建方可以为项目的规划建设进行可视化说明，从而消解业主方的疑虑。第三，街道办事处和居委会可借用此平台记录各方利益诉求，对承建方起到管控、引导的作用，同时也会最大化地保障公众利益，以达到公平公正的原则。除了线下协商平台，也可以通过搭建社区网络平台，在线上展开协商，既弥补社区组织化程度低、人员流动性大、公共生活时间分散的社区协商的局限性等不足，也能降低协商的时间与经济成本。C 小区可以在网络上搭建一个在线协商平台，允许并鼓励居民与其他相关群体留言，并对彼此的看法进行质询，多方之间也要进行互动与反馈，从而在线上协商，促进问题的解决。

(2) 形成常态化协商治理机制

为化解 C 小区停车楼建造中的冲突，应当推动形成常态化的协商治理机制，建立协商民主议事机制，促进协商治理过程的标准化与规范化，这就要运用具体的协商治理方法，如协商式政策分析（DPA）。DPA 团队的主要工作是通过提供专门的协商论坛让各方便利地展开对话、有序讨论，政策分析专家为此提供所需的专业支持、帮助各方寻求能够协调各方利益、实现共赢的方案。DPA 团队将按照以下三个阶段开展工作：协商准备，协商实施，协商分析报告①。

第一，协商准备。其主要分为五个环节，分别是前期调研、利益相关方分析与沟通、确立议题与调查准备、设计协商形式和协商方案、产生参与者及邀请相关方。

---

① 李亚，王欢．协商式政策分析及其运作：以胡同停车管理为例［J］．中国行政管理，2017（10）：114－119．

一是就停车楼建造的合理性必要性方面做充分调研。例如，通过入户调查等方式充分征集支持、反对两方的意见建议。二是 DPA 专家组召集支持、反对方居民代表、物业公司、居委会、街道办事处等利益相关方进行初步沟通。三是确定协商形式与协商方案并确定各方协商参与人员（见图 8）。

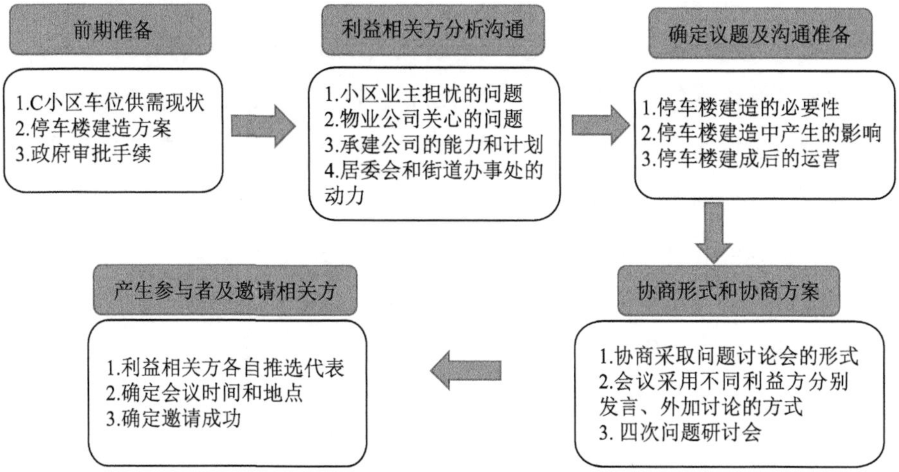

图 8　DPA 团队参与的协商治理结构图

首先，前期调查应对 C 小区现有的停车位数量和车位需求数量进行详细调研，得出准确数据，同时考察替代停车方案的可获得性和便利性，得出 C 小区真实的停车需求。其次，分析拟建停车楼地块的所有权及建造停车楼的合法性。再次，与物业公司 H、承建公司 K 进行沟通，确定初步的停车楼建造方案，尤其是停车楼建造中及建成后对 C 小区的生活影响，确定停车楼建成后的收费标准。最后，与居委会和街道办沟通，确定建造停车楼所需要的审批手续。

利益相关方分析沟通应首先收集 C 小区业主对停车楼建造的担忧及反对的原因，包括停车楼建造中对出行安全、业余活动、噪声污染等问题，停车楼建成后的运营管理模式和收费标准等。其次收集物业公司的推动意愿，是否会考虑业主的利益等问题，承建公司需要重点了解其资金实力，运营能力和建设资质，以及其对停车楼的设计方案及后续运营方案等。对居委会和街道办事处，需要重点了解其推动的意愿，以及后续推动中发挥的作用等。

议题应设置为以下 3 个：①停车楼建造的必要性及建造方案；②停车楼建造中产生的影响；③停车楼建成后的运营。DPA 小组需要对每个议题进行深入的调研，提供翔实的书面材料，供开会时讨论。

第二，协商实施阶段。协商方式采取问题讨论的形式，每次会议结束后需要针对会议内容和结论进行详细记录，确定下次进行会议的时间和地点，阶段性的成果，可以经各个利益相关方内部达成一致后签署阶段性协议。

协商实施阶段包含四个环节，分别是利益表达和对话、在专家支持下进行协商、针对争议的事实和论据开展联合调查、最终通过协商达成共识或部分共识。协商会议根据实施阶段的步骤设置，要对停车楼建造诉求展开对话，充分听取各利益方的利益诉求，随后针对建造停车楼导致的利益冲突，在 DPA 专家组的支持下就事实和论据开展多轮充分协商，最终通过协商达成建造停车楼的共识或是如何在不建造停车楼的情况下解决停车难问题。

第三，落实执行阶段。根据每次协商过程中的观察及发现，撰写协商分析报告，分析报告应包括利益相关方缺失与否，相关方的表现、立场、利益，各方认可的解决方案，达成共识的路径和关键，分歧遗留的争议点，等等。每轮协商结束后可就已达成共识的部分签订相关协议书，如有亟待解决的问题也可交由相关方及时落实。

在最终协商结束后，DPA 专家小组要将最终的工作报告及相关协议、各方备忘录等交由利益相关方成立的协同工作机制，如工作小组，供其参考，作为下一步解决问题的基础。最重要的是在 DPA 团队的监督下，沿用之前确立的协商方案对协商中达成的共识进行监督执行。

3. 培育协商共治的社区文化，提升多元主体的参与能力

构建社区协商治理模式，需要培育协商共治的社区文化，提升多元主体的协商意识与能力。通过培训教育和积极的引导，培养公民的主体意识、权利意识及参与意识等，使公民真正意识到政治生活与自己的实际生活息息相关，也应通过具体的协商活动和协商锻炼，在具体的实践过程中提升公民的参政议政能力①。

---

① 魏晓文，孙欣．国家治理现代化视域下协商民主功能及优化研究［J］．中共天津市委党校学报，2019，21（2）：50－55.

一方面，增强多元主体的协商意识，在社区中培育参与型文化、培养居民的民主素养。应当使C小区的居民、物业公司与居委会等相关主体通过参与社区协商和基层治理，进一步深刻理解协商民主的内涵与意义，从而培养集体意识和社会责任感；培养宽容、妥协等个人品德，从而尊重他人的偏好和利益诉求、在协商中寻求共识；落实对民主、自由、公正的要求，以及培养平等对话、自由讨论与沟通合作等参与公共事务的素养。

另一方面，在社区公共事务的协商治理中，要注重提高多元主体的协商能力，这直接影响到社区治理的效能与水平。提高多元主体的协商能力包括加强对居民参与协商知识与技能的培训与教育，培育社区精英，促使其在社区事务协商中发挥引领作用，形成“跟风”效应。提高居民的协商能力要通过群众喜闻乐见的方式和信息化手段，普及协商治理的理念，进行议事规则及相关技术、方法的教育培训；同时创造参与条件、畅通参与渠道，让群众在参与协商、治理的过程中得到锻炼，增强主人翁意识，并在倾听、讨论与谈判过程中提高用民主方法解决问题的能力，提升民主素养、提高协商技能，养成民主议事、民主生活的习惯，提升获得感及幸福感。同时培育社区精英，促使其发挥引领作用，形成社区精英主导下的多元协商治理结构。

多元主体协商共治是协商式治理的核心过程，但在基层社区之中，协商过程需要一个发挥主导作用的力量，这个力量就是社区精英，它一般包括社区委员会主任、副主任，居委干部等，这些社区精英拥有合法性权威和一定的行政性资源，且具有整合多元利益主体的社会资源和组织资本。只有发挥社区精英在协商式治理中的引领作用，才能在当前中国协商民主实践尚未完善的背景下，形成较为有序合理的协商过程，提高协商的质量与水平。在社区精英的引领下，社区内其他多元利益主体，也更具有通过协商治理平台进行协商的动力与能力，从而在一定程度上表达自身的利益诉求。在C小区的停车场建造问题上，可以通过搭建好的协商平台，在社区精英的主导下，与小区内的各个利益相关方共同参与整合资源、理性协商的过程。

参考文献

[1] 北京市交通委员会. 北京市停车资源普查报告发布城镇地区停车位总量382万[EB/OL]. (2017-08-30) [2019-11-30] http://jtw.beijing.gov.cn/xxgk/xwfbh/201912/t20191209_1007701.html.

[2] 张梦圆, 任建华. 冲突理论的脉络及其当代法治启示——基于冲突理论脉络展开的考察 [J]. 法律社会学评论, 2015 (00): 17-30.

[3] 时和兴. 冲突管理学源流探析——兼论公共冲突管理学的发轫 [J]. 国家行政学院学报, 2013 (5): 55-60.

[4] 李亚. 创造性地解决公共冲突 [M]. 北京: 人民出版社, 2015: 40.

[5] 张敏. 协商治理及其当前实践: 内容、形式与未来展望 [J]. 南京社会科学, 2012 (12): 72-78.

[6] 何包钢. 协商民主和协商治理: 建构一个理性且成熟的公民社会 [J]. 开放时代, 2012 (4): 23-36.

[7] 王浦劬. 中国协商治理的基本特点 [J]. 求是, 2013 (10): 36-38.

[8] 孙存良, 李徐步. 协商治理: 优势、困境与出路 [J]. 上海市社会主义学院学报, 2017 (6): 25-30.

[9] 胡象明. 协商治理: 中国公共管理体制改革的目标模式 [J]. 学术界, 2013, (9): 66-72; 306.

[10] 李德虎. 基层协商民主的制度性追求与制度化路径 [J]. 探索, 2019 (4): 76-86.

[11] 王芳, 陈进华. 城市社区协商: 从基层民主到社区共治的内在逻辑及实践路径 [J]. 江海学刊, 2019 (5): 148-154.

[12] 李亚, 王欢. 协商式政策分析及其运作: 以胡同停车管理为例 [J]. 中国行政管理, 2017 (10): 114-119.

[13] 魏晓文, 孙欣. 国家治理现代化视域下协商民主功能及优化研究 [J]. 中共天津市委党校学报, 2019, 21 (2): 50-55.

从“满溢”到“满意”*

——以北京市A社区的生活垃圾分类实践为例

摘要：近年来，生活垃圾分类治理已成为我国社会治理领域的热点问题。作为基层治理的神经末梢，社区成为生活垃圾分类工作的排头兵，在实施过程中由于居民重视程度有待提高、分类意识不强、分类设施不足、监督管理缺位、分类人力不足等因素影响，社区生活垃圾分类工作举步维艰。

在此背景下，A社区坚持党建引领，依托“育网式”工作法，通过精细化管理及有效的培育方式，坚持“抓好网管、带好网员、支好网点、建好网格、修好网规”5项基本职能，推动生活垃圾分类新发展。随着生活垃圾分类工作的不断深入，社区党组织建立生活垃圾分类“一长四员”工作制度，通过与居民共议确定智能垃圾驿站位置、举办生活垃圾分类宣传互动活动、党员带头签订承诺书、开展“桶前值守”志愿服务活动等措施解决推行难题，让生活垃圾分类工作掷地有声。

本文以北京市A社区的生活垃圾分类实践为例，以社区工作者晓晴等人的视角，讲述了A社区解决垃圾分类难题、凝聚居民共识、最终让社区从垃圾“满溢”到居民“满意”的过程。本文依托一手调查研究进行案例研究，通过对案例的刻画与深入的分析，描述社区垃圾分类实践中遇到的问题及有效

---

* 本案例由北京航空航天大学公共管理学院硕士陶陶、杨新梅、李晨、代濛，人文社会科学学院硕士周映玥主要撰写，指导教师为北京航空航天大学公共管理学院涂晓芳老师。2021年7月至2022年2月，北京航空航天大学公共管理学院涂晓芳老师与案例团队成员组成调研组，赴北京市西城区、房山区等地街道、社区对社区垃圾分类治理多次开展实地调研。

的解决方案，以总结出 A 社区生活垃圾分类成功落实的经验，为北京市进一步推动生活垃圾分类工作开展提出切实可行的对策和建议。

关键词：生活垃圾分类；党建引领；社区治理；协商治理；城市垃圾

引言

满江红——寄语垃圾分类

作者：晓晴（A 社区社工）

垃圾围城，北京发力新条例。劳动日，正式发布，约束我你。关键小事见自律，法规助力莫随意。健城市肌体首善风，飞来去。

A 社区，试点区；齐努力，去陋习。三千人托底，积极参与。党员群众齐上阵，志愿服务网格里。不分乱象战到底，永不弃。

这首词是我们接下来要讲述的案例主人公——A 社区的一名社区工作者晓晴，在 2020 年 5 月 1 日新版《北京市生活垃圾管理条例》正式实施时写下的。此时，距离 A 社区开始开展北京市生活垃圾分类示范小区试点工作差不多过去了一年。

如果你经常浏览关于北京的新闻，一定知道两个“关键小事”。这两个“关键小事”指的是垃圾分类和物业管理。2020 年 5 月 7 日，区委书记常卫检查社区、清洁站和市场垃圾分类实施工作。常卫强调，垃圾分类事关民生福祉、城市文明和首都形象，要深入贯彻习近平总书记关于垃圾分类工作的重要指示精神，坚持党建引领、持之以恒、久久为功，总结盘点再出发，以钉钉子精神抓好这件“关键小事”，不断改善首都城市环境，提升市民群众获得感。做好这两件事，对于提升城市的综合承载能力、国际一流和谐宜居之都的建设，都具有指标性意义，也必将为人文北京、科技北京、绿色北京战略创造出更大的想象空间。

在任何一座城市，基层治理水平在一定程度上直接影响广大人民群众的生活质量和幸福指数。生活环境如何、配套服务怎样，已经成为当前人们最为关注的基层问题。

一、案例主要人物

（一）垃圾分类示范小区创建工作人员

晓晴：A社区的社区工作者、网格志愿者负责人、垃圾分类示范小区创建工作的重要组织者和执行者。

晓燕：A社区的社区工作者，晓晴的同事。

晓金：A社区的社区工作者，晓晴的同事。

邵书记：A社区党委书记，晓晴的直接领导。A社区垃圾分类示范小区创建工作负责人。

万主任：邵书记的上级领导，A社区所属X街道办事处城市建设办公室主任，负责本街道辖区的垃圾分类工作。

（二）居民代表

晓晴：本身也是A社区业主，在职党员。

乐乐：晓晴的女儿，2岁。

香姨：晓晴的婆婆，退休党员，退休前是某教育部门的工作人员。

大鹏：晓晴的丈夫，经常加班且频繁出差。

木子：两个孩子的母亲，在职党员。

大伟：木子的丈夫，A社工作人员，在职党员。

（三）物业公司工作人员

周经理：A社区所在小区物业C公司经理。

赵师傅：小区物业C公司卫生清洁人员。

二、案例正文

（一）起：分类实施久以来，老生问题新试点

A社区位于北京市X街道，建成于2005年，社区内有部分回迁村民及商

品房买房户，占地面积 5 万平方米，楼房建筑面积 73 230 平方米，现有常住人口 3 000 人左右。

2011 年 11 月 18 日，北京市第十三届人民代表大会常务委员会第二十八次会议通过了《北京市生活垃圾管理条例》。自 2012 年以来，A 社区就开始施行垃圾分类，只是当时强制措施不够，垃圾分类工作并没有执行到位（见图 1）。此外，当时的社区工作者基本上是比较热心的老年人，缺乏年轻力量和专业人员，对垃圾分类工作的指导性知识掌握得也不够。

图 1　2019 年，A 社区垃圾桶“满溢”（来源：调研组实地拍摄）

2014 年，大学毕业生晓晴通过北京市社区工作者公开招聘计划来到 A 社区工作，为社区增加了新鲜血液和新生力量，为社区推动垃圾分类工作奠定了重要的人才基础。经过几年基层工作历练，晓晴已经成长为 A 社区的青年骨干，是 A 社区党委书记邵书记的得力助手。

2019 年，在 X 街道工委领导和指导下，A 社区被确定为垃圾分类工作试点单位。A 社区的邵书记高度重视垃圾分类工作，在 2019 年初就组织成立了党建引领垃圾分类试点工作领导小组，定期召开工作会议，确保试点取得实效，实现源头分类的目标。

转眼到了暑假，工作日里社区的孩子和老人较平日更多。邵书记、晓晴和同事晓燕、晓金拿着宣传册、小扇子等，准备到A社区挨家入户宣传垃圾分类知识。

（二）承：试点遭遇顽疾点，把脉问诊寻病根

1. 陋习蒂固宣传难，苦口婆心效果微

（1）纸媒宣传不得力

2019年7月的一个星期一，炎炎夏日。北京的天气格外闷热，烈日炙烤着大地。在A社区广场上，几位老人在唠嗑闲聊，两三个孩子在追逐打闹，孩子的额头被汗水浸湿。晓晴和同事晓燕、晓金按照邵书记的安排到A社区进行入户宣传。

晓晴快步走向被阳光暴晒着的小区广场，一手拿着一叠图文并茂的垃圾分类宣传册，一手拿着印有垃圾分类知识的小扇子，尽管自己也是汗如雨下，依然斗志昂扬、笑容满面地走向几位老人，“叔叔阿姨，我是A社区的社工晓晴，看天儿挺热的，给大家发几个小扇子，咱们小区是生活垃圾分类示范小区试点，这上面有关于生活垃圾分类的小知识，这儿还有宣传册，您可以边扇着风，边看看……”几位老人正愁热得无奈，很高兴地接下了小扇子，却把宣传册看也不看就扔在了地上，或者干脆垫在屁股底下……

晓晴尴尬地离开广场，来到社区单元楼前，正好遇到正在搬家的一家老小。晓晴是个热心善良的社区工作者，她已经忘了刚才的“无奈”，只见她快步走上前，出示了自己的社区工作证，向和自己差不多同龄的一位一手牵着大娃一手抱着小娃的母亲打招呼：“你好，我是咱们小区的社区工作者晓晴，有什么需要帮忙的吗？”这位母亲虽然很疲惫却也热情地回应着，“你好，我叫木子，我们是这个小区的新住户，正好前段时间我们单位要求在职党员也要向所在社区报到，咱们社区怎么报到啊？”

晓晴热情地回答：“那你问对人啦，我正好负责在职党员报到和在职党员志愿服务安排工作，我们加个微信吧！”晓晴又说：“我们正好要在小区宣传垃圾分类知识，看你们忙着，我可以帮你们搬家，在小区里帮你们看着东西，

顺便给来往的小区居民宣传下垃圾分类知识。”

木子的婆婆在一旁默默听着，直到听见“垃圾分类”时，她惊讶地问：“垃圾还要分类？不都是放在一个垃圾桶里吗？垃圾还要分类，我可是不懂。今天我们还要搬家，姑娘，你先去别处忙吧！”

快到中午了，眼看着社区公共绿地基本没什么人了。晓晴心想，还是进楼敲门宣传吧，今天的宣传工作还未完成，得努把力。进入楼里，晓晴努力地敲着门，在一家门前敲了好几声都没回应。晓晴就要走的时候，门开了，一位满脸怒气的老伯伯一看到晓晴手中的宣传册，还没等晓晴说话，张口就责备道：“敲敲敲、天天有什么可敲的，垃圾有什么可分的，那是我们分类就能解决的问题吗？天天敲门烦死了，以后别来了。”晓晴听闻，只得回了个笑脸，和老伯伯说了声打扰，吞下委屈，又默默去下一户了……

(2) 新媒宣传成效微

为了更好地开展垃圾分类宣传工作，晓晴还利用微信公众号平台、居民微信群等方式多角度宣传有关垃圾分类的知识，但效果欠佳。在公众号利用多图方式发布推送，照常理来说可以吸引大家的注意力。但在宣传垃圾分类时，这个方法失了灵。广大居民看到标题根本就不想点进去，公众号浏览量用晓晴自己的话说就是“少得可怜”，为数不多的浏览量大部分还都是社区工作者自己和其家人阅读的。

作为A社区在职党员志愿服务负责人，晓晴不愿意放弃，还利用在职党员报到群、物业群、居民通知群等发放宣传通知。平日里，社区发通知、公告或者举办活动等大家都积极响应，在群里纷纷回复，有时候还能一起聊两句。碰到宣传垃圾分类知识时大家却都开始“潜水”，只有几位热心居民回复“好的”“收到”等再客气不过的词语了，这无疑是给工作者泼了一盆凉水。

2. 源头分清难上难，基层工作压力显

满怀着委屈一脸无奈的晓晴回到自己家的时候，发现自己的婆婆（香姨）做好了饭，正在喂女儿乐乐吃饭。厨余垃圾却扔得到处都是，给女儿擦嘴的餐巾纸也是混着剩菜剩饭乱扔。晓晴边接过碗，边下意识地说道：“妈，不是和您说过多少回了嘛，厨余垃圾要和其他垃圾分开扔，我一上午一直在小区宣传垃圾分类知识，却连咱们自己家都做不到，我还怎么推进工作呢？”

晓晴的婆婆香姨也是满脸委屈，解释道：“我一个人既要做饭，还要时刻看着孩子，做饭前孩子醒着，我在客厅收拾房间，咱们家的垃圾桶都一样，就顺手扔到客厅的垃圾桶里了。喂饭的时候孩子东撒一把、西撒一把的，我就和纸巾一起收拾进了厨房的垃圾桶，不一会儿孩子又弄得到处都是了，你说我该怎么办呢？”

晓晴也知道婆婆的不容易，可是只能再次苦口婆心地和婆婆普及一下垃圾分类知识，现在北京垃圾分类分成四种：菜帮菜叶、剩菜剩饭、瓜果皮壳都是厨余垃圾；饮料瓶、旧衣物、奶粉桶都是可回收物；杀虫剂、过期药品等都是有害垃圾；食品袋、创可贴、污损塑料袋、餐巾纸都是其他垃圾……

晓晴突然想到，也许社区可以向上级部门申请给每家每户发放有明显标识区别的分类垃圾桶，这样居民参与分类垃圾的积极性可能会提高一些。

3. 源头不分拒清运，居民物业热情减

（1）源头不分拒清运

下楼遛弯的香姨正好遇到木子的婆婆王姨。王姨说：“原来我们搬家时遇到的姑娘是你们家的儿媳妇啊，还给我宣传垃圾分类呢，可是我们老人怎么记得住这些知识呢，听着就麻烦。”

香姨和王姨苦口婆心地说道：“垃圾分类重要着呢，你可别不当回事，记不住也得慢慢学，听说都写入法律法规啦，不分类会受到惩罚的。”

木子的公公婆婆张大爷、王阿姨却依然不在意垃圾分类，到小区广场和其他老人闲聊说：“现在才试运行，咱们随便扔扔、看看别人家分不分，大家都不分，咱们还分什么啊？”

香姨实在是看不下去，上前热心劝阻，然而得到的却是一盆冷水，“就你多管闲事！反正最后都是一箩筐拉走，何必费心分类呢？”

总之，在垃圾分类试运行阶段，居民正确投放率还是较低。有时候，厨余垃圾清运车到了，一看厨余垃圾桶里混搭着其他垃圾，就拒绝清运。

然而转眼，在香姨回家的时候，却发现木子的公公婆婆张大爷、王阿姨在垃圾桶前翻着什么。一人手里拿个麻袋，一人从垃圾桶里翻着什么东西偷偷装

到麻袋里……

（2）清运协议不齐全

“书记，书记！我今天早上上班时路过小区，看到分好的厨余垃圾还是被清运车放到了其他垃圾里一起运走了！”晓晴一早到办公室，就和邵书记汇报。

邵书记立即和物业公司周经理电话联系，了解到物业公司觉得A社区是刚开始试行垃圾分类，也没有法律法规强制规定。物业公司还是和以前一样，和清运公司只有一个其他垃圾的清运协议。

可是，垃圾分类示范小区试点，明确规定要求社区必须与有资质的分类垃圾清运公司签订四类专门清运协议——可回收物清运协议、厨余垃圾清运协议、其他垃圾清运协议、有毒有害垃圾清运协议。物业公司和清运公司都有自己的资金和成本问题，且都还在观望政策的下一步进展，这使得A社区创建垃圾分类示范小区的工作又增加了新难题。

（3）清运时间惹人烦

A社区借鉴前人经验，初步和清运公司约定一天两次定点收垃圾：凌晨四五点和中午时分。在北京，垃圾清运一方面要考虑现实情况；另一方面还要兼顾交通路况和市容市貌等问题。木子的丈夫大伟出差回来，疲惫不堪，连续几天都在家睡觉休息，但垃圾车收垃圾时发出的杂音实在是十分扰民。有几次声音太吵，大伟也忍不住打开窗户吼了两嗓子，但丝毫没有效果，还影响了其他居民。

木子常常和晓晴聊天说：“凌晨四五点，孩子和大人都还在睡觉；中午时分，孩子和老人午休的也不少。可是垃圾车来了，装卸清运的声音吵得大家睡不着。”木子已经把晓晴当作好朋友，于是直白地问道：“这个垃圾车一天到底必须来几次啊，能不能找个合适时间来呢？既别让垃圾堆积，也别吵到大家。”晓晴也是有苦说不出，居民纷纷和她这个“管事的”提出自己的建议，这本来是好事，但大家希望的时间却五花八门。到底怎样才能找到大多数居民都同意、又能切实解决小区垃圾清运问题的时间呢？晓晴一下子犯了难。

4. 旧货回收引矛盾，物业清运无奈添

（1）谁“抢”了我的地盘

物业的保洁人员赵师傅负责清理 A 社区各单元楼前的垃圾桶，以方便清运公司的运输车集中收集清运垃圾。赵师傅把垃圾桶里的矿泉水瓶、纸箱等一一分拣出来，装到小三轮车里，有时也会自己运去卖给旧货回收的小贩。张大爷和王阿姨发现后，厉声让赵师傅把刚才分拣出来的矿泉水瓶、纸箱等一一再放回去并说道：“这是我们的地盘，这些矿泉水瓶应该由我们去卖钱!”但当清运公司来 A 社区清运的时候，可回收物的运输车常常会装不满，而且基本每次装的都是低价值的玻璃瓶、塑料泡沫、牛奶盒等。一头是签订了回收协议，目前还没有盈利的清运公司；一头是勤俭惯了，况且确实在进行垃圾分类回收的社区居民。面对这样回收重叠、造成资源浪费的情况，社区工作领导班子也思考着如何顺利化解矛盾。

（2）有价回收无价扔

有一次，晓晴发现一名不太熟悉的大叔在运送旧家具等大件，上前询问才知道是有一家翻新装修，要把旧家具都卖了。这位大叔是回收旧家具的，他回收之后选择性地将有价值的放在了自己的三轮车上准备拉走，却把没有价值的大件垃圾扔在了单元门口垃圾桶处。晓晴赶紧阻止道：“您好，您这个大件垃圾不能堆在门口啊，不仅影响环境还不方便居民出行。”大叔说：“那让我放哪啊，哪都没地方，我这来一次本来就挣不了多少钱，况且，这也不是我的垃圾呀。”物业也没有和清运公司关于大件垃圾的清运协议。晓晴意识到大件垃圾也是难点，连忙记下这一问题，要和书记反馈。

5. 集中桶站设哪里，众口难调意难平

（1）桶站选址难统一

A 社区原来共计配置 30 组垃圾桶，平均每单元楼 2 组，垃圾桶的摆放位置位于单元楼前，方便居民扔垃圾。但是垃圾清运方式遭到了一些居民的不满。为了更好地开展生活垃圾分类工作，保证充分的垃圾容纳量，同时利于清运，现在必须撤桶建站了，将原本的 30 组垃圾桶撤掉，建立几座新的集中式

垃圾驿站。

于是，邵书记安排晓晴去A社区征求关于建立集中桶站的意见。

首先，晓晴在A社区业主群发布消息；其次，让大家商议集中桶站的位置。

在平时宣传垃圾分类知识的时候，都“潜水”的大家此刻纷纷“冒泡”。

有人说：“桶站不能离我家太近，这夏天天气一热多有味道啊，影响我家生活了。我看小区最里面就不错，有利于保持环境。”

有人站出来反对：“这个桶站也不能在小区最里面，离我家太远了，以前出门顺手就能扔，这回也太麻烦了，拎着垃圾还要走那么远，设在小区门口就挺好。”

又有人说：“不行，我不同意设在门口，下班回来就看个垃圾桶，上班出门就看到个垃圾桶，都没有好心情了，我不同意。”

真是众口难调……

关于集中桶站的选址要兼顾居民便利性及垃圾清运方便，也是不容易。面对居民各执一词，社区决定不仅要考虑社区环境的实际情况，还要广泛征求居民的意见，综合考虑桶站位置。

(2) 传统桶站异味浓

有的居民还认为，过去的裸露式垃圾桶味道大，垃圾站位置一向油腻脏乱，居民随意乱丢乱扔，容易招引苍蝇、蟑螂等，不仅不卫生，同时对环境产生了一定的影响。如果驿站集中在几栋楼前，生活环境将被严重影响，使得居民生活环境的幸福指数直线下降。因此，对于垃圾桶站设立为哪一种、是否需要更新设备，也出现了不少新民意。

（三）转：对症下药出良方，凝心聚力新格局

1. 党建引领出妙计，协同治理听民意

垃圾分类工作的开展遇到瓶颈，宣传、投放、清运、桶站建设等都出现一个又一个的难题，A社区党委邵书记多次组织召开社区工作会议，研讨工作措施。

(1) 精细管理建机制

在一次会上，邵书记提出：“我们社区居民类型多样，既有咱们原村村民也有买房户，既有老年人又有上班族，咱们社区一直坚持党建引领，垃圾分类工作也可以依托咱们的‘育网式’工作法来优化组织结构，完善工作方法。”晓晴等一众工作人员连连点头同意。在几次讨论后，A社区在街道办事处的支持下，依托“育网式”工作法，通过精细化管理及有效的培育方式，坚持“抓好网管、带好网员、支好网点、建好网格、修好网规”5项基本职能，推动垃圾分类新发展。

同时，建立“日通报、周调度、月总结”工作机制，每日召开垃圾分类工作晨会，每周邀请居民代表共同参加垃圾分类工作座谈会，每月召开垃圾分类总结会。通过“日通报、周调度、月总结”的形式，详细了解垃圾分类工作进展、存在的难点问题，共同制定整改措施，确保抓牢抓实抓出成效。

(2) 多点发力同治理

A社区成立了党建引领垃圾分类工作领导小组，邵书记任组长，建立“一长四员”组织体系，即楼门长、分类宣传员、指导员、分拣员和监督员，强化人员配置，加强组织领导，开展垃圾强制分类工作。

A社区坚持多元共治、协同治理的工作思路，让街道办事处、社区、物业、志愿者、社会组织、居民等多方力量形成合力，各方奉献各自的力量，共同投入垃圾分类工作。针对垃圾分类的不同工作，制定不同举措。

(3) “议事厅”听民意

为了积极推动垃圾分类示范小区创建，A社区建立“协商议事厅”，邀请退休党员、在职党员和居民代表等参加，共同商量解决垃圾分类工作中遇到的难题。

垃圾分类每个环节、每个重点问题都通过“议事厅”召开居民征求意见座谈会，通过多途径听取居民意见定桶站位置、定投放时间、定分类举措，让居民发挥“主人翁”作用，共同参与垃圾分类工作，使居民“自己的事自己说了算”，让垃圾分类等基层治理的事儿人人参与、人人尽力，让民主的花儿在A社区结出和谐之果。

2. 全程分类亲体验，花样宣传兴趣浓

(1) 沉浸体验促分类

针对前期宣传不理想的情况，邵书记又带领社区工作组共同研讨。会上，晓晴在思考后认真地说道："现在居民对垃圾分类一点兴趣没有，咱们需要激发居民的兴趣，让他们从心里真正愿意分类。可以开展一些趣味性活动，吸引大家的注意力，同时配合着咱们前期的宣传方式，我认为一定会获得良好的效果。"晓燕连连点头并说道："我也同意，咱们还有一些社会组织的资源，他们肯定愿意和咱们一起开展活动。"邵书记对大家提出的建议表示赞同，支持以多样活动搭配原始方式共同做好宣传工作。

首先，以党日活动为契机，组织 40 余名党员和群众志愿宣传、指导、监督垃圾分类工作，清理生活小院堆放杂物 12 吨，以点带面、层层动员，形成垃圾分类全民参与的局面。

其次，在社区内开展多样化活动，从儿童至老人均可参加。A 社区举办党建引领社区垃圾分类试点工作"大手拉小手"垃圾分类科普 DIY 活动；举办了"垃圾分类知识讲座"活动；北京市房山羿行残疾人服务协会的赵老师为大家进行了垃圾分类常识讲座；举办 A 社区党建引领垃圾分类试点——居民实操演练活动，近 200 位居民拿着垃圾到指定地点进行投放（见图 2）。

图 2　A 社区志愿者引导居民体验垃圾分类（来源：A 社区党群办供图）

最后，A 社区还组织居民去北京某垃圾分类宣教体验中心，与垃圾分类机器人互动，在体验区开展手工制作、答题等活动，在亲历、亲为、亲感受中，更积极地参与垃圾分类。

（2）示范家庭立榜样

A 社区还开展了垃圾分类示范户评选活动，社区居民积极响应，党员楼门长带头参加，通过上传视频、照片等在微信群展示，形成人人参与、户户行动的垃圾分类热潮。共推选出 184 户垃圾分类示范户家庭。在 A 社区庆新春联欢会上，社区对 184 户垃圾分类示范户进行表彰，并颁发了证书。此举不仅有效推行垃圾分类工作，同时也增强了居民垃圾分类意识，对其表示肯定。

晓晴和婆婆香姨都是党员，晓晴家一直在积极践行垃圾分类（见图 3），坚持“垃圾分类，从自家做起”，晓晴家被社区评为垃圾分类示范家庭。有一天，木子的儿子阳阳所在的幼儿园要举办“我是分类小能手”的社区和幼儿园共建活动。傍晚，木子带着儿子和女儿到晓晴家串门，想让晓晴给阳阳安排一些轻松的垃圾分类活动。刚到晓晴家，就看到香姨在整理家里的垃圾，垃圾分门别类，干净清爽。木子不禁惊讶地说，“这是传说中的精细分类式吗？”晓晴笑着说：“这是我们家乐乐分的，只要用心，我们都可以做到。只要我们

图 3　示范家庭晓晴家的精细式垃圾分类（来源：调研组实地拍摄）

大人好好引导，孩子是很愿意做这样的分类游戏的，况且在游戏中，她的协调能力也会得到锻炼!”木子不禁从内心里佩服起晓晴来，马上打消了让儿子“走后门”的想法。

回到自己家，木子和公公婆婆说到晓晴家的情况。木子的婆婆王姨露出了惭愧的表情，打算从此也做好垃圾分类，给孩子树立好榜样。

此外，A社区也继续开展了“规定动作”的宣传活动。一是通过会议宣传，召开两委班子会、党员大会和楼门长会进行宣传，将压力责任层层传导至每一个“细胞单元”。二是入户宣传，楼门长带着宣传材料向居民进行入户宣传，做到宣传在源头。楼门长是每位居民的身边人、好邻居，这样居民就不会冷脸相对，赶人出门了。三是媒介宣传，通过张贴海报、悬挂横幅、社区宣传栏、微信群、电子屏等多种方式进行全媒介、全时段、全覆盖式宣传，加上前期举办的活动在一定程度上吸引了居民的注意力，让大家愿意去看分类信息，真正做到全员参与，全员支持的垃圾分类新局面，居民在群内也不再“潜水”，纷纷回应。通过多方宣传让垃圾分类潜移默化地走进居民的生活中，慢慢让居民转变对待垃圾分类工作的态度。

3. 完善设施促分类，智慧桶站来帮忙

(1) 智慧桶站解难题

由于居民意见迟迟不能统一，A社区集中垃圾桶站的设立一直悬而未决。邵书记只能求助于万主任，向其反映A社区集中垃圾桶站设立存在的问题，万主任了解后，积极推进建设智慧垃圾桶站。

A社区决定，将36个散桶站合并为9个固定桶站，桶站富有科技感，是封闭桶站，有门窗房顶、铺设环氧地坪，有洗手盆、照明和监控系统，投放区和整理区分离，做到防风防雨减少异味，解决了过去桶站分散、离居民近、有异味不卫生、妨碍停车等实际问题。同时，桶站利用智能触屏操作打开，避免居民与桶站直接接触。每日定时会有保洁人员会对桶站内外进行消毒清洗，保证干净健康。而且智慧桶站能语音识别，随时指导居民垃圾分类，对老人和小孩特别友好（见图4）。

图4　A社区智慧垃圾桶站（来源：A社区党群办供图）

社区设有专门的垃圾分拣员，帮助居民正确投放垃圾。面对络绎不绝前来投放垃圾的居民，指导员有条不紊地指导着他们怎样操作智能垃圾站，怎么投放垃圾、何种垃圾应该投放到哪类垃圾投放口内。对于掌握还不是很清晰或是稍微年龄大些、不大会使用智能手机的老年人，指导员就一边讲，一边带着他们通过智能手机扫码亲自动手操作几次（见图5）。

图5　垃圾分拣员帮助居民正确投放垃圾（来源：A社区党群办供图）

(2) 家庭增加分类桶

A社区为了方便每户居民在家做好“小分类”，还为每户居民都配发了“分类垃圾桶”，按照其他垃圾、厨余垃圾等，居民可在家中就做好分类，这样更加方便分类、投放。

(3) 向前一步定位置

争取到智慧桶站设备支持后，针对桶站位置，A社区在前期调研的基础上多次召开现场研讨会，征求居民意见，可以说是A社区版的“向前一步”。邵书记全程主持。首先，居民听取晓晴汇报三种桶站位置方案，晓晴在现场给大家解释具体位置，还将示意图画了出来，精确到每个桶站距离每栋楼的位置有多少米，希望既不会打扰居民生活，也做到方便居民投放。其次，居民你一言我一语热情讨论着，在讨论中相互理解，纷纷将个人利益“向后一步”。最后，大家初定设立两个垃圾投放站，一个投放站位于某楼西侧停车场，最远居住的居民需步行60米；另一个投放站位于某楼东侧，最远居住居民需步行100米。

针对大家对投放时间意见不一的情况，经社区的耐心劝说和数据统计，投放时间初定于每天早上7：00～9：00、晚上18：30～20：30，试行后若有不满，还可由居委会提起、再次聚集大家商议。晓晴将桶站位置方案、位置示意图、相关责任人、投放时间、清运时间进行严格公示，同时安排11栋楼的楼门长进行逐户走访，填写居民实行垃圾分类撤桶建站和驿站选址的征求意见表，征求投放时间。经调查，居民同意率为85.3%，大大超过半数，选址地点及投放时间得到通过，这一难题在众人的努力下成功解决。

4. 党员群众手牵手，志愿服务心连心

(1) 党员先遣冲在前

面对垃圾分类这个生活习惯的“革命”，A社区充分发挥党员“一个党员一面旗帜”的先锋模范作用。

第一，组建了由退休党员和在职党员组成的垃圾分类“先遣队”(见图6)。在垃圾分类执勤的“一长四员”中，共产党员占总人数61.1%，带头争当垃圾分类的践行者，带头签署承诺书，率先将垃圾分类的“主战场”转移到自家，将分类经验传递给左邻右舍。

图 6　在职党员和退休党员组成的垃圾分类“先遣队”（来源：A 社区党群办供图）

第二，组织在职党员“看桶、守桶、护桶”志愿行动。在职党员每月回社区参加垃圾分类服务，570 位在职党员参加桶前值守。在“垃圾分类我带头，主动而为做表率”主题党日活动中，党员清理大件垃圾，在烈日下工作了 3 个多小时，带动社区居民自觉清理堆放杂物，共同维护社区环境整洁。

第三，建立垃圾分类指导员志愿服务队伍。由在职党员和退休党员组成，社区出面为有知识有文化的社区退休党员培训垃圾分类知识，晓晴说：“我们家婆婆是退休党员，我可以首先从我们自己家动员起来，指导居民从自家垃圾桶开始分起来。”晓晴的婆婆香姨是退休党员，而且一直支持儿媳妇晓晴的工作，基本成为 A 社区的垃圾分类指导员了，香姨常常带着乐乐一起值守，一老一小，是小区一道特别温馨的风景线。

(2) 聘老年居民为分拣员

以张大爷、王阿姨为代表的小区部分大爷大妈，看似刁钻不支持社区垃圾分类，但是他们又是淳朴勤劳的一代人，吃过物资奇缺的苦，有什么办法把他们转化为垃圾分类的助力者呢？A 社区和物业公司借鉴北京其他社区的优秀经验将他们给组织了起来，解决了小区清洁的问题，怎么解决的呢，分四步。

第一，先分地盘，第一桶站归你管，第二桶站他负责，每个人包下一个片区，负责协助清洁和垃圾分类工作，在一定程度上提高了协助人员的责任感。

第二，每个人发一件工作服，戴上“绿袖标”写上“垃圾分类宣传员”。

第三，不光要把楼前楼后的卫生搞好，还要负责指导居民进行垃圾分类。

第四，每人每月再发一些工作津贴。

A 社区的老年志愿者，就这样欢欢喜喜地成为社区的垃圾分类力量之一。社区年轻居民看到自家的、邻居家的爷爷奶奶都在辛苦地进行分类工作，就更不好意思乱丢、乱分了。

5. 不分乱象有方案，协议法规来规范

（1）分类清运有协议

邵书记了解到“垃圾清运协议是关键事儿”，但是想找到有资质的清运公司没有那么容易，而且物业公司还必须考虑到 A 社区能否承担得起四类清运成本。

邵书记就和街道办事处万主任联系，经过多方努力和协调，A 社区物业 C 公司周经理与环卫集团下属不同的垃圾清运公司签订了四类专门清运协议——可回收物清运、厨余垃圾清运、其他垃圾清运、有毒有害垃圾清运。每天上午定时清运垃圾，做到日产日清。

晓晴每天早上上班时，若遇到垃圾清运车，会特别关注一下 A 社区的垃圾清运情况，并咨询物业 C 公司的清运负责人赵师傅小区生活垃圾的每日清运量、是否分类清运等，遇到问题及时和社区沟通。目前，清运工作正在正常运行，居民也不再怨声载道。

（2）源头不分有法规

2020 年 4 月 29 日，第十三届全国人大常委会第十七次会议审议通过了修订后的《中华人民共和国固体废物污染环境防治法》，进一步完善生活垃圾污染环境防治制度，用最严格的制度、最严密的法治保护生态环境，对违法行为

实行严惩重罚。

2020年9月25日，北京市第十五届人民代表大会常务委员会第二十四次会议通过《北京市人民代表大会常务委员会关于修改〈北京市生活垃圾管理条例〉的决定》，才形成现在正在执行的《北京市生活垃圾管理条例》。

根据新版《北京市生活垃圾管理条例》规定，个人未按照规定分类投放生活垃圾，应当受到处罚；而应当受到处罚的个人自愿参加生活垃圾分类等社区服务活动，可不予行政处罚。

这为A社区做好垃圾分类示范小区创建工作奠定了法律法规基础。邵书记和晓晴说：“有了明确的法律法规，咱们就有了‘尚方利剑’。当然法律法规惩罚还是底线工具，咱们作为基层社区工作者，还是需要以和居民、物业等各方友好协调沟通为主。如果真遇到刁钻不讲理的居民，咱们可以拿起法律法规的武器，助力维护咱们的创建工作。”

（四）合：费尽心思虽辛苦，示范创成始开颜

A社区经过2019年垃圾分类试点之“把脉问诊”，又经过2020年特殊时期之“对症下药”，转眼来到2021年初。又临近春节，北京市线上线下同步召开垃圾分类示范小区表彰和经验分享会。邵书记和晓晴A社区代表，到现场参会接受表彰并分享经验。

邵书记在示范小区经验分享会上感恩地说：“我们要感谢上级各部门对我们A社区的支持，还要感谢特殊时期，所有坚持值守的党员和群众志愿者，他们一边坚持疫情防控，一边值守垃圾分类。同时，特殊‘抗疫’战，使居民的环境卫生意识和守护家园的自觉性明显提高，对社区工作的参与度和支持度显著提高，这些都为A社区推动垃圾分类示范小区创建工作奠定了良好基础。垃圾分类虽是小事，却足以见文明自律的程度，尤其是在2020年这样特殊的一年，我们A社区摸索着‘把脉问诊’，又在各部门的正确指导下，吸取优秀经验科学地‘对症下药’，才能在这里和大家分享经验。”邵书记真诚的发言和A社区有目共睹的改变，赢得现场阵阵掌声。

分享会结束后，晓晴脸上终于露出了骄傲和欣慰的笑容。

三、案例分析

（一）问题的提出及研究意义

1. 研究问题

我国的垃圾分类试点、实践与改革之路已历经多年。2000 年，中华人民共和国建设部（2008 年《国务院构改革方案》规定组建中华人民共和国住房和城乡建设部）下发《建设部关于公布生活垃圾分类收集试点城市的通知》（建城环〔2000〕12 号），垃圾分类在 8 个重大城市局部试点开始；2017 年，中华人民共和国国家发展和改革委员会与中华人民共和国住房和城乡建设部发布了《生活垃圾分类制度实施方案》，城市生活垃圾分类工作推广到全国 46 个重点城市；2019 年，随着《住房和城乡建设部等部门关于在全国地级及以上城市全面开展生活垃圾分类工作的通知》（建城〔2019〕56 号）的发布，垃圾分类工作全面展开。

各相关地方政府也紧随国家步伐，积极响应国家垃圾分类处理的号召，在法律法规、宣传教育、管理手段等层面做出特色改革推广。在北京，2011 年 11 月 18 日，北京市第十三届人民代表大会常务委员会第二十八次会议通过了《北京市生活垃圾管理条例》；2019 年 11 月历经修正，2020 年 9 月再次修正，形成现在正在执行的《北京市生活垃圾管理条例》。

然而，垃圾分类工作推行起来并不易。首先，它要求居民在思想认知上就要牢固坚持将家里的垃圾进行正确有效的分类，一改往日随意扔垃圾的习惯，养成分类的好习惯；其次，基层社区、村民自治等要充分发挥自治能力，共建共治共享，政府也要落实好帮助及监督工作，做好社区、村内垃圾分类收集清理的管理工作；最后，各行各业也要主动自觉做好分类工作。与此同时，垃圾分类并不是一个部门、一个行业的工作与职责，而是我们每名居民的责任与义务。此外，在垃圾分类工作推行之后，能看出居民的“不适应”，逐渐暴露了此项工作推行过程中的缺陷与问题，对我们的居民、政府部门提出了更高的要求。

本案例探讨的就是A社区在生活垃圾分类推行过程中遇到的难题与解决的过程。社区生活垃圾分类工作的难点很多。从两大主体来看，社区工作人员人手短缺且任务繁重，居民的垃圾分类热情低、垃圾分类知识缺少、对垃圾分类存在抵触情绪。案例中的晓晴，就是广大兢兢业业的社区党员和工作者代表；晓晴一家人、木子一家人，都是垃圾分类实践中具有独特矛盾点的居民代表。他们展现出普通居民在家里做垃圾分类在主观和客观上的困难。例如，他们处在普通家庭的日常生活系统——生产和消费系统之中。对于这样具有代表性的新生儿家庭来说，从老到小一家人共同减少垃圾生产的行为很难做到。再如，居民进行垃圾分类积极性的齿轮还会卡在城市的垃圾分运和处理系统中，正如案例中居民代表提到的问题：“分完了以后，一转眼清洁工又混到一起拉走了，我干吗要分呢?”因此，我们不由得思考：社区垃圾分类如何能够打消居民的疑虑、争取居民的支持、调动起居民的主动性？案例中的A社区给出了自己的答案。A社区采用“育网式”工作法，通过精细化管理及有效的培育方式，在一定程度上推动了生活垃圾分类工作的开展。

2. 研究意义

A社区发挥党建引领作用，凝聚多主体力量，创新工作机制和方法，在社区这一垃圾分类的重要“战场”上探索破解城乡垃圾围城困局，创造了宝贵的经验和财富。因此，以A社区的实践来进行研究，能够从政策基层执行的视角为如何推动垃圾分类工作提供实践上有效可行的路径。

首先，A社区在组织垃圾分类工作的过程中，显著的特点便是基层党建的强势注入。党组织牵头开展活动、创新机制，党员带头参与活动、扩大机制，并进一步调动群众参与的积极性。党组织建立生活垃圾分类“一长四员”工作制度，通过党建带动生活垃圾分类宣传和互动活动、党员带头签订承诺书、党员带头开展“桶前值守”志愿服务活动等措施解决推行难题，让生活垃圾分类工作掷地有声。居民在党员的带动下开始自发、主动参与垃圾分类的分类和监督工作，在过程中有效地发挥了党群融合优势，打造社区垃圾分类新局面。

其次，A社区在党建引领下大胆采用新方案，因地制宜创新垃圾分类工作的方式。依据小区内熟人社会发达、老年人多且愿意参与垃圾分类回收的特点，通过创建垃圾分类示范家庭、组织家庭垃圾分类的宣传和团建活动、聘用老年志愿者参与垃圾分类并发放补贴等方式解决垃圾分类工作中的居民情绪问题和资金物质短缺问题。广大志愿者和模范家庭深入熟人群体中去发挥种子作用，在“熟人社会”中引导和带领身边的其他居民自觉、正确地进行垃圾分类。

最后，A 社区广泛听取垃圾分类多主体意见，搭建多主体协商议事平台，通过居民协商、共议的方式化解公共矛盾。例如，举办协商会议帮助居民共议智能垃圾桶站设立位置，既能帮助居民了解垃圾分类工作，又帮助居民交流意见、推动相互理解，还有效协商解决了居民间的利益冲突问题。在社区内充分发挥了协商治理的优势，推动了垃圾分类工作的顺利进行。

（二）理论基础及分析框架

推行垃圾分类是创新社会治理、提升城市公共文明程度的重要途径，但在社区生活垃圾分类实践过程中产生了很多问题。根据案例，本文用社会治理共同体、基层党组织与基层自治组织关系的相关理论、协商治理理论等公共管理理论分析 A 社区垃圾分类治理中各方的利益冲突与协调解决过程。同时，围绕 A 社区开展垃圾治理的实践，在理论分析的基础上总结经验，归纳出“嵌入式协同”的分析框架，进一步探寻 A 社区真正实现由“满溢”到“满意”，成为垃圾分类示范小区的深层次治理逻辑，以期寻求社区垃圾分类的有效治理路径，提供切实可行的治理意见和建议。

1. 社会治理共同体

社会治理是政府、社会组织、公众等在互动协商的基础上共同努力解决社会问题、回应治理需求的过程。社会治理不是“国家治理”“社会管理”，政府、社会、公众等之间并不是管理与被管理的关系，而是互动、协作的主体关系。党的十九届四中全会提出：“必须加强和创新社会治理，完善党委领导、政府负责、民主协商、社会协同、公众参与、法治保障、科技支撑的社会治理体系，建设人人有责、人人尽责、人人享有的社会治理共同体，确保人民安居乐业、社会安定有序，建设更高水平的平安中国。”这为我们坚持以人民为中心，进而坚持和完善共建共治共享的社会治理制度，保持社会稳定、维护国家安全指明了方向。党的二十大报告中再次强调了“完善社会治理体系”“建设人人有责、人人尽责、人人享有的社会治理共同体”等发展任务。

我国人多地少。一方面，人口基数大带来了更多的垃圾产量；另一方面，传统的垃圾填埋方式占用有限的土地，且造成环境污染和资源浪费。2019 年，我国 196 个大、中城市生活垃圾产生量 23 560.2 万吨，相比于 2018 年的数据 21 147.3 万吨，增长率达 11%。党的十九大报告中明确对加强固体废弃物和生活垃圾处置提出要求。2019 年，党的十九届四中全会要求普遍实行垃圾分类和资源化利用制度。垃圾分类是全社会的共同责任，每个人也都会成为垃圾分类处理良好后果的受益人。因此，垃圾分类需要且必须由社会共同治理。

社会治理共同体理念的特点：一是坚持党的领导；二是强调多方参与；三是主张协同治理。可以说，作为社会一分子的每一个人，都在社会治理共同体中发挥着不可替代的作用。垃圾分类正是一个涉及多方利益主体，要求社会全体成员共同参与的治理过程。社区建设是社会建设的重要内容和社会管理的基础路径。在社区垃圾分类中，从“分”“扔”到“运”的全过程都需要社区居民“人人有责、人人尽责”，提升能力素质和认知水平，积极参与相关事务；同时，社区的基层党组织和基层工作者、自治工作的组织者也需要密切配合、统筹规划，倡导居民科学、主动参与，维护社区环境和秩序；社会力量和政府的行为和决策也将在一定程度上影响整个垃圾分类的过程，即多方合力行动才能实现共同利益目标。因此，在社区垃圾分类治理的实践和分析中，社会治理共同体理念具有重要的指导意义。

2. 社区党组织与居委会的结构关系和功能关系理论

在我国，基层党组织和居委会在社区治理中扮演的角色是具有特色和重要意义的。基层党组织是党在社区的基层组织，领导包括居委会在内的社区所有组织。居委会是社区居民自治主体，同时也要承担基层政府的辅助性行政职能。二者的良性互动，有利于推动社区治理健康发展和居民安居乐业。否则会使社区功能紊乱，影响社区治理和居民生活。

王浦劬（2021）分析了我国社区党组织与居委会之间的结构关系和功能关系。他认为，在结构上，二者是组织间融合、组织各有分工的关系。具体而言，社区党组织处于领导地位，二者在结构上相互融合（如具有同一负责人、办公场所一体化等），社区党组织支持和保障居委会自主发挥基层群众自治组织作用、社区党组织与居委会在社区治理实践中有具体领域与事项的区分。在功能上，二者共担社区治理功能，又存在功能叠加、功能协同、功能互补、功能分工的关系。

由此可见，社区党组织与居委会的关系具有复合性。在社区垃圾分类事务中，社区党组织统筹全局、协调各方、发挥政治职能；居委会搭建平台、协调居民利益、协助相关责任企业，主要承担具体工作；党员、社区工作者积极发挥深入群众和带头表率的作用。总而言之，二者在结构上融合、功能上互补，密切联动，实现协同、互补，组织社区垃圾分类治理工作。二者的结构关系和功能关系的有关理论能够帮助本案例进行社区垃圾分类成功深层原因的探寻。

3. 协商治理理论

协商治理理论主张在公共事务的管理中，公民经特定的协商程序，通过自由平等的对话、讨论、辩论及听取相关的背景知识等话语交往方式开展公民参与，进行公共决策。相对其他治理范式，它是更合理的民主治理，通过强调公共治理过程中的公民理性及其作用，能够表达民主的真实性、政策输出的合法性，较好地实现了直接民主和间接民主的结合。

在A社区垃圾分类过程中，随着社区的发展，各种社会主体力量提升，对于社区公共利益的需求也越发强烈，同时利益冲突也不断显现。此时，充分引入协商治理理论开展工作，能够满足群众多元化的需求，取得良好效果。协商治理理论可以为社区垃圾分类治理困境与政策执行提供理论支撑。本文将通过对社区居民参与对话协商助推垃圾分类治理工作的落地进行分析，探究本案例内在的协商治理基础。

4. 嵌入式协同

在借鉴“嵌入性”思想和部分国内理论框架的基础上，本文引入“嵌入式协同”的研究视角和分析框架。“嵌入”可以追踪到1985年马克·格米诺维特（Mark Granovetter）提出的“嵌入社会结构来分析经济行动”的观点，其方法论意义在于运用社会网络分析来进行因果论证，解释社会网络中的个体如何基于经济理性与非经济理性展开行动。有学者将我国基层治理中的组织理解为具有封闭性、行动统一性的组织化个人，认为可以将它们放在社区网络中进行分析，本文认同这一视角，并试图将其发展运用在社区垃圾分类领域。

在一定的社会情境下，处于情境中的个体会由于彼此间的关系纽带而用相似的方式思考和行事。在A社区，居委会、居民个人、每个家庭、社会组织、相关企业等社会行为者在不断地互动中共同推动社区运转。具有中国特色的社区党支部则通过结构性嵌入、功能性协同两条路径嵌入社区中，以发挥重要作用。具体而言，在结构上，社区党组织通过党员任职社区工作领导和骨干等方式嵌入原有的社区治理网络，充实原有的治理主体；在功能上，在与各个个体充分沟通的基础上，党组织发挥沟通联结各方利益的功能，帮助社区内外部关系网络实现有效互动。

（三）案例解读：矛盾及原因分析

1. 居民个人：意愿、热情低，知识储备少

在垃圾分类中，居民参与的问题一直被广泛关注。不少研究认为垃圾分类难以获取市民支持的原因在于居民个人的参与成本过高，但长远利益显现较慢。在实践中，居民自发参与垃圾分类的意愿低、垃圾分类的知识储备少、垃圾分类热情不高等问题均存在。据A社区工作人员介绍，“刚开始宣传的时候，居民很排斥，只有30%的居民支持，大部分人都不同意，因为以前扔垃圾很方便，现在要定时定点”，甚至出现了居民当着宣传员的面将宣传册直接扔弃在地上的逆反行为。社区居民存在因怕遭到伤害或利益受损而出现的抵制心理，可能表现为公开对抗、隐性抵制、从众行为、不信任等，严重影响了垃圾分类的实施，也不利于社区的长治久安。因此，垃圾分类若想提升质量，需要先提升居民专业学习的内驱力。

2. 家庭之中：小事大动静，老少分类难

在案例中，社区工作者晓晴在维护繁忙的垃圾分类基层工作与繁杂的家庭事务间的关系时，会感到力不从心。

对于家庭来说，成员之间存在较宽的代际差异。祖孙几代、多孩家庭的局面在当今已十分常见，这使得在共同维护家庭生活的同时，往往需要部分成员承担更多的责任。根据调研，有不少受访者提及垃圾分类在家庭中增添了困难，引发了矛盾。探析原因，一方面，不同类别的居民对于垃圾分类存在不同的困难、有不同的需求。年轻人希望扔垃圾时间不要设置在白天，因为忙于工作没有时间清理；老年人则更偏好清运时间不要设置在晚上，否则影响睡眠。另一方面，年轻人工作繁忙、对垃圾分类的热情低；老年人虽然更愿意参与分类，但对设备使用方法和分类知识不了解。垃圾分类一事虽不大，但也对家庭的生活造成一定的影响。

3. 居民之间：联合反对，利益冲突多

由于A社区呈现熟人社会的特点，因此居民之间常常会进行非正式的交流商议。在这些交流中，居民有时“团结一致”地对抗政策推行，商议着“大家都不分”的法不责众策略；有时又产生冲突，对垃圾桶站的位置设立、谁来回收高价值废品等问题难以达成一致。因此，从居民之间的角度来看，社区垃圾分类推行困难的原因可以分为共同利益和冲突利益两种关系的存在。

对于这些问题，A社区的解决方案主要是发挥民主协商手段，同时发挥好先进模范的带头作用。一方面，搭建平台帮助居民议事，社区从中斡旋调解，争取大家“各退一步”；另一方面，通过评选创建模范家庭、党员带头值守，争取形成居民间相互看齐的意识和垃圾分类的风气，以充分发挥社区文化的作用。

4. 社区之内：财、物、人短缺，基层工作忙

在A社区中，晓晴和她的同事、加上主任、书记，共5人承担着维护社区的工作。相对于社区繁杂的日常工作和重要的专项工作，垃圾分类工作面临财、物、人短缺，面临“碎片化”“靠边站”的困境。

这样的情况并非一例。据调研，在一些老旧小区、胡同，由于条件限制，社区不仅缺乏桶站等硬件设施，还缺少资金和人力支持。例如，存在垃圾桶表

面布满污渍、标识不清，垃圾分类指导员或志愿者少的情况。究其原因，一方面是基层社区工作任务繁重、资金有限；另一方面是党员居民的组织生活以工作单位来开展，使很多在职党员悬浮于社区，在社区垃圾治理中的作用没有充分发挥；同时扎根社区的社区组织较少，居民参与志愿服务的平台有限，这在一定程度上影响了居民参与志愿服务的机会和频率。这些都使得社区垃圾分类工作的碎片化明显。因此，若想系统化、精细化地组织社区垃圾分类工作，需要调动起更多的力量，争取更多的支持。

5. 社区之外：商居起分歧，政策难落地

垃圾分类涉及整个社会系统，其中不只有作为分类主要力量的社区，还有上游负责政策制定、管理和服务的政府，以及下游负责清运、焚烧、再利用的诸多企业和社会力量。在垃圾分类实践中，从更宏观的视角分析则会发现，政府、社区、社会之间也存在分歧。

这种分歧首先表现为规范和实践的冲突。例如，在政策规范中，垃圾分类示范小区的创建明确要求需要签订四类专门协议，但在实际上存在物业公司成本、清运公司成本等相关企业的资金和手续问题。还有一些老旧小区不具备政策规范中明文规定的条件如桶站的面积、个数等，在落地中存在困难。分歧还表现为更大范围的利益冲突：在A社区的前期工作中，有的居民未能正确投放垃圾，导致公司拒清运，这使得原本积极分类的居民热情下降，垃圾正确投放率更低，公司又持续拒绝清运……工作陷入恶性循环，难以开展。调研中还发现，因垃圾清运效率不高，生活垃圾收集点、废物箱的分布密度不够，一些老旧小区中的垃圾桶站经常垃圾‘满溢’，满冒的垃圾使垃圾桶盖无法盖合，大量废弃物堆放，垃圾清运任务繁重，居民和清运公司均倍感无力。

因此，想要做好社区垃圾分类工作，不仅要在细节上打动每一个投放者，更要发挥整体优势，协调好上下游相互配合的问题。

（四）对策建议

1. 发挥党建引领作用

“党建引领”如何能在基层落地并发挥出其灵活性和高度活力，无论在社区治理还是垃圾分类具体工作中都是一个重要命题。A 社区党建工作与社区治理的联动建立在独创的“育网式”工作法基础之上，是社区党建融入、党建引领的一份宝贵经验。“育网式”工作法的“网”，是通过党建引领、培育社区内部自组织化与自服务化的工作网络，该方法的具体工作原则是通过支委班子构成的网管进行领导统筹，全体党员构成的网员提供坚实引导，将社区内部划分为不同网格进行分区治理，并制定网规、明确规范，以逐步扩大服务群体覆盖面，提升服务质量，使得党建管理与服务工作实现依附于社区网格划分基础上的一体化。在实践中，该方法较好地落实了基层党建。

具体而言，通过社区党总支领导班子与居委会成员每周共议垃圾分类问题、发动社区在职党员报到和担任志愿者、党建带动妇建发挥集群优势等党群联动行动，统一社区居民对垃圾分类的有关认识、吸纳广大群众力量，有效推动开展垃圾分类工作。

2. 建设垃圾治理共同体

自 2020 年 5 月 1 日起，新版《北京市生活垃圾管理条例》正式实施。作为全国第一部生活垃圾管理方面的地方性法规，新版《北京市生活垃圾管理条例》对生活垃圾分类提出了更高要求。通常，传统的法规由政府作为治理主体，治理主体较为单一。但在 A 社区的实践中，垃圾分类工作的推行不仅仅依托政府（街道），治理主体还包括社区（居委会）、“一长四员”和社区党员、社会组织和志愿者、物业公司与环卫集团及社区居民。具体内容如下。

一是社区（居委会）。社区是基层居民自治的组织。居委会是居民自我管理、自我教育、自我服务的基层群众性自治组织，是中国人民民主专政和城市基层政权的重要基础，也是党和政府联系人民群众的桥梁和纽带之一。在 A 社区中，社区（居委会）作为治理主体，在街道的指导下，依托“育网式”工作法，建立垃圾分类“一长四员”制度，牢牢把握党建引领的优势，深耕细作，发挥着自主治理的重要带头作用。

二是“一长四员”和社区党员。“一长四员”，即楼门长、分类宣传员、指导员、分拣员和监督员，与社区党员共同组成垃圾分类推进工作的中坚力量。

三是社会组织和志愿者。本案例中提到的羿行残疾人服务协会以及社区志愿者，作为治理主体参与知识讲座的举办与“桶前值守”、志愿宣传指导活动，为垃圾分类进社区起到了一定的助推作用，并与“一长四员”、党员共同起到了带动引领的作用。

四是物业公司和环卫集团。物业公司和环卫集团作为治理主体，参与垃圾分类的指导分拣和分类消纳的环节，帮助杜绝前端居民分类投放异常，中后端混装、混运和粗放处理等问题。一方面受到政府相关行业主管部门的监督；另一方面与社区（居委会）相互配合参与治理过程。

五是社区居民。社区居民作为垃圾分类的具体执行者，有着群体数量较大、执行标准离散度较高、可控性不足等特点，是政策执行中最为核心的行动主体也是治理主体。

在这一过程中，各方主体各负其责、各展优势、分工合作、紧密团结。社区党组织发挥主导引领作用和群众工作优势，做好沟通、协调、制度和物资保障等工作。社工发挥教育者、使能者、倡导者、支持者等角色，和社区共同发现需求、唤醒意识、建立管理体系、培训志愿者，推动建立可持续的垃圾分类运转体系。志愿者从热心的学习者、参与者转变成主动的组织者、计划者、动员者和实施者，成长为社区公共生活的内在“发动机”。物业公司的保洁、绿化、维修、保安各岗位人员都动起来，高效配合，做好垃圾投放时间段垃圾桶配备、清运、桶体清洗维护等工作，为垃圾分类提供坚实的后勤保障。每个治理主体各司其职，充分发挥自身优势与作用，通过互相之间的协同与合作形成有机联动的系统。这项实践表明，在社区治理中，构建起政府、社区、居民、社会组织、志愿者、企业等多主体共同参与的垃圾治理共同体，就能调动起千家万户的参与积极性，进而破解难题。

3. 充分发扬协商手段

协商手段的重要价值，从垃圾桶的选址会上可以窥见。居民对垃圾桶“又爱又恨”：一方面，谁都不愿意让这个有碍观瞻的设施摆在自己家门口，唯恐避之不及；另一方面，谁又愿意每天拎着几袋垃圾在小区院内来个“百米竞走”呢？垃圾桶的选址并不是拿着小区平面图画上几个圆圈这么简单。A

社区通过组织选址协商会，把权力赋给居民的方式解决了问题。在协商会之前，居委会通过逐户走访的方式进行桶站和驿站的选址意见征求，调研给出解决方案；在协商会上，邀请愿意参加的居民代表参加，组织协调群众在讨论中确定了位置。在保障较高满意率的同时高效解决了问题。

想要打开垃圾分类推行的新局面，就必须以社区居民为出发点，与居民对话形成有效沟通，倾听居民诉求发掘思路对策，通过取得具有更好认知理性的民意，来制定治理方案，从而有效推动治理活动。在居民垃圾分类认知普遍缺乏的问题中，社区应加大力度、广泛开展宣传活动。A 社区通过两委班子会、党员大会和楼门长会，在不同层面展开沟通和宣传；楼门长入户走访居民，了解居民对于分类知识的薄弱点，展开“对话式治理”；并通过多媒介拓宽宣传的覆盖面。广泛宣传的同时，社区居民对于垃圾分类工作的态度也在慢慢地转变，逐步从抵触慢慢地转向接纳与认同。居民的参与和互动体现出治理过程中的民主形式，平等地开展宣传推进垃圾分类工作，而非采取自上而下“压制性”和“命令式”的执行与管理，使治理民主化。

在确立桶站位置的全过程中，A 社区放弃采取物业管理的经验主义进行选址的方法，而是采取更耗时、较低效的逐户征求意见和居民共议协商的方法，收获了更加民主、居民满意，也便于政策推行的双赢结果。以更合理的民主治理为理念先导，以民主真实性和更好的公共理性等非效率性价值为取向，并以公共协商为治理路径，体现了协商治理理论的最典型的特点。

4. 积极培育公共精神

对于垃圾分类工作，如果没有居民在思想上的政策认同和行动上的积极参与，即使政府投入大量精力和资金，也难以取得良好成果。A 社区积极培育公共精神，不是将社区居民看作“被动的参与者”，而是看作垃圾分类的主动力量。“社区是我家，美化环境靠大家”，垃圾分类虽然面临着居民缺乏公共精神和公益心态的挑战，但若能顺利培养实现社区自治，对于社区的各项工作都是一种推动。

A 社区从细节做起，创新治理逻辑。最典型的例证是发挥小区老年志愿者的作用。抓住他们勤俭节约、将部分废品回收卖给回收站的习惯，将老年群体组织起来，不仅聘为志愿者，帮助解决社区垃圾分类工作的人力问题；还帮助老年人发挥己力，实现个人价值；同时依靠老年人的社会关系网络，促进邻里互动，在老年传帮带青年的过程中孕育公共精神，可谓一举多得。

5. 创新开展宣传教育

在垃圾分类工作中，社区要广泛开展宣传，凝聚居民共识。目前，有学者提出构建垃圾分类的“全方位教育课堂”，将垃圾分类的学习和示范纳入相互融合的社会教育、学校和家庭教育之中，实现从点滴教育过渡到系统研修。

在社会教育视域下，要利用电视、广播、路牌、手机等媒介，把垃圾分类的信息内容和价值信念密集地传达到各个角落，减少垃圾分类知识盲区，提升居民的知晓率和支持率；在学校和家庭教育视域下，通过教育家庭中的孩子，培养其自觉行动来融入生活实践，让一个孩子带动一户家庭养成垃圾分类习惯，形成垃圾分类的“家庭圈”，并以此营造出协作有力、良性互动的垃圾分类“社区圈”，实现教育一个孩子、影响一个家庭、带动一个社区的良性循环。

6. 多措推动政策落地

一是明确责任，加强管理，确保分类工作卓有成效。通过系统地全面地培训，加强工作人员对垃圾分类实施细则、分类标准等业务知识的学习，实行责任制度，确保专人专岗，权责明晰、明确分工。基层工作人员要对每一位前来投放的居民负责，同时注意保持集中投放点附近的卫生整洁，做到有效宣传、科学指引、正确示范、认真践行。

二是建立与完善生活垃圾的公众监督与反馈渠道。利用媒体监督和党内监督的方式，在充分宣传生活垃圾分类政策及实施细则的基础之上，注重加强对垃圾分类工作事前、事中、事后的监管，提高居民的社会责任感及强制分类的责任意识和义务意识，逐步形成街道、社区、居民多方参与治理的新格局，让垃圾分类政策真正落地。

三是坚持统筹兼顾，发挥示范引领作用。社区是社会治理的基本单元，尤其在城市居民生活中发挥的作用格外显著，要在做好垃圾分类正面宣传教育的同时，建立起行之有效的长效机制。不能“就垃圾论垃圾，为分类而分类”，而是要将分类工作融入小区的法治、制度、文化、设施等建设之中，推进依法治理、精准治理、共同治理。要善于发现问题并及时分析解决问题，总结形成可推广可复制的典型做法，为全市垃圾分类工作提供可借鉴的经验。

四、结束语

生活垃圾分类工作是一场与陋习甚至人性斗争的持久战。本案例中邵书记在垃圾分类经验分享会上感慨地说："尽管A社区现在取得了一点点成绩，但是垃圾分类这件事不是所有人都心甘情愿做的。"经济越发展，人类生产的生活垃圾就越多，当它多到我们的城市已有的处理垃圾的能力无法再处理的时候，我们该怎么办？在对调研进行多次回访总结，对案例进行深入挖掘分析之后，本文反思了以A社区案例为代表的社区垃圾分类工作，提出三点现存问题，期待在未来得到优化。

一是不断提升智能化水平。党的二十大报告提出，要加快发展方式绿色转型，加快构建废弃物循环利用体系。就垃圾分类的现实工作来看，积极运用信息手段，提高基层工作的信息化、智能化水平，将"挨家挨户上门""手把手教学""人工值守"的人员力量解放，让基层工作者专心谋划其他需要人类智慧的问题，是实现基层精细化治理的必由之路，也是实现区域治理现代化、提升基层治理有效性的现实需要。

"工欲善其事，必先利其器。"具体到垃圾分类工作来看，智能化水平的提升不仅需要更加扎实的数字化管理应用和设备，包括更准确地扫描识别自动投放垃圾桶、更加方便有效的分类教学应用、更加快速又包含人情味的民意调查系统等，也需要大力培育弘扬创新文化和绿色发展文化，形成推动智能化治理落地的社会共识和居民综合能力素质基础。在基层治理数字化、智能化的道路上，社会各界都还需要进一步努力。

二是增强政策刚性约束力。国务院办公厅转发的国家发改委、住建部《生活垃圾分类制度实施方案》（国办发〔2017〕26号）提出"实施生活垃圾强制分类的城市要结合本地实际，于2017年底制定出台办法"，但实际上这一要求的落实较为滞后。垃圾分类是一个系统工程，分、收、运、处，每一个环节都影响到政策效果和居民积极性。总结而言，虽然逐步引导全民培养垃圾分类意识和社会公共意识十分重要，但目前垃圾分类仅靠自觉行为是不够的，需要加以一些刚性约束，在制度上、政策上赋予各主体明确的责权，为垃圾分类工作提供有力的保障。

三是建立常态化机制。居民难以在短期内培养出垃圾分类的习惯，垃圾分类的成效也不是一朝一夕能够展现的，一些发达国家的垃圾分类从起步到产业链成熟历经了30~50年时间。因此，建立长效机制应当是我国垃圾分类工作中的一个重点，垃圾分类工作的持续性开展也需要科学、合理的长效机制作为保障。

目前，我国大中型试点城市的垃圾分类工作均实现了一定的目标，取得了一些成效，但不少地区的垃圾分类长效机制仍待进一步建设和完善。正如有的社区工作者所言，“没有这股劲（抓重点工作）的时候，居民的热情也有所降低”。在垃圾分类的全系统里，长效的市场机制、长效的再生回收机制也很重要。对我国的垃圾分类工作来说，如果相关产业链企业无法实现盈利、源头减量工作无法长期坚持，必将影响垃圾分类事业的可持续性。因此，建立垃圾分类长效机制，需要从资金、制度、人员、物资等方面加强建设和完善。

参考文献

[1] 澎湃北京．总结盘点再出发！特殊节点，蔡奇陈吉宁“四不两直”调研检查这件“关键小事”[EB/OL]（2021－04－18）[2021－05－18]．https：//m. thepaper. cn/baijiahao_12267502.

[2] 郁建兴．社会治理共同体及其建设路径[J]．公共管理评论，2019，1（3）：59－65.

[3] 中共中央关于坚持和完善中国特色社会主义制度推进国家治理体系和治理能力现代化若干重大问题的决定[J]．共产党员，2019，(23)：4－14.

[4] 习近平在中央政法工作会议上强调全面深入做好新时代政法各项工作促进社会公平正义保障人民安居乐业[J]．公安教育，2019，(2)：1.

[5] 中华人民共和国生态环境部．2020年全国大、中城市固体废物污染环境防治年报．[EB/OL]．（2020－12－28）[2020－12－28]．https：//www. mee. gov. cn/hj21/sthjzk/gtfw-

wrfz/.

[6] 王浦劬，李天龙．中国城市社区党组织与居委会相互关系研究——基于C、N和B市的社区案例分析［J］．河北学刊，2021，41（4）：191-199.

[7] GRANOVETTER M. Economic action and social structure: The problem of embeddedness [J]. American Journal of Sociology, 1985, 91 (3): 481-510.

[8] 涂晓芳，刘昱彤．嵌入式协同：基层党建与社区治理的联动——以S社区为例［J］．北京航空航天大学学报（社会科学版），2021，34（6）：59-68.

[9] 董飞，扶漪红，吴笑天，等．城市生活垃圾分类治理：现实困境与实践进路［J］．城市发展研究，2021，28（2）：110-116.

[10] 从宽基．基层党建与社区治理"共建共治"研究［D］．南京：南京理工大学，2019.

[11] 梁慧，朱丹妍，杨晔，等．多元主体下垃圾分类合作现状及对策［J］．合作经济与科技，2022（5）：160-162.

[12] 周艳玲，董航宇，唐云霓．党建引领、嵌入与联动：基层社区共同体构建——以J社区365协商议事厅为例［J］．北京航空航天大学学报（社会科学版），2021，34（6）：69-75.

[13] 宋洋．老旧社区治理的创新之道及其内在逻辑——以北京市HC社区治理经验为例［J］．学习与探索，2021（11）：43-50.

[14] 陈毅，张京唐．探寻社区常规化治理之道：三种运行逻辑的比较——以上海垃圾分类治理为例［J］．华中科技大学学报（社会科学版），2021，35（4）：47-55.

[15] 赵济贵．居民齐参与 践行"新时尚"——北京社区生活垃圾分类全民总动员［J］．城市管理与科技，2021，22（3）：22-24.

[16] 任克强，胡鹏辉．社会治理共同体视角下社区治理体系的建构［J］．河海大学学报（哲学社会科学版），2020，22（05）：99-105；109.

[17] 张大维．党领群议：协商系统中社区治理的引领式协商——以天长市"1+N+X"社区协商实验为例［J］．中州学刊，2020（10）：75-82.

[18] 朱梦姗，胡元蛟，王永龙．城市生活垃圾分类系统建设研究［J］．河北环境工程学院学报，2020，30（4）：46-50.

[11] 郁建兴，任杰．社会治理共同体及其实现机制［J］．政治学研究，2020（1）：45-56；125-126.

[19] 杨雪锋，王淼峰，胡群．垃圾分类：行动困境、治理逻辑与政策路径［J］．治

理研究，2019，35（6）：108－114.

［20］杜欢政，刘飞仁．我国城市生活垃圾分类收集的难点及对策［J］．新疆师范大学学报（哲学社会科学版），2020，41（1）：134－144；2.

［21］冯林玉，秦鹏．生活垃圾分类的实践困境与义务进路［J］．中国人口·资源与环境，2019，29（5）：118－126.

［22］裴志军，何晨．社会网络结构、主观阶层地位与农村居民的环境治理参与——以垃圾分类行为为例［J］．安徽农业大学学报（社会科学版），2019，28（1）：27－34.

［23］陈海滨，余威，刘彩，等．社区居委会在推进垃圾分类投放工作中的关键作用研究［J］．环境卫生工程，2017，25（4）：1－3.

［24］徐林，凌卯亮，卢昱杰．城市居民垃圾分类的影响因素研究［J］．公共管理学报，2017，14（1）：142－153；160.

［25］王浦劬．中国协商治理的基本特点［J］．求是，2013（10）：36－38.

文化与城乡治理

尘封还是亮相：档案治理之“困”与“辙”*

——基于中国第一历史档案馆的考察

摘要：本案例以中国第一历史档案馆档案工作为出发点，描述了档案治理之“困”，由此及彼，探寻档案治理之“辙”。2021 年 7 月 6 日，在中国第一历史档案馆（以下简称“一史馆”）新馆开馆之际，习近平总书记对档案工作作出重要批示。档案事业再次被党和国家高度重视。一史馆作为中央级国家档案馆保存明清两朝历史档案约 1 067 万件，是迄今保存最为完整系统的中国古代文书档案集合，内容涵盖政治、经济、军事、文化、农业、工业、外交、科技、教育、宗教等诸多方面，全方位展示了中国明清两朝的国家架构、运行模式、政治治理及社会百态，这些档案不仅是中华文明的智慧结晶，同样也是世界人类文明的珍贵遗产。本案例基于一史馆档案治理考察，自尘封与亮相切入，拟从公共管理视角进行分析，依托理论基础，利用问卷调查、专家访谈等方法，阐述存史、资政、育人功能，剖析档案治理之“困”，探寻档案治理之“辙”，以推进档案治理体系建设，提升档案治理效能，促进档案事业高质量发展，进一步为我国档案事业发展建设提供借鉴。

关键词：档案治理；文化传播；育人功能

* 本案例由北京航空航天大学公共管理学院硕士研究生吴歆哲、徐嘉尉、杨彦、杨梦圆撰写，指导教师为北京航空航天大学公共管理学院蔡劲松老师。

引言

曾几何时，提到“一史馆”，“懂行”的人会说：“就是故宫西华门里那座屏风楼。”也有人说：“不就是藏在故宫里的‘钉子户’？”可在从事清史研究的学者眼中，那里是史料的圣殿，是探究未知学问、历史真相的必由之路，那里的明清档案与殷商甲骨文、居延汉简、敦煌遗书并称近代中国古文献“四大发现”。

然而，关于它的机构所属、馆藏几许、价值何在的种种却鲜有人知。一史馆还在故宫西华门时，大家普遍认为其归故宫所有。2021 年，在祈年大街上，一座建筑面积近 10 万公顷（1 公顷 = 10 000 平方米）的大楼拔地而起，一史馆新馆就此落成开放，档案馆的大门正式向公众打开，各式展览轮番登场。其间，主流媒体宣传不断、公众好评如潮，展览推出的盖章打卡活动在社交媒体上风靡。一时间，“一史馆展览”成为一些文博爱好者的热门打卡点。

作为中央级国家档案馆，从深宫到入世、从尘封到亮相，其中事业发展的“困”与“辙”，档案公开与治理的“思”与“悟”，对全国其他档案馆也有一定的借鉴作用。

一、案例正文

（一）旧尘封之困由来已久

中国古代历来重视档案保护和历史传承，秦汉时期就曾用石室金匮保存国家重要档案典籍。明、清两朝为加强皇权、巩固统治，建立了与中央集权相匹配的档案文书系统，设有专门的档案保管机构，以及皇史宬、内阁大库等档案库房。一史馆承袭文献部馆藏资源，主要保藏明清两朝历史档案约 1 067 万件，是迄今保存最为完整系统的中国古代文书档案集合。无论是丰富的馆藏资源、近百年工作的积累，还是新馆颇具规模的展览格局，在档案馆行列具有一定的代表性。但在 2021 年以前，悠久历史所保留下的发展模式与工作习惯，行政属性与地缘限制等因素，让原本神秘的明清档案尘封成为既定事实。

清朝作为封建社会的最后一个王朝，在其296年的统治中，形成了大量的宫廷及各衙署重要档案。到了清朝后期，面临着内忧外患的局面，统治者无暇顾及档案的保存与管理，使明清档案遭到了一定程度的损毁与破坏（见图1），甚至将内阁大库存放的30万件红本烧毁；北洋政府时期，因财政紧缺，将内阁大库档案打包了8 000个麻袋，以4 000元的价格卖给“同懋增纸店”化浆造纸，明清档案几经毁灭。这一时期，档案保存保管状况堪忧。

图1　清末内阁大库的残破状况（馆史展展板）

“8 000麻袋事件”引起了社会各界对内阁大库档案的广泛关注，明清档案的重要性日益凸显，同时促使专门管理明清档案的机构产生。1925年，故宫博物院成立，设立了专门负责管理明清档案的文献馆（一史馆前身），它成为第一个具有现代意义的档案管理机构，明清档案事业由此萌芽生发。文献馆初期办公地点在紫禁城东部的南三所（见图2），通过设立专门委员会整理各项档案，历史学家陈垣先生作为专门委员，提出的“档案整理八法”和“秤不离砣”原则，对明清档案整理有开拓性的贡献。

抗日战争时期，为了躲避战火确保档案安全，大部分的明清档案与故宫文物一起先“南迁”至南京后“西迁”抵当时的四川巴县、乐山、峨眉三地存放，其间持续数十年，行程累计两万余里；抗战胜利后，这些国之瑰宝“东归”至南京。可惜谁也没有料到，这些来不及喘息的档案又因解放战争面临

图2　西所中院西屋内间（临时库房）和南三所（早期办公地点）（馆史展展板）

分离的命运。在中华人民共和国成立前，由于文献馆工作环境简陋，专业人员匮乏，经常战火侵袭纷扰，明清档案登记编目的仅有94万余件。

直到1949年中华人民共和国成立后，党和政府将整理恢复档案工作提上日程。郭沫若曾作诗《题赠档案馆》，其中描绘了知史鉴今的启迪与开辟新业的喜悦。1951年，故宫博物院档案馆分批运回南迁档案，同时多方征集、接收各地所藏的明清中央机关档案，并将故宫博物院院内清理的档案资料集中保管，馆藏得到进一步丰富。这一时期，除档案深受颠沛流离之苦，明清档案管理机构与隶属关系也几经变更，这些不利因素对档案管理的原则、方法、体系建设都是巨大的考验。

（二）新基业初奠仍处旧局

1975年，故宫西华门内办公大楼建成，馆藏档案终于得以集中保管，办公条件也得到了一定改善。1980年，故宫博物院明清档案部及皇史宬都划归于中共中央办公厅所有，业务归国家档案局指导，并正式将其命名为"中国第一历史档案馆"。随着机构管理逐步规范，人员配置日趋合理，档案整理有条不紊，一史馆迎来了发展期。

1. 浩瀚森林的护林员

档案开放利用的前提是全面了解馆藏，发展期的首要工作任务便是摸清家底，完成档案分类整理，建立档案保管体系；完成档案信息著录，建立档案查询体系；确保档案安全，守好红线底线。面对千万体量的庞大档案森林，如何保管好、利用好、记录好、留存好，是每一名档案护林员要思考的问题。

（1）档案整理周期长：体系建设进程缓慢

明清档案人经过长期实践，参考苏联档案工作的成功经验，于 1976 年建立起全宗分类体系。随后，制定完善了档案整理工作标准，在已有的档案全宗体系及案卷级整理基础上，整理工作逐步向标准化方向发展，开始文件级整理工作，让每件档案都有固定且唯一的“编号”，为开发利用档案筑牢根基。2011 年起，全面启动“五年大整理”工作，馆藏档案全部整理到件，共计约 1 067 万件（见图 3）。截至 2020 年形成目前的 77 个全宗。

图 3　不同时期的档案整理工作（馆史展展板）

（2）开放利用艰难路：著录人才缺失受限

档案实体整理完成之后，提炼档案信息的著录便成为一史馆长期而重要的工作。自 2015 年以来，开始利用档案图像进行著录工作，既确保了档案原件的安全，也一定程度上提升了著录工作的效率。截至 2020 年，共著录馆藏档案530万余件。除了面对档案体量巨大这一困难，馆藏档案除汉文档案外，还有200多万件珍贵的满文档案，以及蒙文、藏文、回文、古俄文、拉丁文、法文等其他文字种类的档案。除1960年周恩来总理指示开设满文班专门培养满文专业人才外，其他文字种类专业人才仍显不足，各领域专家学者仍有缺失，相关馆藏仍在“蒙尘”。

（3）档案安全警钟鸣：保管保护情况复杂

纸质档案不同于实体文物，不仅使其在介质材料上更加难以保存，更是由于朝代更迭、统治需要、战乱频发等其他因素保存程度与状况也不尽相同。又由于保存不当的虫蛀、蒙尘、残缺，还有温湿度、酸碱度、感光度带来的霉变、腐蚀、泛黄。不同损坏状况的档案，对于修复队伍建设、专业修复人员储备、技艺娴熟考察是全方位的考验。直至今日，一史馆档案修复实验室仍在建设过程中，可从事档案修复的专业人才却不足10人，虽然修复技艺位于行业前列，但之于待修复的档案，档案修复力量储备还远远不够。档案保管的安全，长期留存的安全，开放利用的安全等诸多档案安全问题，将是永恒的课题。

2. 滔滔江河的拾珠人

在故宫西华门内办公期间，开放利用手段单一，仅提供查档服务。虽然出版过史料汇编及其他研究成果，但大众对明清档案仍是知之甚少。这些没有经过官方美化修改的第一手历史资料只能常年存于库房中难见天日，传统的利用与编研出版手段，不能从根本上解决广大人民群众对于开放明清档案的巨大需求。

（1）行政属性所限：公共服务意识有待提高

一史馆作为参公管理事业单位，行政属性突出，其文化属性与公共属性建设进展比较缓慢。2020年以前，14个部门建制中对外服务部门仅有1个，公共服务意识严重不足，档案开放利用形式主要是为社会公众提供查档服务。2021年以前，办公地点位于故宫西华门，查档机位有限、服务人员不足、入馆流程烦琐且需要开具查档介绍信。目前，查档环境较之20世纪七八十年代有所改善（见图4），但出于档案信息安全角度考虑暂不接受异地查档。

图4　利用区域更新迭代（馆史展展板，2023年吴歆哲摄于新馆利用室）

（2）人才储备缺失：开发挖掘潜力受限

一直以来，一史馆秉承着资源立馆的宗旨，发展主基调为建设学术型档案馆，公共服务职能发挥不足。截至2020年底，利用馆藏资源共编辑出版档案史料243种3 704册，为社会各界的学术研究和文化建设提供了坚实的文献基础。但从发展方向与工作定位来看，专业人才以历史学、出版学、文学等领域居多，博物馆、文化传播、新媒体领域人才较少。人才储备的短板，在一定程度上使开发利用档案手段单一，挖掘潜力受限，也在一定程度上阻碍档案馆发挥公共服务与文化传播功能。

（3）展览发展滞后：文化育人思维不足

回顾我国档案馆展览发展历史，很多档案展览是为了配合开展政府工作而举办的，这必然导致宣传模式较为死板。一史馆档案展览受场地制约，发展缓慢，早期开办展览大多以联合办展、在外巡展等方式；西华门内老馆虽设立陈列室展览，但面积不足百平方米，也并未向社会公开展示，接待参观基本为档案系统相关单位，使得档案展览不能成为档案公开的主要手段。另外，受政策、资金、专业人员限制，过往展览不成规模，仍存在展览主题受限、展陈内容匮乏、展出形式单一、开放刻板宣传等问题。虽参与筹办多次展览，但受开放度较低、展览场地有限、宣传较为不足等因素影响，真正产生深刻、持久、广泛社会影响的档案展览为数不多。

3. 新馆筹备：档案展览呼之欲出

1991 年，一史馆经国务院批准，对新馆立项，此后历经多次选址，2012 年确定选址在北京市东城区祈年大街 9 号，2016 年开工建设（见图 5）。在新馆筹备过程中，档案展览也被纳入明清档案工作发展体系。

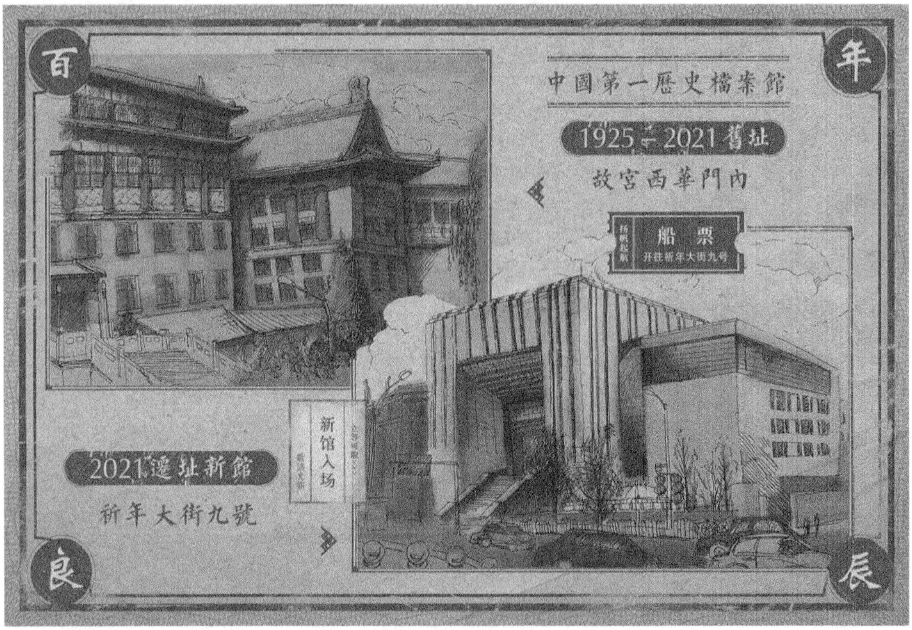

图 5　故宫西华门内老馆与祈年大街新馆对比图：建设与落成图（2021 年袁晓璐手绘）

（1）创业艰难肯吃苦

为筹划新馆展览相关工作，于 2017 年正式启动新馆展陈项目，成立新馆基本陈列大纲撰写小组，从各部门抽调人员，在选定主题、大纲撰写、对标设计公司等方面展开工作。在创业初期面临着机构未定，专业人才不足，展陈经验匮乏、无章可循等考验，大纲撰写小组开启了漫长的奋斗之路。更是因为，档案馆展览的展品类型较博物馆而言相对单一，并以纸质文献为绝对主体；纸质文献自身属性特色，展品较器物类展品而言文字信息量相对较大，内容构建过程中对内容的逻辑性有较高要求；档案馆展品种类单一，从平面化到立体式展示较为困难。

（2）草创团队担重任

为更好地开展档案展览工作，一史馆于2020年2月设立展览宣传处，来承担展览及宣传教育工作，自此成立了专门对展览负责的部门。处室建制之初仅为6人团队，秉承对馆藏负责，对展览负责的态度，开启了夜以继日地工作。在展览内容建设过程中，策展团队比较好地坚持“以档证史”“以档述史”的基础原则，有意识地挖掘展品内在的历史教育、人文涵养等价值。从展览主题选定、展品筛选与内涵架构，到展览设计陈列与落地调整等，每个环节都凝聚着策展团队的一次次钻研和推敲，每件展品都饱含策展团队的一遍遍斟酌与打磨，每处陈列都彰显着策展团队的极端负责与无私奉献。

（3）展览落地开新局

随着新馆落成，基本陈列“兰台翰墨　家国春秋——明清历史档案展”（以下简称“基本陈列”）历经四年的精心筹备作为先导曲，开启了一史馆档案展览的崭新篇章。在总面积为1 870平方米，展线长为580米的展厅内，展示着近300件组展品，是展示明清档案缩影的平台，展览的全面开放使珍贵的馆藏档案，首次大规模、全方位地展现在世人面前（见图6）。

图6　老馆陈列室与新馆基本陈列展厅对比图

（2020年吴歆哲摄于老馆，2021年吴歆哲摄于新馆）

（三）两地七展初见成效

一史馆新馆历时近30年终于在2020年10月竣工落成，于2021年7月6日正式开馆。为此，习近平总书记对档案工作作出重要批示：“档案工作存史资政育人，是一项利国利民、惠及千秋万代的崇高事业。希望你们以此为新起点，加强党对档案工作的领导，贯彻实施好新修订的档案法，推动档案事业创新发展，特别是要把蕴含党的初心使命的红色档案保管好、利用好，把新时代党领导人民推进实现中华民族伟大复兴的奋斗历史记录好、留存好，更好地服务党和国家工作大局、服务人民群众。”

一史馆新馆展览有“兰台翰墨 家国春秋——明清历史档案展”“盛载千秋——明清档案装具陈列”“守护国家记忆 传承民族文脉——明清档案事业发展历程展”“‘百年恰是风华正茂’主题档案文献展”，现已面向社会全面开放（见图7）；皇史宬展览位于皇史宬建筑群内，由正殿“石室金匮皇史宬”、东配殿“锦瑟万里 虹贯东西——17世纪至20世纪初丝绸之路历史档案文献展”、西配殿“抗争与求索——从鸦片战争到辛亥革命档案文献展”3个专题

图7 新馆展览序厅（2021年吴歆哲摄于新馆）

展览组成（统计截至2023年）。自此，明清档案展览构建起新馆、皇史宬两地七展览联动的新发展格局，档案工作在习近平总书记的重要批示下迎来了崭新篇章，一史馆在新馆这一新平台上步入全面转型时期。

1. 以史为鉴：肩负存史重任

中华文明较之西方文明的经久不衰、绵延不断，其中文字记载与传承功不可没。中国古文献保存之多、形式之广、种类之全，且作为记录历史的第一手资料，是历史事件所形成的直接记录，为还原历史真相与细节作出了一定的贡献。档案以其直观性、真实性、系统性，生动地呈现着历史真相，在“底稿”与“细节”中，记录着国家发展演进和与世界互动交流的过程。档案的原始记录性和真实凭证性，要求档案工作者应充分发掘档案的历史文化价值和社会记忆功能。

透过基本陈列展品，可以看到洪武年间《大明混一图》绘制了六百多年前中国人对世界的笼统认识；《武职选簿》中关于郑和七下西洋的详细表述；明末清初之际关于农民起义军领袖李自成的重要记载；清朝关于科举考试的大量档案；在林则徐关于虎门销烟完竣奏折中，道光皇帝朱批的：“可称大快人心一事”；甲午战争时期，李鸿章代表轮船招商局申请为慈禧六旬万寿庆典报效银两的惨痛回忆，以及光绪帝痛陈《马关条约》签约缘由的朱谕等。

2. 荣辱与共：践行资政使命

一史馆保藏的明清档案由多个机构产生，系统地记录了明清两朝政治、经济、军事、外交、民族、文化、社会生活等方面的情况。其丰富性、系统性的体量在了解国情、追溯当今现实社会问题的来龙去脉、制定国家政策与方针等方面，发挥着巨大作用，所以明清档案具有不可估量的学术价值和现实意义。为此笔者采访了一史馆展览宣传处处长倪晓一，在她绘声绘色的介绍中，档案资政的作用从一件件尘封的档案中浮现出来。

（1）何为国土，寸步不让

中华自五千年前源起、至今绵延不绝。华夏自中原鼎立、秦始皇疆域统一到清代乾隆帝十全武功定邦安民，无论朝代如何更替轮转，国土始终是至高无上的崇高存在，它关乎国家社稷、关乎百姓天下。

纵观明清时期，翻开尘封档案，浏览纸墨痕迹。在访谈中，倪晓一处长讲解了沈葆桢为郑成功请旨在台湾建立祠堂的奏折，其中还原了当年郑成功收复台湾的始末。

从档案文字中、从宫藏舆图里、从历史沿革看，处处证明着每一寸属于中国的领土，歌颂着几千年来中华儿女为捍卫主权及领土完整的壮丽史诗。如今，在面对敌对势力的质疑，在坚定不移贯彻一个中国原则、捍卫主权及领土完整的同时，我们理应注重档案记载的重要性，从史实出发、用档案说话。

（2）所谓民族，水乳交融

2019 年 9 月，习近平总书记在全国民族团结进步表彰大会上指出："我们伟大的精神是各民族共同培育的。"这一论述站在了中华民族伟大复兴的战略高度，深刻揭示了中华民族精神传承发展的内生动力，精准阐释了中华民族共同体繁荣发展的精神密码。

在谈起习近平总书记的这一论述时，倪晓一处长展示了土尔扈特相关满汉文档案，这是清朝中央机关及相关地方官员在办理土尔扈特事务过程中形成的公文，具有独特的客观性、完整性和系统性，真实地记录了那段历史。经过专家对档案的梳理研究，为我们补全了土尔扈特部万里东归这一历史。

（3）平等交往，文明互鉴

中西往来由来已久，16 世纪世界局势出现动荡，西方殖民主义的繁盛，传教士活动范围的逐步扩大，带来了部分科学技术，促进了海外贸易逐渐由朝贡贸易向民间自由贸易转变，更加使东西方文明交流互鉴。对此，一史馆优秀讲解员吴焕良为我们介绍了《赤道南北两总星图》《康熙帝算草》等天文地理和医药数学方面的东西方融合范例。

明朝从郑和下西洋的鼎盛，到"濒海民不得私自出海"，标志着持续两百多年海禁政策的确立，再到清朝“康乾盛世”时传教士的往来频繁、殖民主义的层层渗透。无论是“礼仪之争”还是“传教通商之搏”抑或“中西文化碰撞”，中国一以贯之的是和平外交。如今，中国在和平共处五项原则的基础上坚持独立自主的和平外交政策，坚持和平发展道路，坚持互利共赢的开放战略。档案中记载的远不止闭关锁国的狭隘、列强入侵的惨剧、被迫开放的无奈，其中深刻的历史内涵与社会性质的变化形成是长期存在的命题，是推动构建人类文明共同体的坚实根基。

3. 薪火不灭：承载育人使命

以史为鉴，温故知新。历史的力量是无穷的，人们往往能在其中汲取智慧、坚定自信、把握规律、着眼未来。

（1）弘扬优秀传统文化：使命光荣，责任重大

明清历史与人的第一感觉，便是封建社会的衰败腐朽，浅观是落日余晖、帝国沉沦的难堪无奈，深究是治理经验、文明传承的可待挖掘。在党的二十大报告中，就对“推进文化自信自强，铸就社会主义文化新辉煌”进行了具体阐释；在《中国共产党章程》中，对发展社会主义先进文化提出了具体要求，明确指出要推动中华优秀传统文化创造性转化、创新性发展，发展社会主义先进文化，提高国家文化软实力。

为更好地了解新馆展览观众的参观体验，笔者设计了《档案馆展览教育功能及观众体验调查》问卷，进行线上、线下投放。从调查数据结果来看，一方面，受访者期望在参观档案馆或博物馆展览中得到学习教育，受访者对于展览讲解、档案专题讲座、专门学术沙龙、馆校结合课程与社区联动活动均表现出重大关心；另一方面，受访者参观档案馆展览的频率较低，档案馆展览的观众黏度不足，受众尚未养成在档案馆展览中受启发或教育的习惯。由此可见，一史馆展览教育功能的发挥还仅体现在展览本身、讲解服务及小规模文化衍生活动等方面，系统性的宣教活动部署与落实仍需继续推进，创新性发展目标还有待实现。未来应科学分析受众群体需求，积极推进线上、线下两种渠道开展社会教育活动，更好地服务社会公众，更加充分地发挥教

育功能。

(2) 发挥独特育人功能：还原历史细节，开辟第三课堂

新时代，档案展览作为档案资源开放利用的重要形式，是利用档案进行爱国主义、集体主义和社会主义教育的重要手段，是延伸学校教育的第三课堂，在发展社会主义先进文化，传承中华优秀传统文化，增强文化自信，弘扬社会主义核心价值观等方面发挥着重要作用。

我国大部分档案馆也将档案展览纳入文化交流、公共服务的体系中，纵观一史馆过往教育功能，公开利用手段仍有待挖掘。在发展社会主义先进文化的大力号召下，随着“文博热”的兴起，博物馆展览遍地开花，广大人民群众对于文化方面的需求日益增长。档案展览成为档案开放利用的重要手段之一，也是档案馆利用馆藏资源表达文化属性、提供公共服务、彰显教育功能的主要平台。

(3) 展览创意延伸连绵：实现创造性展示与创新性发展

截至 2023 年 3 月 3 日，一史馆两地线上线下档案展览已接待观众近 20 万人次，其间主流媒体宣传不断、公众好评如潮。一史馆展览宣传处也在现有展览接待服务的基础上，线上推出了线上展厅、H5 小程序推广、“微展厅”等活动，线下推出了展览衍生品盖章打卡活动，对外开辟了利用社会资源联合宣教活动，跨界联合办展等系列活动。

2022 年，一史馆第 97 个馆庆日，根据馆藏档案衍生出展厅盖章系列打卡活动。发布了皇史宬、一史馆新老馆的“三联馆庆纪念章”，选取了明成祖永乐帝敕谕中钤盖的“敕命之宝”，清二十五宝中的“皇帝之宝”，根据雍正皇帝朱批“卿乃旷代奇才，国家栋梁大器”制成的“旷代奇才”“国家栋梁”两枚印章，以及根据对年羹尧朱批中提到的“朕自有道理”做成的印章等。2023 年推出了“五福章”，后台收获了许多关注留言，打卡现场氛围异常火热，在各种社交媒体上得到了人们的一致好评（见图 8）。

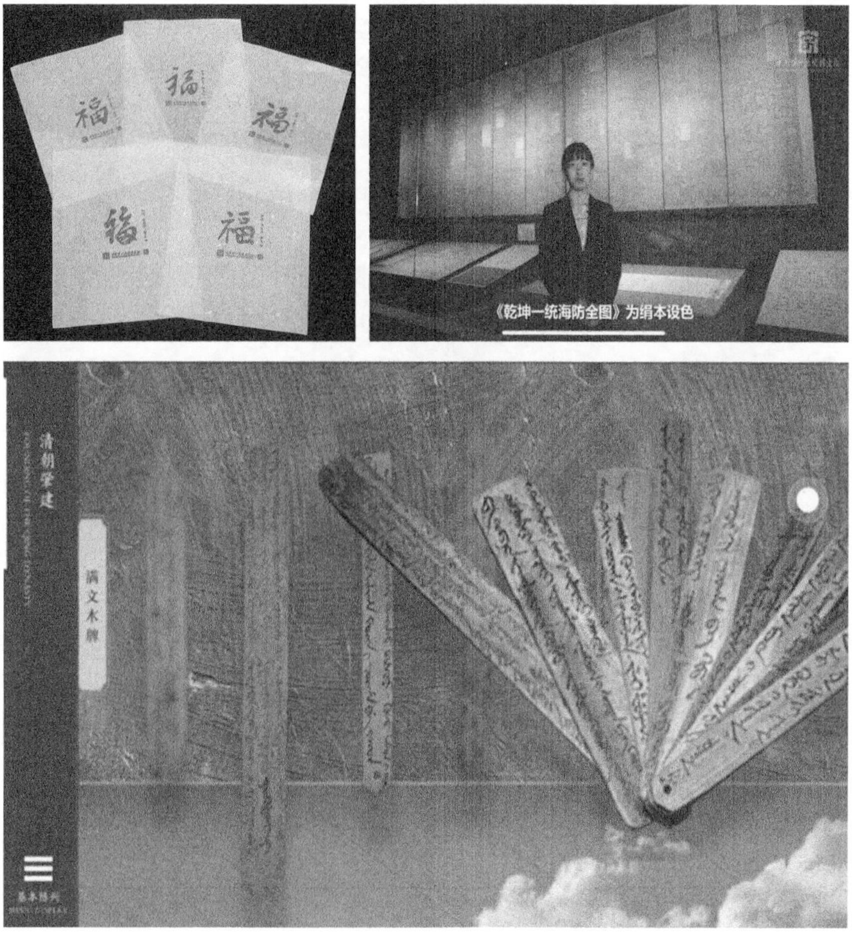

图 8 “五福”章“微展厅”H5 页面（皇史宬微信公众号截图）

2023 年 2 月 15 日，一史馆与敦煌研究院、甘肃简牍博物馆、国家典籍博物馆三家文化机构联合举办的“二十世纪初中国古文献四大发现展”在国家典籍博物馆正式开幕。这是目前为止“殷墟甲骨”“居延汉简”“敦煌遗书”“明清档案”作为 20 世纪初中国学术的“四大文化发现”，首次完成的最大规模的展览。展览开幕式邀请了行业内资深学者及多家媒体进行宣传预热；2023 年 3 月 1 日与字节跳动公益联合推出的“VR 体验项目”实现了展览实体与沉浸式体验互动的完美结合。这次跨界联动完成了档案馆、研究院、博物馆、图书馆的首次破圈融合，社会反响良好，公众对于档案展览满意度直线上升。欢欣之余我们应冷静回归思考，如此热闹、备受瞩目的档案展览具不具备可持续性、可推广力呢？今后展览宣教活动将如何突破？档案公开利用的安全与可持续性探究，仍是档案行业未来将攻克的难题。

（四）档案展览重新诠释档案治理之“辙”

纸质档案不同于实体文物，不仅在介质材料上难以保存，更是由于朝代更迭、统治需要、战乱频发等原因会遭受焚毁与破坏。目前成体量保存历史档案的仅有：中国第一历史档案馆保存的明清两朝中央机构形成的档案，中国第二历史档案馆保存的民国时期各个中央政权机关及其直属机构的档案，以及中央档案馆保存的中共中央和国家中央机关具有永久保存价值的重要档案及中华人民共和国成立前中共中央机关的革命历史档案。这些档案真实地记录着历史和岁月的变迁，是中国人的底气也是华夏民族的财富与底气。档案展览应在厘定主题、选材、设计布展等过程中注重文化育人功能的体现，并通过多媒体展项设置、展板信息传递，展览讲解、后期宣教活动来实现教育功能，重新诠释档案治理之“辙”。

1. 让展览语言倾诉文化衷肠

目前，一史馆展览宣传处的工作人员涵盖历史、少数民族语言、展览设计、博物馆、播音、数字媒体等专业，在一定程度上填补了展览专业人才的空白。在机构建制上注重策展、展厅运营、宣传教育多方布局，注重档案展览规范化、系统性。由馆内讲解员和专职讲解员，为到馆参观群体提供公益讲解及公务讲解服务。同时，基于东城区爱国主义教育基地平台，正向北京市乃至全国爱国主义教育基地申报而努力。

新馆展览比较好地坚持“以档证史”“以档述史”的基础原则，利用展览语言有意识地挖掘展品内在的历史教育、人文涵养价值，通过展览架构、展示组编排贯穿于展览作品全过程，以文字内容抽取、表述等方式实现。策展过程中注重多媒体展项在展览中的育人作用。以基本陈列的多媒体展项设置与应用为例，在丰富展品信息，还原展品状态、拓展展品外延，营造参观氛围，实施互动体验等方面发挥着巨大作用。不仅提高了趣味性，可以在互动中获取展品信息，增强知识记忆。无论是青少年及学生群体，还是普通观众群体对互动多媒体的喜爱和满意度都表现良好。

新馆展览一直注重讲解服务质量，提供公务讲解与公益讲解近万场，服务涵盖各年龄层次、各行业领域、各观展需求的受众，为他们提供了较好的讲解服务。目前，讲解团队形成了新馆展览讲解规范，为不同讲解需求的团体制定了不同类型的讲解词，以满足参观需求。

展览让蒙尘百余年的档案首次亮相，以更加开放的姿态打开了公众了解明清档案的大门，同时通过档案这一底稿真实还原历史细节，让档案说话、为历史正名。为求知者提供了崭新的平台与媒介，让课本上的历史教育不再单薄无力，让中华优秀传统文化传承有章可循。展厅留言簿上密密麻麻地写满了对公开档案、推出展览的迫切期盼，对国家宝藏的无限感叹，对优秀历史文化传承的殷切渴求（见图9）。档案展览传播是时代所趋，是公众所盼，是传递文化保护理念、建设文化强国的必然要求，在这条赶考之路上，我们的使命才刚刚开始。

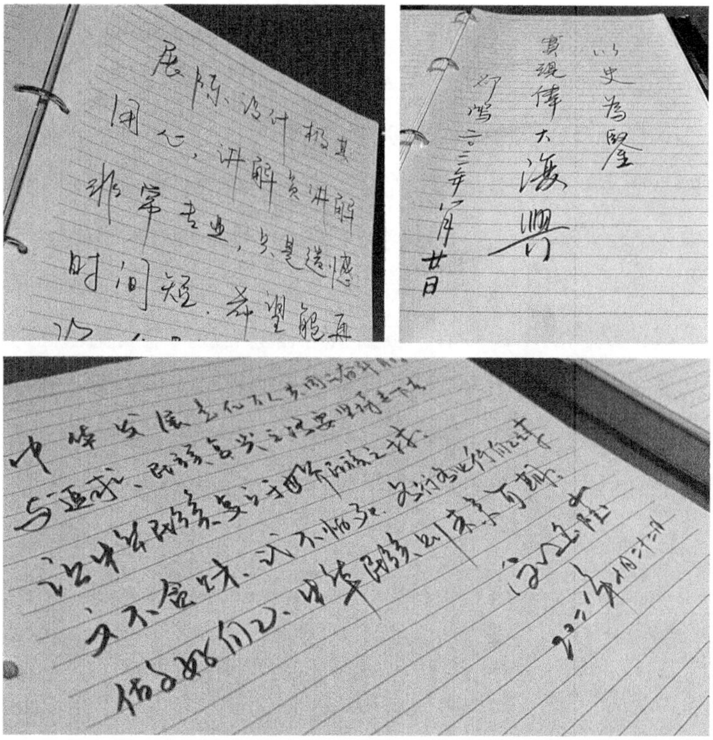

图9　观众好评（部分）（2021年吴歆哲摄于新馆）

新馆展览目前取得了一些成效，但社教活动开放稍显不足，仍需重视提升服务质量、发挥教育功能。在提供讲解服务的同时，开设与展览相关的公益讲座、课程研发等一系列教育活动。在教育功能实施对象方面从青少年教育扩大到社会公众教育，在馆校合作的基础上重视社区及跨领域合作，在活动模式中注意创新结合。要充分运用非接触手段，以直播等形式将教育活动搬上“云端”，打破时间、空间限制，更好地服务社会公众，更加充分地发挥教育功能。

2. 新时代机遇与挑战并存

2023 年 2 月 7 日，国家档案局办公室公布了《档案展览工作规范》行业标准征求意见稿，提出：“档案展览要服务国家治理体系与治理能力现代化；落实社会主义核心价值观，体现专业性、艺术性和时代性；突出档案的原始记录性与真实凭证性，充分挖掘档案的历史文化价值和社会记忆功能；确保档案原件实体安全、档案信息安全及相关知识产权、隐私权等合法权益得到充分保护。”

（1）转型期新要求

立足新馆新平台，档案馆作为发挥文化育人功能、增强文化软实力、坚定文化自信的主驱力，应切实履责，充分发挥档案馆的公共价值。

在访谈中，倪晓一处长也表示：“展览宣传处是随着明清档案事业发展到新阶段、转向新平台时应运而生的新部门，业务在传统档案工作中具备较强的开创性，可循的经验不多。目前，虽然新馆和皇史宬两地展览已面向公众全面开放，讲解服务也在专业化、标准化两个层面取得了一定成果，获得了社会各界和公众的普遍认可，但也应清醒地认识到，立足新馆平台的展览社教活动尚未全面铺开，在回应社会和人民诉求方面，仍然有很大的谋篇布局的空间。”

（2）转型期新问题

倪晓一处长向我们介绍：“目前，我国档案馆受机构性质、工作惯性、视野受阻等因素的影响，对馆藏档案的价值挖掘尚且不足，档案馆教育功能开发较为滞后，档案展览这一新形式刚刚起步，尚不能满足公众对文化、教育，以及美学艺术等方面的需求。”

伴随着展览开放亮相，新的问题也接踵而至。限于体制机制、历史沿革等原因，我国大部分档案馆与档案局机构处于改革阶段，仍分厘不清。一史馆展览事业尚在起步，无论是展览推广、社教活动实现还是文创衍生在制度上存在着很大阻力。档案展览事业发展同博物馆相比差距巨大，其实现程度、学术含量及科普转化效果较为不佳，教育活动受众范围还有待扩大，社教实现形式还有待进一步探索。长期以来形成的视野局限，使其在宣传推广、联合社会资源方面远远不够。出于档案信息安全方面的考虑，在档案开放限度、开放后的保护与可持续性方面，仍需进一步探索。

（3）转型期新挑战

博物馆行业的文化属性很强、文化功能发挥突出、机构性质驱动力强，使其社教活动遍地开花、大放异彩。档案馆在机构性质局限、资金不足、运营模式存在差异、社会资源整合不足等情况下，文化属性及教育功能的创新发展将面对许多挑战。档案治理与教育功能实现在一定程度上存在难度，仅发挥档案馆自身能动性是远远不够的，构建模块、协同治理才是发展良策。目前来看，档案馆首先要承担起主体责任、发挥自身价值，全面建设档案治理体系，提高档案治理能力；其次，通过建立以爱国主义教育基地为核心，多基地共同发展的模式，发挥档案馆公共服务、社会教育功能，达到档案协同治理的目的。

国家档案局编辑印发了《习近平关于档案工作、历史学习与研究、文化遗产保护重要论述摘编》，对比作了梳理。在档案工作地位作用上，习近平总书记强调，档案工作是一项基础性工作，各项事业得以发展都离不开档案。”档案馆拥有丰富的馆藏资源，反映着不同时期的政治、经济、文化及生活情况，对维护历史真实面貌，服务国家机器等方面起着十分重要的作用。随着我国文化建设热潮的兴起，档案文化性日益凸显，档案馆的文化属性也逐步回归。档案馆在保管、保护档案的基础上，更加注重妥善利用档案，挖掘档案自身文化价值，为社会提供公共服务，发挥其社会教育功能。

在我国文化长卷的建设中，历史是长卷的河床，记录历史的档案是社会、国家乃至人类的记忆，是社会进步发展留存的宝贵财富。当国家可以以史为镜时，便能从朝代更迭、国力兴衰、经济发展等方面汲取无穷力量。建立档案治理体系，是建设社会主义现代化强国的关键一环；探寻档案内涵价值，是推动中华优秀传统文化创造性转化和创新性发展的重要手段。立足历史档案，充分弘扬中华优秀传统文化，增强民族自尊、自信和自强精神，从传统文化中汲取治理经验，讲好中国故事，做好民族精神的现代化演绎，是档案馆自身不可推卸的使命与责任。档案治理“困”与“辙”的辩证统一思考，将是全国各级档案馆现在及长期需要探究的命题。

二、案例分析

（一）问题的提出及研究意义

2021 年颁布的《“十四五”全国档案事业发展规划》中的主要任务提到，“全面推进档案治理体系建设，提升档案治理效能”，既强调其对整个国家、社会档案事务进行顶层设计、制度安排的关键意义，也是应对当前档案事业面临新的机遇与挑战的现实需要。为进一步发挥档案馆利用馆藏资源提供公共服务、彰显传承、治理、教育功能的平台作用，凸显档案馆的文化属性与公共属性，需要认识到，保管好、利用好、记录好、留存好档案，加强档案宣传工作，提高档案治理能力，是新时代背景下国家治理对档案工作提出的新要求。

本文以中国第一历史档案馆为案例，以“存史、资政、育人”为目标，进行档案治理新理念探索，回溯一史馆穿越百年、从故宫西华门到祈年大街 9 号的艰辛历程，阐述一史馆在践行维护国家主权、促进民族团结、加强东西文明互鉴等方面的资政使命，论述一史馆在弘扬中华优秀传统文化、开辟第三课堂、创新展宣模式、打造教育平台的育人重任，旨在让深处故纸堆的档案“强起来”“实起来”“活起来”“亮起来”。

“十四五”期间，档案管理开始全面向档案治理转变，其显著特征为治理主体的多元化，各类主体的多元共治格局尚未形成，协同效应难以充分发挥，档案治理效能无法实现最大化。学界对档案治理的协同研究多集中于主体协同的困难，涉及主体意愿、客体分散等内容。多数研究未提出如何协调或协调策略针对性不强，又或者集中于特定领域，无法对档案治理体系内多个主体进行整体指引。

本案例通过调查问卷、专家访谈等方法，梳理了当前档案治理存在的问题，从治理模式陈旧、服务水平不足、展览影响力不强三个视角切入，剖析问题存在的原因，从主体协作、手段运用、价值挖掘、功能发挥、记忆构建、精髓传承多个维度展现档案治理之“困”。以推进档案治理体系现代化进程为元为纲，注重治理系统化、创新性和协同度，倡导建立政府占主导、主体重联动、制度作保障的多元共治格局；以部门、区域、行业经营驱动为方法论，提出提升档案馆履职能力、深化爱国教育基地建设、破解人才技术等发展难题的现实举措；通过“以文育人”、思想认同、媒体交互等方式，强化档案记忆观构建，提升档案馆管理水平，促使文化自信深入人心，从而丰富和完善档案治理在“存史、资政、育人”方面的内涵及表现，达到档案治理体系的现代化建设标准要求。

（二）理论基础与分析框架

1. 元治理理论

英国学者鲍勃·杰索普（Bob Jessop）在1997年提出元治理概念，其意为“协调科层制治理、市场化治理和网络化治理三类治理模式来保证它们之间最小限度的相干性，将政府作为元治理者，发挥设计机构制度，提出愿景的作用。这些设计和愿景能够促进各领域自组织发挥作用，使各类自组织安排的不同目标、空间和时间尺度、行动及后果等相对协调（见图10）。元治理内涵包括制度上提供各类机制和战略上促进建立新的愿景两个层面。

元治理理论具有系统性和整体性，能够有效处理复杂问题，强调国家在治理中的首要地位，注重参与主体的全面与协调，以及法律制度的灵活运用。元治理理论包括三个维度：一是理念维度，理论强调在多元、自主与协作的情景中处理各项事务，解决复杂性问题，维持体系的系统性；二是主体维度，理论通过明确政府定位，进而划分各类主体角色，化繁为简地协调各类治理模式；三是制度维度，理论主张在主体间发生冲突时，重视制度的灵活运用，追求制

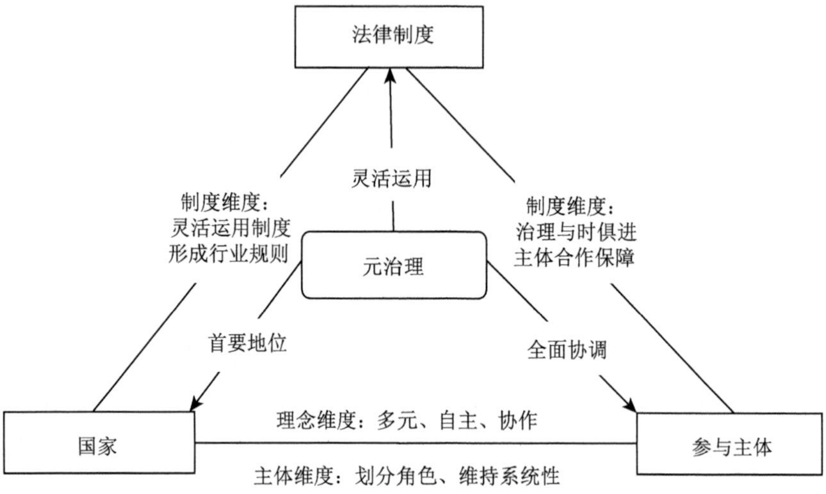

图 10　元治理理论框架（笔者自绘）

度实时创新，实现治理与时俱进。

利用元治理理论框架，对档案治理体系中存在的问题进行分析，有助于推进档案治理体系的现代化进程。从理念维度出发，要使各主体协同，首先要实现理念的转变，建立多元、自主与协作的情景，才能进一步对各主体间的关系进行协调，理念的转变主要集中于自主治理与目标协同。从主体维度出发，在确立共同愿景后，需要进一步处理系统内多元主体的复杂关系，促使各类主体处理档案事务的自由权、灵活度得到提升，从而维持治理体系稳定运转。从制度维度出发，需要科学的制度安排保障主体的协同，发挥各主体的自组织作用，在法律标准下形成统一的行业规则，为主体间的合作提供保障。

2. 博物馆学理论

19 世纪中叶，随着博物馆事业的发展，博物馆的历史和现状，博物馆传播知识、普及教育、娱乐公众的功能走入学者的视野，特别是博物馆的社会教育功能更是受到人们的普遍关注。20 世纪中期兴起的新博物馆学理论，其工作重点开始向“以人为中心”转变，主要体现在：更多关注社会与公众需求；强调博物馆在社会教育中的作用；创新展陈方式，突破媒体界限，充分利用新技术手段叙事；倡导社区公众博物馆建设，让人作为主体参与公共文化建设。

基于新博物馆学理念下的博物馆建设还倡导生态博物馆的概念，并应用于保藏和展示文物，还原文物背景环境。后博物馆学理论立足于后现代背景下博物馆新的变化，许多研究者相信后博物馆中最为重要的趋势是机构与观众之间关系不断发生变化的特性。他们巧妙设计新式媒体帮助引发参观者思考，并刺激对话产生。新的艺术实践、新的展览方式、新的策展机制、新的文化思潮、新的美学原则必然会对传统博物馆予以挑战和颠覆。

档案馆开放及发展模式较博物馆更为缓慢，因此可以博物馆学理论为指导，践行“以人为中心”的发展理念，运用交互方式和感知体验的多种路径提升观众在档案馆空间中的参观感受，进一步推动档案馆公共文化服务建设，不断提高开放水平，发挥思想阵地作用（见图11）。档案馆的文化属性使其肩负着弘扬中华传统文化，构建档案记忆观，发挥文化育人的使命。对于档案馆展览而言，通过馆藏资源，以丰富的主题及展览形式，吸引公众参与、体验、感悟档案文化，从而达到存史、资政、育人的目的。

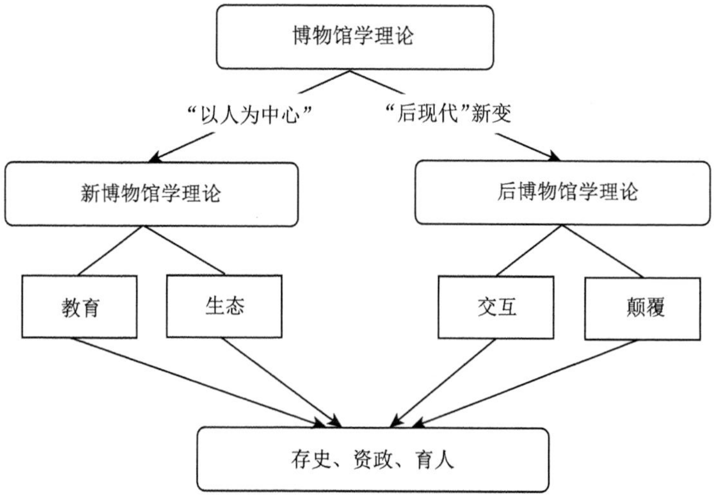

图11　博物馆学理论框架（笔者自绘）

3. 协同治理理论

协同治理理论起源于公共行政领域，国外学者大多从治理主体和治理目标两个角度定义协同治理。John Calanni认为，“协同治理是多元主体为实现组织目标而实施的一种治理策略。”档案工作涉及政府、档案部门、社会组织、企业、公众等主体，具备多元主体协同参与的客观条件。从协同视角推进档案治理，是加快提升档案治理能力和治理水平的重要途径之一。

协同治理的触发要件包含领导力、激励措施、各主体间的依存关系和未来的不确定性等四个要素。档案协同治理的实现需要吸引多元主体参与，实现共同治理目标。档案协同治理包括三方面内容（见图 12）：一是部门协同，指上下级档案部门或档案部门与其他政府职能部门之间的协同；二是区域协同，指以行政区划或自然区域为单元开展跨区域的档案信息资源共享共建；三是行业协同，指档案部门与其他领域之间的协同，通过协同共治实现档案资产的价值。

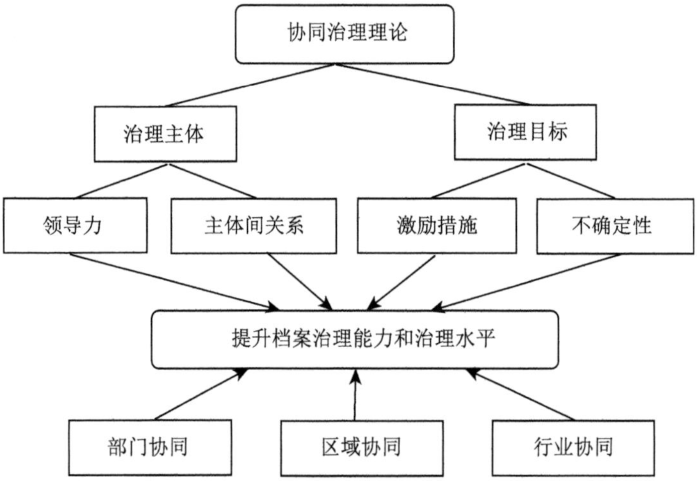

图 12　协同治理理论框架（笔者自绘）

目前，“档案协同治理理论研究集中在档案信息资源协同、档案信息服务协同、档案监管协同、档案协同机制构建等领域”。其中，档案信息资源协同主要聚焦于特色档案资源；档案信息服务协同是在公共服务视角下，便于解决治理碎片化的问题；档案监管协同着重构建多元监管体系，提升协同效果；档案协同机制研究侧重于档案局馆协同和跨馆合作机制构建。

4. 总体分析框架

本案例融合了元治理理论、博物馆学理论和协同治理理论，结合中国第一历史档案馆的实践，构建了推进档案治理体系现代化进程的总体理论框架（见图 13）。

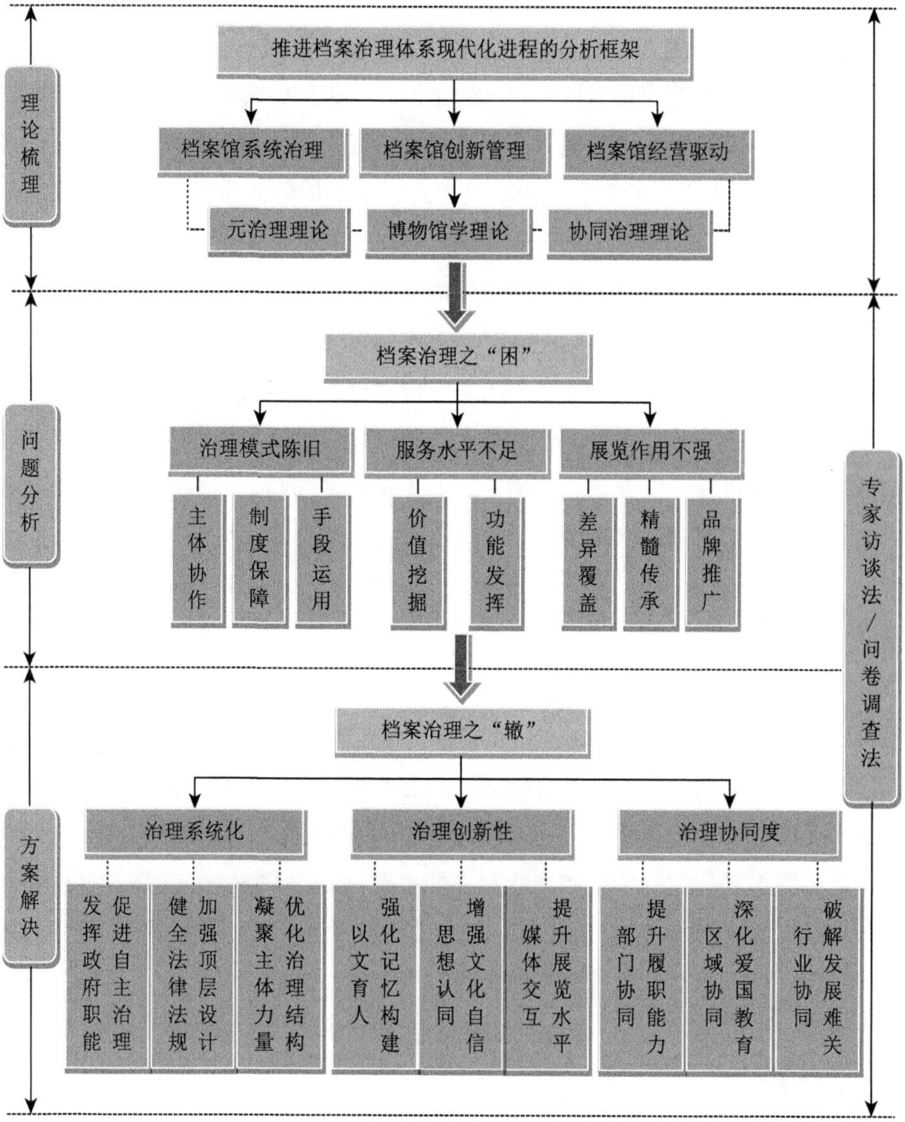

图 13　总体分析框架（笔者自绘）

首先，根据元治理理论的内核，构建档案馆系统治理的基础论。从理念、主体、制度三个维度出发，提出推进档案治理体系现代化进程，通过建立多元、自主、协作的情景，进一步协调各主体间的关系，确立共同的愿景，提升各类主体处理档案事务的自由权和灵活度，从而维护治理体系的平稳运转。通过科学的制度安排保障主体的协同，发挥各主体的自组织作用，在法律标准下形成统一的行业规则，为主体间的合作提供保障。

其次，以博物馆理论为切入口，构建档案馆创新管理的方法论。从新博物馆学理论和后博物馆学理论把握，提出推进档案治理体系现代化进程，要践行“以人为中心”的发展理念，运用交互方式和感知体验的多种路径提升观众在档案馆空间中的参观感受。进一步推动档案馆公共文化服务建设，弘扬中华优秀传统文化，构建档案记忆观，通过馆藏资源，以丰富的主题及展览形式，吸引公众参与、体验、感悟档案文化，从而达到存史、资政、育人的目的。

最后，从协同治理理论的视角出发，构建档案馆经营驱动的实践论。将政策驱动、需求拉动和技术赋能作为档案协同治理的驱动要素，提出推进档案治理体系现代化进程，需要部门协同，即上下级档案部门或档案部门与其他政府职能部门之间的协同；区域协同，即以行政区划或自然区域为单元开展跨地区档案信息资源共建共享；行业协同，即档案部门与其他领域之间的协同，通过协同共治实现档案资产的价值，主张多元主体参与档案治理的高度契合。

（三）档案治理之“困”

为了从受众角度更好地了解档案馆功能效果和对中国第一历史档案馆展览的参观体验，笔者设计投放了《档案馆教育功能及受众体验调查》问卷，以此调查档案馆功能发挥情况和当前存在的主要问题。《档案馆教育功能及受众体验调查》问卷共设置22道题目，包含受访者基本信息、参与档案馆展览相关情况等。问卷采取线上线下相结合的发放方式，共投放336份，回收有效问卷278份，回收率约为82.74%。综合问卷调查统计结果和现状分析情况，分析当前档案治理存在的问题如下。

1. 档案治理模式有待发展

党的十八届三中全会提出“推进国家治理体系和治理能力现代化”，档案治理作为国家治理的重要领域，其治理模式的重要意义愈加凸显。然而，我国档案治理在一定程度上仍未摆脱陈旧模式。

一是我国档案治理主体多元化不足。受政治、文化等因素影响，我国公民以往权利意识较为淡薄的情况尚未完全改变，且公民往往更多地关注市域社会治理过程中与自身社会生活密切相关的居住、医疗、教育等民生领域，对档案治理的理念认识不够、对档案治理的政策关注不足，对档案治理的发展建言较少；社会组织与档案馆的合作仍有待进一步加强，其对于所具备的档案治理业务、技术、知识力量发挥尚不充分，对档案治理的补充作用体现不足，多元共治局面尚未完全形成。

二是当前党和国家高度重视档案工作，但对于人员、财政等的政策、制度保障还有欠缺，档案部门还存在人员编制不足，财政预算短缺的问题，这在一定程度上制约了档案治理的精细化和创新发展。

三是数字化建设水平和新兴业务手段运用不够充分。当前，档案展览多为单向输出，呈现出数字化治理不足、形式内容融合生硬、与受众交互不足、展览模式单一等问题。以一史馆为例，在自媒体平台高速发展的今天，仍主要依靠传统网站方式进行信息交互，对抖音、微信公众号等新兴传媒方式的利用仍显不足。

2. 档案服务水平不足，功能利用待挖掘

回顾我国档案馆发展历史，不少档案展览开设只以响应政府号召、配合政府工作为目的。在自我定位上，大多数档案部门只是作为行政单位履职，相关工作也以此为方向开展，开放利用方面谋划不足，服务意识较为淡薄。

我国档案馆展览起步较晚，档案馆功能开发较为滞后和单一。目前，档案馆展览主要依托于爱国主义教育基地，开展爱国主义教育、革命优秀传统教育和基本国情教育。当前馆藏档案的价值挖掘尚且不足，具体表现为以下五点：一是档案馆公开信息平台利用还不够充分；二是档案馆史料开放程度还不够，展品的深入挖掘不足；三是考虑到知识产权和意识形态领域风险，馆藏档案历史渊源讲述不足；四是我国中央及省、自治区、直辖市综合档案馆目前实体展览主题较为单一、内容较为匮乏、宣传手段较为有限；五是线上展览发展不

足。以一史馆为例，其功能主要体现在提供查档服务与公开编研成果两个方面，历史档案珍贵价值的开发尚且不足，公开利用手段仍有待挖掘。在此背景下，馆藏资源只作为展品、展览与大众“见面”，而蕴藏其中的资政理念、历史智慧却未得到深入发掘，还应进一步发挥历史映照过去、远观未来的效用。

此外，针对档案馆各个功能的效用发挥，“提供公共文化资源，满足公众文化需求”“传播历史文化知识，弘扬优秀文化”“以展览及系列活动提升公众历史文化素养”“为公众提供休闲娱乐等公共空间”“发挥文化载体作用，支撑公共文化服务体系”等公共文化服务情况均受到公众关注。当前，档案馆展览受其展品性质限制，通常严谨有余、生动不足，难以较全面地满足公众对文化、教育及美学艺术等方面的需求。

3. 档案展览影响力不足，育人效用待提升

档案馆作为国家科学文化事业机构，除了保护历史遗产、弘扬传统文化等功能，其社会教育功能也日益凸显，体现在历史文化教育、爱国主义与革命教育、社会档案意识教育、文化与审美教育等方面。档案馆展览作为教育功能发挥的重要途径之一，具备上述特点。然而，区别于博物馆展览遍地开花，档案馆展览这一新形式刚刚起步。

从受众对象看，据统计截至 2023 年 3 月 1 日，一史馆两地线上线下档案展览接待观众近 20 万人次，平均每年约 12 万人次。据《北京市 2023 年国民经济和社会发展统计公报》显示，截至 2023 年末，北京市常住人口 2 185.8 万人。在不考虑流动人员的情况下，公众参观档案馆展览的覆盖率约为 0.55% 人次/年，覆盖率明显不足。此外，参观档案馆展览的人员具有明显的个体差异。从事档案、历史相关工作的学者或爱好者更倾向于高频参观，其他人员则频率较低甚至从未参观。

从教育内容看，档案馆根据馆藏差别，所具备的档案属性也不尽相同，对相关档案原始性、历史性、文化性等有针对性的教育推广不足。从展览效果看，档案馆展览教育活动多为即时教育，而对档案意识的培养、档案体系的构建、历史文化的汲取，都属于长期教育、持久教育、终身教育的范畴，未能打造诸如“故宫”等的知名 IP，不利于品牌化宣传推广。档案馆展览教育实际

上在社会教育中占有重要地位，在档案记忆观构建、认知教育与价值教育上发挥着重大作用。一史馆作为中央级国家档案馆，虽然参与筹办过多次展览，但受开放度较低、展览场地有限、宣传较为不足等因素影响，真正产生深刻、持久、广泛社会影响的档案展览为数不多，其育人效用也因此难以得到较大发挥。

(四) 档案治理之“辙”

从本案例可以看出，我国历史档案数量庞大，却在档案治理方面认识较浅、起步较晚，在展览陈列、服务水平、功能发挥、宣传推广、教育活动等方面有待加强，以传统理念指导当前档案治理工作已无法满足社会需求。结合元治理理论、协同治理理论和博物馆学理论，笔者分别从系统化、协同化、创新化三方面得出档案治理之“辙”。

1. 完善现代化档案治理体系建设，实现治理系统化

(1) 发挥政府主导职能，促进档案馆自主治理

从档案馆治理体系的发展沿革来看，档案局和档案馆的关系经历了从局馆合一到局馆分离，再到局馆协同的改变，虽说是以协同办公为名义，但在实际操作中档案馆依旧在行政权力的干预下开展工作，政府在档案馆治理中依然发挥着重要作用。其一，政府要转变思想观念，从宏观层面推进档案治理现代化。要以档案治理体系现代化为总目标，结合档案馆的职能作用和当前面临的发展问题，为档案馆厘清发展脉络，分阶段、分情况、分层次制定发展方案，完善制度体系，打造档案馆合作交流平台，履行好“掌舵”的职能。其二，政府要“放下身段”，以合作共赢的态度做好协调管理。在档案治理过程中，政府要尊重社会组织、企业等多元治理主体的地位，协调发挥各类主体作用，支持并鼓励其发展壮大，必要时采取一定的激励手段，提供政策、技术、资源辅助，充分激发各类主体的积极性和创造性，共同服务于档案事业的发展。

(2) 健全配套法律法规，加强顶层制度化建设

从 1987 年《中华人民共和国档案法》颁布到 2020 年 6 月 30 日重新修订，关于档案治理的法律正在不断细化完善，但要想充分管理好、保护好和利用好

现有档案，制度化的建设还需要进一步加强。其一，要健全档案工作的条块管理体制，优化档案治理结构。厘清档案主管部门、档案馆、发展基金会和志愿服务社会组织等多元治理主体的治理职责，制定指导意义大、操作性强的政策性法规，规范档案治理体系。其二，探索建立档案展览行业标准，规范档案馆展览工作。档案展览应确保符合政治要求，践行社会主义核心价值观。档案藏品以文字为主，容易出现断章取义、恶意曲解等问题，在策展过程中要注意档案信息安全和知识产权保护，在展品释义和解读中把好意识形态关，建立相关的舆情监测和监督机制，及时做好正向反馈。

(3) 凝聚治理主体力量，优化档案治理结构

由于档案馆本身非营利性的限制，新时代档案馆应突破传统档案馆发展模式，主动建立起与全社会的联动体系，利用好各行各业资源提升档案治理效能。其一，深化档案馆与社会组织的合作。民间档案组织、档案学会等社会组织充当着联系政府与公民的桥梁和纽带的角色，也是档案治理体系中十分重要的一部分。这些社会组织往往具有公益性和自发性，成员素质水平高、专业技能好、社会公信力强，充分利用好这些社会资源，可以提高档案治理效能。其二，完善人才培养机制，建设高质量档案人才队伍。加强对现有人才的专业培养，持续加强信息化技能培训；健全激励机制，弘扬工匠精神，鼓励档案人才积极开展专业理论研究，以研究促管理；提供政策和财政支持，加大高层次复合型人才引进力度。

2. 明确部门区域行业工作责任，实现治理协同化

(1) 部门协同：加强档案机构履职能力建设

档案治理中要充分处理好与上级部门之间和与其他职能部门之间的关系，增强各级档案主管部门统筹谋划和指导协调能力，打造有利于档案馆更好履职的“合作圈”。第一，档案局馆协同，共同做好“合”字文章。机构改革后，档案局馆虽然分设，但工作性质类似，工作内容互为补充、不可分割。要牢固树立一盘棋思想，坚持局、馆分工不分家。档案局突出行政职能，发挥统筹协调优势，指明档案部门的工作方向；档案馆发挥人才和专业优势，为档案事业发展提供智力和技术支持。第二，文化机构互通有无，优势资源为我所用。目

前，我国档案馆的发展水平仍比较落后于博物馆和其他文化机构，在借鉴其成功经验的同时，更要加深与其他文化机构的合作联系。在展览表现、技术应用方面，结合实际引入博物馆先进策展理念和新兴技术；在活动开展方面，进行资源互通、加强联动，积极组织业务交流研讨会议，形成资源优势互补。第三，档案企业拾遗补阙，公共服务科学高效。随着档案工作量的不断增加、档案事务趋于复杂化，档案馆有限的编制很难满足档案工作的现代化需求，档案企业应运而生，依托其市场化、专业化、服务化的优势，转移档案部门部分职能，采用更加先进的技术、更加系统的管理方式，有效缓解档案馆工作压力，使档案管理更加智能化。

（2）区域协同：深化爱国教育基地建设

长三角地区、成渝两地档案系统就为区域协同共建红色教育基地作出了很好的范例：2021 年 1 月，苏浙沪皖档案部门首次跨区域联合推出“建党百年初心如磐——长三角红色档案珍品展”，精选域内二十余家机构的约 500 件革命历史档案资料，各自馆藏珍档历史突破性合体，组合成完整的档案链。2021 年 6 月，四川、重庆档案馆协同两地 68 家档案机构，整合 130 件（组）红色档案，推出“印记 100”——川渝地区档案馆馆藏中国共产党红色珍档展。在 2019 年，国家档案局就颁布了《国家档案馆爱国主义教育基地工作规范》（DA/T 34－2019）作为行业标准，中国第一历史档案馆积极开展爱国教育基地建设，目前已见成效。深化爱国教育基地建设，区域间坚持良好合作，建立长效沟通和合作机制，形成优势档案资源开发合力。在内容上，要将展示馆藏精品与区域特色相结合，充分体现爱国主义教育基地特点；在设计上，要坚持科学性与艺术性相结合、线下展览与线上展览相结合、技术与展品相结合，受众需求与教育理念相结合；在功能上，依托巡展进行馆馆交流，依托历史教育课程开展馆校合作；在评价上，建立起全面客观的多层次评价机制，将基地工作人员与基地教育效果等方面纳入评价机制，推进爱国主义教育基地持续优化。

（3）行业协同：破解人才和技术发展难关

建立档案馆行业协同关系，形成“走出去、引进来”的开放模式，扭转日益边缘化的颓势，改善档案行业相对封闭的现状，有助于档案馆破解人才和技术发展难关，为档案馆事业发展营造良好的社会环境。其一，深化档案馆与院校等教学单位和科研单位的协同共建，破解“人才关”。建立清晰明确的馆校合作制度，构建“产学研一体化”合作体系。一方面，学校提高了教学质量，学生获得了实践机会，并借实践机会提升综合实践能力；另一方面，科研成果拥有了实践场地，使档案的科研工作更加贴近档案管理的实际需求。其二，深化档案馆与新媒体等宣传机构的协同共建，破解“技术关”。目前，我国档案馆展览的开放平台利用率不高，微信公众号平台展览信息公开不足，微博与短视频平台更处于低利用率状态。要搭建好新媒体合作平台，充分并善于运用公众使用率高、关注度高的短视频等进行宣传，为档案馆引流，提高档案馆在全社会的知名度和影响力，提升全民档案意识。

3. 加强档案馆文化功能建设，实现治理创新化

（1）以文育人，强化档案记忆观构建

国际档案理事会主席夏尔·布莱邦（Charles Braibantl）曾在第一届国际档案大会上指出，档案是一个国家的“记忆”，档案馆保存的是一个国家的历史证据和作为国家灵魂的材料。然而，档案因其文字体量大、展陈较为困难、具有知识门槛等特殊属性，往往不易为观众所熟知，如何发挥档案馆以文育人的作用，提高档案馆的“知名度”呢？其一，立足馆藏资源，培养公众档案意识。随着全民文化水平的提升，对传统文化的追逐热爱，公众探索历史真相的热情越来越高昂。档案馆应当由固定的施教者逐渐转变为以启发、引导为主的辅助者，以新时代公众喜闻乐见的方式提升公众历史认同感和使命感。例如，中央档案馆与新华社联合举办的“百年恰是风华正茂”主题档案文献展览就因其内容新颖、通俗易懂得到公众的普遍认可。其二，申报遗产名录，纳入档案记忆资源体系。要有计划地将申报档案遗产纳入档案记忆资源体系，丰富宣传手段和形式，科学利用档案展览平台使历史文化、优秀传统得以传承和弘扬。中国第一历史档案馆的多件档案现已被列入《中国档案文献遗产名录》，《赤道南北两总星图》入选《世界记忆亚太地区名录》。这是中国历史文化的骄傲，而档案展览恰是最直接让公众了解档案文献遗产的方式之一。

（2）思想认同，促使文化自信深入人心

档案记录在一定程度上是历史情景的再现，保存好、利用好档案可以帮助我们更加深入准确地了解历史，认同中华民族文明属性，从根本上增强全民族的文化认同感和民族自信心。其一，重视档案研究，完善历史研究脉络。档案专家应当更加深入研究馆藏资源，加强历史档案的解读和揭秘，从政治高度提出更多资政理念，为治国理政提供历史智慧，“让过去告诉现在，让历史告诉未来”。其二，重视馆藏合作，推出更具影响力和专业度的综合性展览。2023年2月15日，中国第一历史档案馆、敦煌研究院、甘肃简牍博物馆、国家图书馆（国家典籍博物馆）四家文化机构联合举办“二十世纪初中国古文献四大发现展”，历时两年多精心策划、精诚合作，藏于我国各地的殷墟甲骨、居延汉简、敦煌遗书、明清档案首次集体亮相。从古文献中探寻古代中国的文字底蕴，在潜移默化中对中国文化建立越来越强大的自信。

（3）媒体交互，提升档案馆展览水平

当前档案馆的发展正在迈出改革之路，探索新的创新发展方式，努力让故纸堆在新时代焕发新颜。其一，注重技术与内容的融合。从档案展览内容需求出发，搭配数字化技术，便于记录、存储、查询，让科技赋能点亮档案记忆。线下展厅可以充分运用3D技术、VR、AR等可穿戴技术打造云空间，引入当前深受年轻人喜爱的“剧本杀”等模式，实现沉浸式体验，用身临其境之感深化文化体验之力。线上展览渠道进一步拓宽，实现跨媒体叙事，广泛听取群众意见建议，在沉浸式观展中进一步充实展览内容，打造立体化传播格局。其二，提高展览服务水平。要构建科学的展览服务体系，加强专业人员投入和培养，保障展览咨询、参观、后期服务的良性循环。倡导精细化讲解服务，针对不同年龄段的观众群体制定差异化讲解服务方案，打造各具特色的讲解风格，使讲解服务效果更好、公众满意度更高。

三、结束语

档案是社会、国家乃至人类的记忆，档案资源是社会进步发展留存的宝贵财富。档案馆不仅是保护、保管档案的行政机构，更是我国社会文化事业机构，是社会公共文化建设的重要组成部分。档案治理当前面对创新力不足、服务水平不足、展览影响力不足的困难，牢牢把握“存史、资政、育人”根本任务，完善现代化档案治理体系建设，明确部门区域行业工作责任，加强档案馆文化功能建设，从而实现治理系统化、协同化、创新化。这不仅对中国第一历史档案馆的发展提供了借鉴，而且对于全国档案馆的发展具有同样的指导意义。

参考文献

[1] 本刊讯．国家档案局印发《通知》要求认真学习贯彻习近平总书记对档案工作重要批示［J］．中国档案，2021（8）：2；1.

[2] 国家档案局．国家档案局办公室关于征求《档案展览工作规范》行业标准意见的通［EB/OL］．（2023－02－07）［2023－02－07］．https：//www.saac.gov.cn/daj/tzgg/202302/eeb9254e014444018287d3cad8aef4f0.shtml.

[3] 徐拥军，龙家庆．加快档案治理体系建设 推动档案事业高质量发展［J］．中国档案，2022（1）：30－31.

[4] 鲍勃·杰索普，漆燕．治理的兴起及其失败的风险：以经济发展为例的论述［J］．国际社会科学杂志，1999（1）：31－48.

[5] 朱彤，张航，谭爽．元治理视域下档案治理主体协同策略研究［J］．档案学研究，2022（5）：74－80.

[6] 张满．探索非物质文化遗产的博物馆保护模式［J］．文物鉴定与鉴赏，2017（8）：76－77.

[7] 黄丹麾．新博物馆理论与后博物馆学［J］．中国美术，2013（5）：156－159.

[8] 田培杰．协同治理：理论研究框架与分析模型［D］．上海：上海交通大学，2013.

[9] 柳红霞，邓佳一．协同治理的理论生成逻辑及动力机制［J］．秘书，2021（2）：13－24.

[10] 许可，韩云惠．档案协同治理动力机制研究［J］．浙江档案，2022（8）：55－57；63.

［11］汪喆．发挥博物馆展览价值教育功能的实践与思考［J］．文物鉴定与鉴赏，2019（23）：120－122．

［12］李永新．关于加强专业档案工作的思考［J］．档案，2020（8）：53－55．

［13］闫海．彰显珍档价值　讲好党史故事——“建党百年　初心如磐——长三角红色档案珍品展”讲解工作侧记［J］．中国档案，2021（9）：36－37．

［14］李忠宏，王萍．红色档案资源协同开发的实践与路径优化研究［J］．四川档案，2021（4）：15－17．

［15］夏秀丽．地方特色档案资源开发［J］．中国档案，2017（6）：38－39．

［16］于成志．档案馆应该注重的几种共建关系［J］．北京档案，2008（7）：33－35．

［17］钱德凤．档案治理视角下档案人才队伍建设研究［J］．档案与建设，2022（12）：53－56．

［18］丁华东．论档案记忆理论范式的研究纲领——“档案与社会记忆研究”系列论文之一［J］．档案学通讯，2013（4）：20－25．

［19］“百年恰是风华正茂”主题档案文献展在京开展　丁薛祥参观展览［J］．中国档案，2021（7）：1．

［20］李佳霖．“二十世纪初中国古文献四大发现展”：探寻文化根脉　传承中华文明［N］．中国文化报，2023－03－14（8）．

童声传古韵，文教共迈进*

——北京C博物馆“小小讲解员”社教活动的获与惑

摘要：儿童是一颗种子，是教育的核心，更是祖国和民族的明天。首都北京是名副其实的博物馆之城，两百余座博物馆类型丰富多样、资源特色鲜明，历史文化积淀深厚，是不可多得的儿童活动资源。将博物馆打造成儿童友好成长空间、优化儿童友好公共服务的“桥头堡”，对于提升首都广大儿童及其家庭的获得感、幸福感、安全感具有重要意义。北京市C博物馆于2015年启动“小小讲解员”社会教育活动，并于2021年重新启动，两次寄予了美好希望的社教活动，却未能充分达到广泛普及、受众扩大、影响力提升的预期效果。北京市C博物馆对“小小讲解员”活动的反思、总结、优化、延展，本文将为从博物馆领域开展适应儿童身心发展、满足儿童社会化需求的儿童友好活动提供有益经验，助力北京绘就儿童友好城市的新蓝图。

关键词：小小讲解员；公共服务；儿童友好城市；博物馆

引言

在博物馆里，有这样一群特殊的“小主人”——他们神情热忱坚定，虽

---

* 本案例由北京航空航天大学公共管理学院硕士王田露、王竹婷、赵正尧和李玉静撰写，指导教师为北京航空航天大学公共管理学院杨扬老师和孙锦露老师。

然音色稚嫩，却抑扬顿挫、如数家珍地介绍着博物馆内的各处展陈；他们小小年纪，不仅勇敢地展示自己，也为博物馆带来了新的活力；他们是社会舞台的“演说家”，也是文化传承的“小使者”——他们就是博物馆的“小小讲解员”。

儿童友好城市致力于为儿童创造良好的成长环境，让他们在安全、健康、充满活力的氛围中茁壮成长。“小小讲解员”社教活动充分契合其中关注儿童全面发展的理念，既有助于为儿童提供新颖独特的成长平台，帮助儿童体验社会参与的乐趣和成就感，也有助于充分利用博物馆资源，丰富城市的文化活动，提升城市的形象和品质。近年来，越来越多的博物馆逐步开展了“小小讲解员”活动，成为各城市向儿童友好发展的一道亮丽风景线。但在实践过程中，有人收获满满，也有人屡屡碰壁，甚至两败俱伤……在北京市 C 博物馆，历经多年的“小小讲解员”活动仍面临着各种困难与挑战。本案例将以北京市 C 博物馆“小小讲解员”社教活动为例，解答如何提升“小小讲解员”活动实效性和影响力的“惑”，实现博物馆社教活动与建设儿童友好城市双向奔赴的“获”。

一、案例正文

（一）起：披星戴月——博物馆好心办囧事

C 博物馆“小小讲解员”活动顺应潮流、含爱而生，是具有重要社会意义和教育作用的特色活动。本该广受欢迎和好评的活动，却在实施过程中暴露出一些问题，具体如下。

1. 培训缺乏连续性

C 博物馆“小小讲解员”活动，旨在依托展览陈列及稠人广众的社会环境，培养学生综合运用文史知识解读展品，根据不同观众因人施讲的能力，并以此增强学生的自信心、民族自豪感和历史使命感。活动启动以来，“小小讲解员”活动受到了学校、家长、学生的广泛好评。然而，C 博物馆在活动实施过程中却出现了时间跨度大等问题。

(1) 从2015年到2021年的跳跃

2015年，C博物馆首次提出“小小讲解员”这一社教活动设想并付诸实践，旨在增强学生的表达能力和扩大其知识面，帮助学生了解首都，传递北京文化和故事，引发了热烈反响。因为展馆更新、教员减少、业务渐长等，活动仅开展1次即告停。2021年，C博物馆重启该活动，需要在有限时间内完成培训设计，落实场地和人员保障。

(2) 从星期六到星期日的赶场

“为了给孩子更多锻炼机会，在实践中去了解祖国的历史文化，拓宽视野。这是课本无法代替的。”参加小小讲解员培训的家长Z在接受采访时说道。2021年，“小小讲解员”培训在五月的周末举办，虽然正值学期中，学生和家长却珍惜机会、积极踊跃参加。

(3) 从两天到两个月的空白

“事在人为，作为教育工作者，我们的心愿就是希望给学生搭建一个展示的平台，每一名学生都能够有展示自己的机会。”X附小带队教师在接受采访时感叹道。但是有限的时间和紧凑的行程安排，无形中加重了学生的负担。

2. 内容缺乏趣味性

根据融媒体账号报道，“学生从宏观到微观，深入了解北京饱经沧桑的历史变迁和日新月异的现代化发展，体会到了北京的城市精神，以北京为缩影看到了伟大祖国的现代化发展，对中国梦有了更深刻的感悟。”与丰富的收获相比，培训的内容可以进一步完善。

(1) 培训空中楼阁，缺乏适龄调整

博物馆与校园的教育体系有机结合，是打造儿童友好型公共服务的重要方式。但博物馆并不是一个教育机构，因此，博物馆的培训研发可以充分应用社会途径，吸纳更多的博物馆讲解专业人士、儿童教育爱好者等参与其中，对培训内容、方法、体系进行共同研发，凝聚整个社会的合力，才能更好地提升博物馆的儿童友好型公共服务能力。

（2）培训走马观花，缺乏联动教育

一名小小讲解员接受采访时自豪地说："讲解是知识和语言高度综合的艺术，老师从站姿、面部表情、肢体语言、语音语貌等内容进行详细讲解示范，学习时间虽然短暂，却让我领悟到了很多东西，也认识到只有平时加强学习，拓宽知识面，才能提高综合素质，才能做到熟练于心。"

的确，"小小讲解员"通过激发学生在公共场所表达的冲动和意愿，锻炼学生随机应变，根据情境变化随时调整说话的内容和形式的能力。C 博物馆设有儿童友好的主题教育展区和主题科普活动，内设常设展览、互动游戏区和主题教室，具备人文历史、自然科学、建筑规划、通识博物、美育德育和营地研学六个方向的城市科普内容。令人遗憾的是，2021 年"小小讲解员"社会教育培训并未充分利用该展区进行深度教学，既没能使这一儿童友好空间得到更好利用，也在一定程度上限制了"小小讲解员"活动进一步产生广泛联动效果的可能性。

（3）讲解昙花一现，缺乏长效锻炼

情景化的学习环境可以锻炼学生的口语交际能力。因此，这一培训的重点是引导儿童自由表达、积极诉说；配合教员及时点拨、正确引导。这种扎根真实情境、具有强烈代入感的互动实践才是博物馆儿童友好型公共服务的意义和价值。遗憾的是 2021 年的培训没有充分设置真正的现场讲解环节，让学生在情景化的环境中得到锻炼。

（4）点评蜻蜓点水，缺乏充分交流

同伴之间的互相练习，到领悟示范讲解的精髓，从互相帮助到最后的集体汇报展示，博物馆社教需要寓教于乐，让学生在不知不觉中完成培训，保障每位学生享有口语交际的必要时长和表达频次，及时倾听回应学生的问题。C 博物馆的培训中，一名教员需要负责至少 10 名学生，有时很难及时回答学生提出的问题。

（二）承：亦步亦趋——教与学伤身又伤情

2020 年，中华人民共和国教育部、国家文物局发布的《关于利用博物馆资源开展中小学教育教学的意见》（文物博发〔2020〕30号）中指出，“博物馆系列活动课程应涵盖小学、初中、高中不同学段，明确不同类型课程的教学目标、体验内容、学习方式及评价办法”。“小小讲解员”培训需要进一步思考如何变“淡墨”为“重彩”，来增强博物馆学习的趣味性、互动性和体验性。

1. 理论研究匮乏，专业指导不够

公共服务由人启动，为人服务。博物馆的教员是人，儿童也是人，是人与人之间的双向奔赴。因此，当前需要从“人”说起，从教员、学生两个主体双向研究，思考C博物馆“小小讲解员”社会教育的不足，以查漏补缺、行稳致远。

（1）培训前准备不足

博物馆和教员实施社教培训先要了解培训的概念、性质、特点、价值及功能等基本知识，把握城市规划科普的基本理念，达到对培训认识，即“真知”境界①。但是，C博物馆对此项儿童友好型公共服务的理论研究尚处于起步阶段。这种理论研究的不足必然带来理论指导的弱化，也直接影响了公共服务的顶层设计和系统规划。

（2）混淆了儿童特点

一方面，C博物馆缺乏对儿童友好型公共服务的系统规划，在选择科普活动主题、确定社教活动培训设置等方面必然存在较大的随机性和盲目性；另一方面，参与社教培训的教员没有统一的审核标准。作为面向众多中小学的重要教育平台，却在儿童友好型公共服务开展时缺乏专业指导，未能完全实现“小小讲解员”社教活动的预期目标。

（3）应要推敲学习方式

儿童的记忆力更强，想象力更丰富，对新鲜、陌生的事物非常好奇，对社会热点、潮流感觉敏锐。比起严肃的学习方式，儿童更热衷于各种寓教于乐的

① 杜建群. 综合实践活动课程理论与实践［M］. 北京：北京师范大学出版社，2014：179.

学习模式。在学习中，他们既崇拜专家，又有叛逆情绪，喜欢自行构造知识①。在传统的社会教育模式下，博物馆的教员是“居高临下”的指导员，决定“小小讲解员”是否能通过考核。这种生硬的权威性与儿童追求自由的特点相抵触，使得儿童无法充分表达自己的想法。

2. 结构性改革欠缺，积极推动不足

“小小讲解员”培训在一定程度上过于追求“表现”，缺乏深入思考和深度发掘。要完成进阶培训目标，进一步激发学生的学习兴趣和创新能力的提升，需要广泛联动，集中优质资源，做好专业教员的“引育留用”。

2021 年，C 博物馆没有专职的教员团队，通常都是讲解员兼任。因此，培养专业教员，尤其是面向儿童的教员是未来发展的必然要求。可以通过创新激励方法，对全体教员的模式给予鼓励，壮大教员队伍，顺利完成过渡。

3. 总结调整缺位，未能形成闭环

闭环管理是公共服务中识别漏洞、提高效率的重要手段之一。在“小小讲解员”实际工作中，许多工作没有形成闭环管理。造成闭环管理难以实现的原因可能包括：培训计划不贴合实际；培训结束没有进行原因分析；发现问题但未采取对策；未检查复盘执行效果。

（1）授牌仪式浅尝辄止，阶段成果缺乏落实

“与其他单位的合作均是我们自己寻找资料，与合作方沟通后自主进行学生培训。而这一次的活动为我们提供了专业的讲师，使学生在场馆中一边参加培训一边实践，从宏观到微观，深入地了解到北京饱经沧桑的历史变迁和日新月异的现代化发展，”带队教师接受采访时，对 2021 年度“小小讲解员”活动表示肯定。

然而，授牌仪式及后续推进却陷入了更为尴尬的境地。接受培训的“小小讲解员”们在仪式上展示了讲解词的背诵成果，正在期待正式为观众讲解

① 朱莺．“互动”为核心的博物馆青少年活动设计——以苏州博物馆“小小讲解员培训班”为例［C］//江苏省博物馆学会．区域博物馆的文化传承与创新——江苏省博物馆学会 2013 学术年会论文集．文物出版社，2013：6.

的机会，C 博物馆却没能将这项重要的任务落地，导致“小小讲解员”无处可讲，C 博物馆也没有充分利用这次活动扩大博物馆影响力，平白丢失了积累经验的好机会。

(2) 总结调整后继乏力，有益经验难以为继

不仅是没有开展后续活动，对于“小小讲解员”的培训工作，C 博物馆也没有进行应有的调研与总结。

对博物馆来说，授牌仪式结束并不意味着活动的终结。“总结与调整”应当成为每届“小小讲解员”结业之后的一项重要工作，以回溯全过程，查找活动不足，补齐短板，为开展下一次活动打牢基础。尽管两次“小小讲解员”活动都存在有益借鉴，C 博物馆在总结调整方面的疏忽，导致社教依旧延续最初“我教”“你学”的简单模式，缺乏主动优化，加剧了学生与博物馆之间“学”与“教”的矛盾。

(三) 转：源头活水——精准施策可以解难题

社会教育的源头活水，就是在学习的同时，推动儿童更加科学、融洽地参加社会化实践，提升语言表达、社会交往等能力。在“小小讲解员”培训中，儿童从博物馆的聆听者变为讲解者，儿童的主人翁精神被有效激发，得以更加乐观开朗地面对陌生人，发挥“童”能量。如何延续好这一份初心和责任呢?必须从精心谋划落脚，以需求导向为主，对“小小讲解员”活动再剖析、再解构。

1. 建构主义与社教的碰撞：完善培训设置

建构主义也译作结构主义。它既是一种学习理论，也是一种教育理论。在教育心理学中，建构是指学习通过新、旧知识经验之间的反复、双向的相互作用，形成和调整自己的经验结构[①]。

(1) 培训目标：探究性原则

“小小讲解员活动的目的在于帮助学生践行所学，在自主学习与合作探究

---

① 王晓芬. 博物馆特色课程的设计与应用——以山西博物院 2016 暑期“小小讲解员团队”活动为例 [J]. 文物世界，2016 (6)：54 - 57.

中形成批判性思维，在掌握已知学科知识的基础上，进行知识的自我建构与整合，发展学生同未知领域和问题打交道的能力与信心，促进学生核心素养的可持续发展。”带队教师在接受组员访谈时说道。

“互动”一词，从构成上来说是“互，交替、相互”和“动，使其作用或变化”的合成。总的来说，“互动”是指一种相互作用并发生变化的过程。以“互动”为核心的教育活动，是开放的，非线性的知识建构过程，而不是一种封闭的、单向的知识传递。与学校不同，博物馆作为第二课堂，是一种自我导向的非正式教育，且注重整体过程①。

（2）培训流程：真实性原则

“小小讲解员”的培训内容丰富，包括形体礼仪、示范讲解、分组练习等。例如：由专业教员对学生进行分组辅导、互动交流和学习反馈，之后进入展厅开展实地训练，学生可以根据自己的能力，完成1～2件展品的讲解。因此，儿童友好型社会教育是一种以激发兴趣、自主研习为主的公共服务模式，C博物馆在与儿童互动的过程中需要基于儿童特点，提供和创造更多供儿童自由发挥的空间。

（3）培训内容：整体性原则

“小小讲解员”活动其实是一种跨学科的综合实践活动，带队教师总结道。完整性才是C博物馆提供优质的儿童友好型公共服务的必要条件和优势所在。

C博物馆在实践中需要把握培训设计的整体性原则，制定社教活动前、中、后三个阶段的培训标准。从儿童的角度而言，课前教员需要做好心理准备，明确儿童是此次公共服务的主体，对儿童的心理活动特点开展相关培训；在社教活动过程中，教员需要逐一确认活动环节并跟进，在过程中积累经验适时调整；社教活动结束后，需要教员发挥能动作用，主导儿童建立起与博物馆以及一起参加活动的伙伴的长久感情联系。

① 宋向光．博物馆教育：促进观众“自我教育、自我完善”的学习［J］．中国博物馆，1995(2)：40－48．

2. 建构主义与社教的碰撞：优化培训思路

《义务教育课程方案（2022 年版）》指出，“加强课程与生产劳动、社会实践的结合，充分发挥实践的非教育人功能。突出学科思想方法和探究方式的学习，加强知行合一、学思结合”。

（1）生硬背诵与有感而发

带队教师在接受访谈时说道：“博物馆、展览馆等社会教育基地有着巨大的教育资源，学生通过参观、活动体验与讲解，感悟历史、艺术、地理、科学、外语等多元文化知识。在活动中学习鲜活的知识和技能，增强文化自信，培养创新思维和能力。在活动中内化所学，提高实践创新能力，增强爱国情怀。”

在“小小讲解员”的培训过程中，教员发现大篇幅的生硬背诵对于儿童来说并不是一桩难事，但是不利于儿童真正掌握相关的规划知识、历史文化。此外，成人化的语言不符合儿童的年龄特征、思维习惯。在培训中，儿童只有真正把自己当成博物馆的一员，才能有感而发。

（2）被动接受与主动探索

“小小讲解员”社教培训可以灵活运用“讲解词编写”的方法，帮助儿童运用已经掌握的知识，自己编写讲解词，而不是将现成的讲解词教给儿童，当“甩手掌柜”。例如，在讲解词的编写阶段，儿童可以从五个不同的角度对展品进行描述，如展品的基本信息、细节描述、文化背景、审美体验和回顾总结等，结合自己的真实感受，表达自己对展品含义的理解。

这些由表及里、由浅入深的审美方法，符合认识事物的客观规律，不仅有利于培养儿童的审美意识，也可以锻炼儿童的辩证思维能力。自主编写讲解词，还能引导儿童自主思考讲解词的内容与表述顺序，进一步锻炼逻辑思维能力。

（3）单一灌输与多元吸收

“博物馆是为了充实学校的社会实践教学。社会实践教育能与公共文化服务设施利用高度统一是未来的目标。为什么有些学校的孩子能安安静静地在博物馆充实地待一上午，这里举一个例子，是我采访其他学校带队教师的经验。因为带队教师会先给孩子一本手册……孩子在这里只需要回答三道题。第一，怎样从学校到博物馆？可以乘坐哪些交通工具？第二，你认为能够代表北京的标志性建筑物有哪些？请把它们画下来。第三，请问博物馆展示的主题是什么？”在访谈过程中，C 博物馆分管公众教育的副馆长回忆道。

因此，博物馆可以根据展览路线，设计符合儿童的全新讲解路线，编撰《小小讲解员培训手册》（以下简称《手册》）。《手册》重新梳理原有的成人化文字表述，用词行文简洁生动，力求符合儿童的理解能力，一些专有名词、行业术语、文化背景知识则在正文后增加了单独的名词解释和补充知识。在每一件展品的介绍中设置“填空题”，采用物品探究学习的方式，鼓励儿童通过观察、发问、联想、讨论等方式对展览有所认识；在每一件展品介绍后，还针对关键的知识点设计了“思考题”，以提问的形式帮助儿童加深记忆，引导儿童层层深入理解、整理，形成具有自己风格的讲解词，从而提高其观察与思考、动手与实践的能力。

3. 建构主义与社教的碰撞：发挥个性特征

博物馆社会教育可以引导小小讲解员走进展厅，现场回答游客的各种问题，并就自己选择的展品向游客进行介绍，以体验式的方式熟悉博物馆各个展区，亲身体验博物馆人的一天。通过形体礼仪、语言表达、临场应变等方面培训，提高儿童语言表达和临场应变能力，锻炼社会交往能力。

（四）合：对症下药——巧谋划拥抱大未来

儿童是博物馆公共服务的重要受众群体，博物馆社会教育对儿童身心发展的正向作用得到了既往研究的广泛肯定。然而在现实层面，儿童友好型社会教育却处在多重博弈的中央，在实践中面临诸多困难。博物馆必须进一步发挥主体作用，加强思考与创新，让面向儿童的社教活动更加滋味十足，引“童”入胜。

1. 以多频互动为核心

推进儿童友好建设、创新馆校联合活动，是博物馆实现自身可持续发展的重要途径之一。近年来，社会普遍认同“博物馆是学校教育第二课堂”的概念。如《基础教育培训资源开发与利用》将培训分为校内、校外、信息化培训资源，其中博物馆在校外资源行列①。

（1）儿童与小组的互动

博物馆并非从属于学校教育，它对学生的意义在于让学生学习到在学校学不到的知识，成为儿童成长“营养”的有机补充。从这种关系定位出发，博物馆应重新梳理思路、整合资源，持续探索提供儿童友好型公共服务的新方向、新实践，努力打造自身特色。

C博物馆可以将小组合作的学习模式充分应用于社教活动。在最后的授牌仪式上，将传统的展示改为以小组为单位进行展示，展示内容可以更加灵活，可以是演讲，也可以是小小的舞台剧，打破单一的讲解模式，激励儿童以自己的方式建构知识，发挥其想象力并展示他们多彩的个性。

（2）儿童与博物馆的互动

在现场讲解环节，儿童能够以博物馆“主人翁”的身份，参与博物馆的日常活动。在这一环节，他们既是博物馆公共服务的受益者，也是博物馆科普教育的传播者。

因此，授牌仪式不仅是社教活动的尾声，也是在实践课的基础上，儿童与博物馆感情的再次升华。在舞台展示过程中，博物馆与教员为“小小讲解员”搭建平台，促成儿童对博物馆理解的升华与再创造。

2. 以情感教育为主导

“我们鼓励每一名学生都积极参加‘小小讲解员’活动……作为教育工作者，我们的心愿就是给学生搭建一个展示的平台，每一名学生都能够有展示自己的机会，通过活动加深学生对历史传统文化的理解与认同，在实践活动中内化于心、外化于行，不仅是小小讲解员也是小小文化传播使者。”带队教师在接受访谈时说道。

---

① 教育部关于印发《基础教育课程改革纲要（试行）》的通知［J］. 中华人民共和国国务院公报，2002（12）：28－31.

(1) 多元化、个性化发展

博物馆儿童友好型公共服务必将走向多元化与个性化的发展。遵循儿童友好原则，采用春风化雨的方式，接纳和尊重每个儿童原来的样子，用真心陪伴，用实际引领，用社教辅助，这样的儿童友好就是博物馆最应有的特色①。

“小小讲解员”社会教育是博物馆众多社教活动中的一项，也是最具特色的儿童友好型公共服务，对于儿童社会化、教员理论研究能力提升、馆校结合教育培训方式等方面都能发挥促进作用。

(2) 自主性、包容性导向

博物馆是儿童校外社会实践的重要场所。促进儿童德育道德的养成，培养他们努力向上、积极进取的人生态度和服务社会的能力，才是博物馆儿童友好型公共服务最重要的任务。儿童在面对“小小讲解员”考核时，不必担惊受怕，也无须临时抱佛脚，要顺应内心，更轻松、更自如地融入。

在培训过程中，可以让儿童对人际沟通、团队意识、学习方法、讲解技能都有自己的收获；在儿童遇到困难的时候，使儿童学会克服困难，迎难而上，让其与同伴的相处过程和乐观向上的处事态度成为社教活动中最难忘的回忆。

3. 以模式变革为途径

博物馆儿童友好公共服务的发展，必然会经历受众群体从模糊到清晰、资源整合从生硬到融合、教学方法从灌输到引导、定位从学校辅助到独立的过程。基于博物馆特色，“小小讲解员”的主要受益将从获取知识到博物馆情感联结。

(1) 资源整合拓优势：让对外开放部门动起来

博物馆对外开放的业务部门长期直接接触受众，积累了丰富的经验，具有良好的沟通能力，是理想的博物馆社会教育人员。就实际而言，单一部门可能不具备这样的人员条件，但在实践摸索和再培训过程中，可以通过整合对外开放部门资源，挖掘优质人才，不断挑选最适合博物馆教育培训设计、讲解的全

---

① 王晓芬．博物馆特色课程的设计与应用——以山西博物院2016暑期“小小讲解员团队”活动为例［J］．文物世界，2016（6）：54－57.

职或兼职人员，转化优势。

(2) 数字技术提质效：让信息数智手段动起来

博物馆是实物教育的所在。博物馆儿童友好型公共服务最主要的依托就是博物馆的实物性，从而延伸出建构主义的学习方法，这是学校教育不具备的优势，需要大力发扬。

“我们的讲解员培训、志愿讲解与志愿者积分奖励是最具有吸引力的，学生也可以通过多种渠道进行展示，我校与合作单位均有独立的微信公众号，可推送优秀作品；与此同时我们还定期推送学生的优秀讲解视频。但是在课时分布、课程内容与师资配备上我们还需要不断完善。”根据带队教师反馈，新媒体宣传矩阵在2021年“小小讲解员”培训中发挥了一定的激励作用。

(3) 多方联动挖潜能：让校园网络社会动起来

为了让更多儿童参与“小小讲解员”活动，主动走进博物馆，在总结以往开展儿童友好型公共服务的基础上，C博物馆探索进一步联合多方共同推进的方式方法。主要体现在，活动将通过学校组织和网络报名两种方式开展——通过学校组织报名，可以发挥学校组织有序、指导有力的优势；通过网络报名，可以充分利用网络受众更广、传播更快、展示更多、影响面大的优势。

二、案例分析报告

（一）案例研究背景

截至2022年底，北京地区备案博物馆达二百余座，为全国之首，为传承中华优秀传统文化、弘扬社会主义核心价值观提供了深厚滋养。

“小小讲解员”活动是北京博物馆众多社教活动中的一项，也是北京建设儿童友好城市和博物馆之城的小小切入点。经过多年的经验积累，该项目有潜力成为最具博物馆特色的科普教育项目，这将对青少年健康成长、教员经验积累、博物馆科普教育能力提升等方面有良好的促进作用。

北京市C博物馆举办的“小小讲解员”活动深受儿童欢迎，是该馆积极推进和提供儿童友好型公共服务的标志性活动之一。但在活动实施过程中，出现了培训缺乏连续性、内容缺乏趣味性等方面的问题，在一定程度上阻碍了该活动更好更优地发挥设想作用。

1. 儿童友好城市

“儿童友好型城市”是指致力于实现《儿童权利公约》规定的儿童权利的城市、城镇、社区或地方政府体系。1996 年，联合国儿童基金会（UNICEF）和联合国人类住区规划署（The United Nations Human Settlements Programme）共同发起倡议，呼吁建设儿童友好型城市。在这些城市里，儿童的需求和权利是公共政策、程序、决策中非常重要的组成部分，在人居环境的各个细节之处体现出为儿童着想的友善感，创建满足儿童需要的安全、包容的城市和社区①。

党的十八大报告提出“保障妇女儿童合法权益”。党的十九大报告进一步提出了“幼有所育”和“弱有所扶”。党的二十大报告再次写入“保障妇女儿童合法权益”。

党中央和国务院对儿童的健康、教育、法律保护和生活环境等提出了一系列的规划和要求。习近平总书记多次对未成年人保护工作作出重要指示，强调全社会都要了解少年儿童、尊重少年儿童、关心少年儿童、服务少年儿童，为少年儿童提供良好社会环境。“十四五”规划也对儿童友好城市建设作出重要部署，体现了党中央和国家对少年儿童健康发展的极大关注。近年来，国内多个城市已经开始重视“儿童友好”的理念，开启了建设儿童友好城市的探索，北京正在建设儿童友好城市，开展各类探索和实践。

2. 博物馆之城

“博物馆之城”是践行首都城市战略定位、增强文化自信、建设全国文化中心、实现高质量发展的重要内容。数据显示，北京各类博物馆平均每年举办展览 600 多项，年均接待观众超过 5 000 万人次。从博物馆数量、密度、布局、办馆水平、发挥公共服务效能上看，北京已经形成全国规模最大、实力最

① 张惟贻. 儿童友善医疗之儿童齿科服务研究与设计［J］. 工业设计研究，2018（00）：437－447.

强的城市博物馆集群①，生动展现了首都文化中心的战略定位。

现阶段是博物馆事业发展的最好时期，北京建设“博物馆之城”是加快构建新发展格局、落实新发展理念，更好满足人民精神文化生活新期待，推动博物馆事业高质量发展的必然要求。此外，各地多家博物馆组织开展了形式多样的社会教育活动。中共中央办公厅、国务院办公厅印发的《关于加快构建现代化公共文化服务体系的意见》中指出，“将中小学生定期参观博物馆、美术馆、纪念馆、科技馆纳入中小学教育教学活动计划”。因此，需要明确“小小讲解员”在博物馆中的定位，打破惯性思维，不断探索博物馆之城的儿童友好型公共服务的内容和方法。博物馆可以立足本馆特色，策划和开展与展览、文物相配套的丰富社教活动，关注儿童群体的特点、需求，加强“儿童友好型设计”的思考，提升儿童的参与度，实现学术性、知识性、趣味性的有机统一，更好地发挥博物馆的儿童教育职能。

3. “小小讲解员”实践现状

关注培训编制实践性的科学教育者约瑟夫·施瓦布（Joseph Schwab）认为，学校培训单元是由四种“共同要素”即主题、教师、学生和环境共同构成的。然而，培训要素对于博物馆教育同样有效②，即只要符合培训四要素，博物馆的活动就可以成为博物馆培训。博物馆是学校教育的第二课堂的概念也逐渐受到关注。博物馆宣教是以博物馆教育人员为主导，以开发博物馆资源为主要依托，针对不同受众的特色培训。

“小小讲解员”这一活动的发展过程经历了受众群体从模糊到清晰、资源整合从生硬到需求迎合、教学方法从灌输到引导与激发、定位从学校教育的辅助到独立的博物馆特色培训、从知识的获取为主要收益到博物馆情感教育的可持续性嫁接等方面的变化。

---

① 北京博物馆之城建设探索［J］. 博物院，2022（4）：29-35.

② DOBBS SMD，ELLIOTW E. Silent Pedagogy in AH Museams［J］. Curator the Maseum Journal，2010，33（3）：2017-235.

（1）“小小讲解员”活动的必要性

博物馆是城市重要的公共文化资产，体现着一个城市的文明发展程度。纵观世界各国，门类丰富、特色鲜明的城市博物馆体系，是使其所在城市成为世界级大都会的地标和象征，也是国际文化名城和人类文明交流互鉴的重要组成部分。美国场馆联合会认为，馆校合作是基于兴趣和能力与其他机构建立合作关系最成功且最持久的案例①。亨廷顿美术馆的儿童教育活动以其立足社区、辐射周边的理念，在美国的博物馆界具有代表性，美术馆将藏品资源与当地学校的教学计划结合起来编写教案，再根据师生反馈来改进参观活动，形成有机互动。

英国中小学书面暑假作业很少，但学校会强调“实践作业”，“实践作业”涵盖内容很广泛，如博物馆探索。在暑假，不少英国孩子走进伦敦各种博物馆参观、学习，大家可以根据自己的需要选择喜欢的实践培训。法国的孩子一般到图书馆、博物馆或者科技馆参观学习，法国政府鼓励孩子的这种行为，并会让孩子免费参观，享受文化、体育、娱乐设施。近年来，西方儿童博物馆逐渐兴起，日益成为儿童教育特别是学前教育的第二课堂。

随着教育理念的更新迭代，我国的博物馆正逐步借鉴西方公共服务提供方式，促进博物馆教育与儿童友好及青少年教育的融合，国内博物馆教学呈现多元化。“小小讲解员”活动就是以讲解为表现形式和教育依托的教育项目，教师既可以是博物馆的教育人员、讲解员、志愿者，也可以是间接进行教育的家长、团队的队员、观众等；学生就是参与活动的小学生群体；环境是博物馆展厅、活动室、室外空间等。

（2）“小小讲解员”活动的可行性

实物教育，即在教学方式的应用方面，突出探究学习和实物教学特色，采用展品、情境带入等方式，应用实物进行激发和引导，从已知到未知，用儿童喜欢、易于接受的方式架构陌生的知识体系。图书是有限的，而实物是随地皆

---

① 王乐．馆校合作的反思与重构——基于扎根理论的质性研究［J］．中国教育学刊，2016(10)：72-76.

有的，是无限的，而实物保存和陈列的地方，就是博物馆，换句话说，博物馆就是实施实物教育的场所。[①] 这也是开展“小小讲解员”活动的主要依托，从博物馆的实物教育属性出发，延伸出物件探究学习的方法，这是其他任何教育形式所不能给予的。

物件探究学习将学生单一、被动的学习方式转变为自主的、合作的、探究性的学习方式，提升综合能力[②]。虽然借鉴了学校的“培训”教学，但博物馆实物教育却又有所不同，更加注重博物馆—学校—家长的三方联动，特别强调家长对儿童教育的全程参与。例如，有的学生纯粹是因为对博物馆的知识感兴趣，所以将参加讲解员培训当作一次拓宽知识视野、丰富知识储备的机会；但是更多的学生则是由家长代为报名，因为家长希望孩子通过参加“小小讲解员”培训活动，锻炼口才、胆量，或者培养对知识的兴趣等[③]。

C 博物馆“小小讲解员”活动主要采用了“馆方培训，学校参与，家长督导”模式。博物馆方面主要提供培训服务；学校方面派出一名教师做联络员，与博物馆方面对接；学生家长参与进来，既能够消除受训学生紧张不安的情绪，也能在每次培训后收集家长的反馈建议，以便不断改进博物馆的教育方式，提升学习效果。

（二）研究方法

1. 案例研究法

分析北京市 C 博物馆 2021 年举办的“小小讲解员”社教实践中可能存在的问题、原因，并提出解决对策。

2. 文献研究法

整理国内外的相关文献，对已有理论进行梳理，为本研究提供理论基础。

---

① 李济．李济文集［M］．上海：上海人民出版社，2006：57.

② 薛超．“博物馆物件探索学习”促进小学生综合素质发展的实践［C］//湖南省博物馆学会．湖南省博物馆，2019：9.

③ 冯婉琳．针对不同年龄段的博物馆志愿者讲解员的分层培训和管理——以广州起义纪念馆为例［J］．文物鉴定与鉴赏，2022（13）：70－73.

3. 实地调查法

通过实地考察北京市 C 博物馆，搜集“小小讲解员”活动相关资料并进行分析，研究“小小讲解员”活动问题产生的原因和改进措施。

4. 问卷调查法

通过调查问卷的方式，分析参与北京市 C 博物馆“小小讲解员”活动的青少年的基本信息、活动目的、活动满意度和活动提升建议等情况。

5. 访谈调查法

通过访谈 C 博物馆分馆公众服务部门的副馆长、教员、X 附小带队教师、参加“小小讲解员”培训的学生和家长，了解其工作环境、心理变化等情况，并在观察到外显行为之后，进一步通过提问、追问的形式，了解研究对象及相关人员的社会认知、情感感受、价值观念等内在的主观心理意识。

（三）理论基础与分析框架

本案例使用了新公共服务理论、激励理论、协同治理理论，并结合理论内涵与建设实践形成分析框架。

1. 理论基础及其在本案例中的应用

（1）新公共服务理论

新公共服务理论指出，公共管理者的职责重心应是建设一个明确、具备充分整合能力和回应力的公务机构①。其主要内涵包括七个方面：一是重新定位了政府的职能是服务，而不是掌舵；二是公共利益是目标而非副产品；三是在思想上要具有战略性，在行动上要具有民主性；四是服务于公民，而不是为顾客提供公共服务；五是并非简单的责任与义务；六是重视公民，而不只重视生产力；七是重视公民权，强调公民权胜于企业家精神，比企业家精神更重要。现代意义的公共服务理念，首先以公民和公共利益为导向，即将公民置于首

① 龙婷婷．新公共服务理论视域下科普教育基地功能实现路径优化研究——以 F 基地为例［D］．南宁：广西大学，2022.

位，更加重视公共利益；其次以公民权和民主为导向；最后以服务和以人为本为导向①。

在新公共服务理论运用中，“服务于公民”的内涵为博物馆的公共服务能力建设提供了核心思路。“自上而下”的服务模式与公民日益增长的精神文化需求难以契合。“小小讲解员”社教活动设计初衷原本是为了培养儿童综合运用文史知识解读展品，根据不同观众因人施讲的能力，并以此增强儿童的自信心、民族自豪感和历史使命感。

在实际设计和执行过程中，容易忽视文化服务需求供给的精准性，没有从儿童角度出发设计培训，导致活动开展认识不足。为解决此问题，需要从源头出发，运用新公共服务理论提供整体性理论支撑，厘清博物馆公共服务能力的建设发展方向，从而满足公众的实际文化需求。

（2）激励理论

激励理论认为，态度取决于需要的满足程度和激励因素，对效率产生重要影响②。其中，亚伯拉罕·马斯洛（Abraham Maslow）的需求层次理论将人的需求由低到高分为了七个层次，即从最低级的生理需求到最高级的自我实现需要。

美国哈佛大学的心理学家戴维·麦克利兰（David McClelland）在20世纪50年代初期提出了一种新的内容型激励理论，即成就需要激励理论，也称激励需要理论，主要是指制定适当的目标追求卓越、争取成功，他认为，当人的生存需要基本得到满足之后，成就、权利和合群将成为三种最主要的需要③。

马斯洛需求层次理论和成就需要激励理论在案例分析的应用，能够对博物馆人才队伍培养做出合理指导。这里所指的人才队伍既包含C博物馆“小小讲解员”项目参与授课的工作人员，也包括参与该培训项目的儿童志愿者。

---

① 贝文玥．公共需求导向下博物馆公共服务能力提升路径研究——以上海博物馆为例［D］．上海：中共上海市委党校，2021.

② 白洁皓．新时代公共博物馆专业人才队伍现状及其建设问题研究——以北京S博物馆、郑州H博物馆、南京N博物馆及西安L博物馆为例［D］．西安：西北大学，2021.

③ 牛三平．管理学基础［M］．北京：人民邮电出版社，2015：85.

一方面，在博物馆专业讲解队伍建设中引入马斯洛需求层次理论，帮助专业人才达成自我实现的需要，以实现他们的自我价值和社会价值；另一方面，在参与项目的儿童志愿者中引入成就需要激励理论，通过合理设置考评机制，可以帮助儿童更好地树立自信心并获得成就感，满足儿童的个人成长及社会化需求。

（3）协同治理理论

随着经济社会的飞速发展、科学技术的不断提高，在政府和私营部门之外产生了一些民间社会团体和非营利组织，为让他们之间的交流合作更加规范，实现合作共赢，从而产生了协同治理理论①。协同治理是一种社会治理安排，其中一个或多个公共机构与私人机构的利益相关者共同参与集体决策的论坛，这个决策过程是正式的、面向共识的、慎重的、旨在制定或执行公共政策，或者对公共事业和资产进行管理②。

将这一理论运用于案例分析，符合博物馆公共服务能力建设的资源整合和效率提升需求，能够为“小小讲解员”项目的多主体参与提供理论支撑。C 博物馆“小小讲解员”活动的各环节衔接并不顺畅，因此需要通过内外联动协同治理，打通上下及平行部门间的各个环节，形成有序的结构及运行机制，提升沟通及执行效率，从而提升博物馆的公共服务能力。

2. 分析框架

案例融合了新公共服务理论、激励理论和协同治理理论，结合 C 博物馆“小小讲解员”社教活动的实践，形成博物馆公共服务能力提升的分析框架。

首先，分析了“小小讲解员”社教活动的困境及原因；其次，分别结合新公共服务理论、激励理论、协同治理理论提出了具有针对性的对策建议（见图 1）。

---

① 李玉珊．河北博物院公共教育功能存在问题及提升路径研究［D］．石家庄：河北经贸大学，2021.

② 孙大鹏．协同治理的理论框架及案例考察［J］．财经问题研究，2022（8）：113－121.

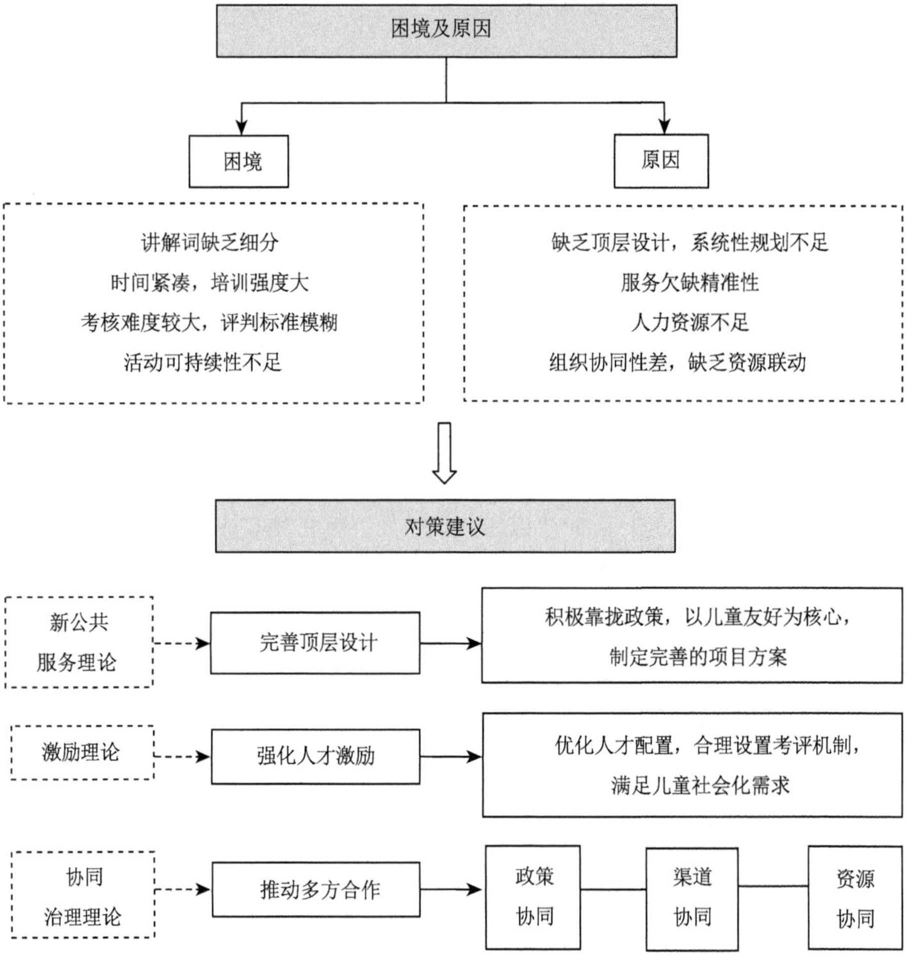

图1　分析框架（笔者自绘）

（四）护童心话初心：C博物馆“小小讲解员”的困顿及剖析

研学旅行，是游学的一种方式，也是世界各民族、各国文明中最为传统的一种教育方式。研学即研究性学习，研学旅行则是研究性学习和旅行体验相结合的校外教育活动，是学校教育和校外教育衔接的创新形式。博物馆“小小讲解员”活动正属此类。

北京市C博物馆“小小讲解员”这一社教活动概念首次提出、实践是在

2015 年。受到诸多因素影响，北京市 C 博物馆仅在 2015 年、2021 年开展了此项活动。2021 年，北京市 C 博物馆重启“小小讲解员”活动，主要面向小学生开展，通过学校定向招募等方式，明确定位目标人群，确定活动指导理念，旨在通过引导和激发的教育手段，以及形体礼仪、影片观赏、示范讲解、分组培训和考核点评等培训设计，为学生提供更具趣味性的参与体验，实现社会化语境下博物馆社会教育职能。本研究以北京市 C 博物馆“小小讲解员”活动为例，展示北京市“小小讲解员”的基本管理。

1. 童心之爱：“小小讲解员”社教活动存在的问题

（1）讲解词内容缺乏细分，儿童理解有难度

儿童在不同年龄阶段认知差异性较大。北京市 C 博物馆“小小讲解员”的招募人群主要限定在北京市的小学生，培训时有些小学生认为自己听懂了培训内容，有些小学生认为自己听懂了大部分内容。因此，博物馆在该活动筹备过程中可以从儿童角度出发，将讲解词从内容、遣词上进一步加以适龄调整。

（2）时间紧凑，培训强度大

在课程设置上，2021 年开展的“小小讲解员”培训日程为周末两天，培训内容包括馆内参观、示范讲解、影片观赏、形体培训和中英文讲解培训。有些学生认为难以在短时间内将知识消化，需要后期进一步投入时间。

（3）考核难度较大，评判标准模糊

在活动的环节设置中，参加培训的儿童需要参与结业考核，但实际上结业考核在难度和形式设置上可以进一步优化。考核的评判标准较为简单，仅笼统分为几个板块，主要依靠评委老师的主观打分，因此可以进一步提升评判标准的科学性和客观性。

（4）受主客观影响大，活动可持续性不足

C 博物馆“小小讲解员”社教活动曾于 2015 年开展过一次，此后的 6 年时间在诸多因素的影响下，活动迟迟未再次开展。2021 年，该活动重新启动，此后“小小讲解员”项目却并未与北京其他小学持续合作，直到 2023 年。

(5) 注重形式，但欠缺社会教育意义

博物馆开展的教育活动，其目的不在于教育公众，而是要根据公众学习的需要，为公众创造参与学习的机会和为其提供教育体验的场所[①]。“小小讲解员”属于爱国主义教育讲解培训活动，活动目的是向公众传播首都发展建设历程中的红色故事，具有十分重要的社会教育意义。从儿童和家长的视角出发，参加该活动的目的较为多元，但整体上更加偏重儿童的自我成长和能力培养。博物馆开展“小小讲解员”活动，要充分考虑儿童的兴趣爱好和知识储备，在此基础上明确培训定位。

2. 初心之暖：“小小讲解员”社教活动困境之解读

(1) 缺乏顶层设计，系统性规划不足

北京市C博物馆对儿童友好型公共服务的理论研究尚处于起步阶段，“小小讲解员”活动缺乏顶层设计，没能进行现有案例的深入探索和经验总结，尽管有整体规划框架，在培训内容设置、考核标准、学校合作等环节的细化上仍有一些不足之处，因此，出现了可持续性不足的现象，在前期设计、中期执行和后续宣传等环节仍有许多改进空间。同时，由于“小小讲解员”活动的综合统筹机制尚未形成，博物馆内各部门间资源分散，需要进一步系统性整合。

(2) 服务欠缺精准性，忽视差异化需求

“小小讲解员”是以儿童为出发点，为儿童提供服务的社教活动，在培训设置上可以进一步结合儿童的认知特点、生理特点和心理特点等，进一步满足儿童少教多学、多感官参与的体验式学习需求，避免一系列“水土不服”的体验感。

(3) 人力资源不足，工作缺乏创新

C博物馆的公共服务部门前后经历了更名、角色转换和大量人员流动，巨

---

① 杨丹丹. 论博物馆教育活动的可持续发展——以首都博物馆青少年教育活动为例 [J]. 中国博物馆，2010 (1)：70 - 73.

大的变化影响了部门的人力运转状况。由于人力资源不足，在一定程度上限制了培训规模、形式、进一步做到多元性和专业性的可能。

（4）组织协同性差，缺乏资源联动

在招募渠道方面，目前“小小讲解员”社教活动的儿童志愿者招募主要是通过学校来进行组织报名。过去一阶段合作的学校数量过少，没有形成长期合作，难以达成规模效应，同时合作渠道较为单一，缺乏资源联动，难以扩大影响力。此外，博物馆内各部门间协同合作不足，只依靠单一部门孤军奋战是无法完成项目设计、执行、宣传和总结等环节。

（五）来路远前路长：“小小讲解员”的改进与展望

1. 完善顶层设计，儿童友好系统化

（1）积极向政策靠拢，以儿童友好为核心

近年来，我国对儿童友好城市建设作出了重要部署，2022 年 11 月，在北京市儿童友好城市建设宣传活动上，北京更是发出了儿童友好城市建设行动倡议。作为青少年的社会实践基地，博物馆是打造儿童友好成长空间、优化儿童友好公共服务的“桥头堡”，而“小小讲解员”社教活动则完美契合了“儿童友好”理念，因此在活动启动之初，应首先明确树立“儿童友好”的核心思想，进而展开一系列的项目设计。

（2）从儿童需求出发，制定完善的项目方案

“小小讲解员”的培训，应围绕着“怎样才能让孩子在博物馆收获知识”，而不是“怎样才能让孩子成为博物馆的讲解员”来制定和进行①。博物馆在制定整个项目之前，需先摒弃“自上而下”的服务模式，明确儿童的具体需求，成立专业部门深入研究儿童的认知特点、生理特点和心理特点等，从而对培训的内容进行精细化设计，特别是要将项目的可持续性纳入其中，并做好相应的方案设计和预案。

---

① 李辉，任晓春．善治视野下的协同治理研究［J］．科学与管理，2010，30（6）：55－58.

从儿童视角撰写讲解词，合理设定培训时间及内容量，以实物、课件、影视、互动等形式探索易于儿童接受的讲授形式。在空间设计上，开辟出适合儿童的展区互动空间、课堂空间及休息空间，提高儿童参与度。此外，可以考虑在前期、中期、后期对参与培训的儿童进行问卷调查或谈话，以掌握其对于参与该项目的期望、心理状态及建议，从而不断优化项目方案。

2. 强化人才激励，提升成员参与感

（1）优化内部人才配置

首先，在项目人员数量配置上进行优化，合理按照工作量进行人员匹配。其次，优化人才资源的配置，按照人员的专业技能进行工作安排，让“专业的人做专业的事”，特别是在教员的设置上，应配置专业的教员进行授课，有条件时还可考虑聘请外部单位有经验的教员进行培训。最后，合理设置员工考评和绩效激励机制，一方面根据工作量来进行绩效激励；另一方面对员工进行精神激励及关怀，以满足其自我价值实现的需要，以此来调动工作积极性。

（2）合理设置考评机制，满足儿童社会化需求

首先，在最终的结业考核中，设置专业科学的考评标准，帮助学生清晰认知自我的优点及缺点，从而帮助他们更好地树立自信心，并对缺点加以改正。其次，加强与对口学校的后续联动，将获得“小小讲解员”称号的学生组成讲解队伍，以讲解团的形式在北京各学校进行轮流宣讲，满足儿童的个人成长及社会化需求。

3. 推动多方合作，实现资源协同化

（1）政策协同

加强府际关系合作，及时学习中央及上级部门的各类最新指导性文件，与上级部门进行联动合作，在政策指导下开展各项目及活动，扩大项目的影响力。推进博物馆内部各部门的紧密协作，合理配置人力、物力、资金等资源，提升项目运转效率，解决公共管理的碎片化问题，提高博物馆公共服务的整体能力。

（2）渠道协同

在继续拓展学校合作网络的同时，尝试利用新媒体平台等手段拓宽“小小讲解员”的招募渠道，提高参与者的多样性和活动知名度，为项目的优化提供改进基础和优质样本。

（3）资源协同

积极探索与其他博物馆、展览馆、教育机构等同质性组织合作的可能性，进行人员、场地、内容等资源置换并加强资源整合，为儿童提供更加广阔、有趣的知识培训内容和社会实践机会。

三、结束语

成为博物馆“小小讲解员”，只是儿童友好的开始！

把一个美妙的东西分享出去，既是一种阳光的态度，也是一种坦诚的责任。儿童不仅是博物馆现在的使用者，更是博物馆未来的创造者和奠基人。增进儿童对博物馆的感情，对儿童社会化和博物馆发展都具有重要意义。

变革为博物馆注入了新的活力，而“活”起来的博物馆也在赋能我们的美好生活。北京市C博物馆正在积累社教科普活动经验，不断优化公共服务，成为满足儿童终身学习需要的良师益友。

对于博物馆而言，“小小讲解员”社教活动是博物馆响应儿童友好型城市建设，提升公共服务能力的重要组成部分；也是在当今社会进步、公众需求不断升级、传统运营理念受到一定挑战的客观环境中，博物馆主动求变，积极应变而迈出的重要一步。相信通过不断创新服务内容，提升服务质量，在“以人为本”的理念指导下，博物馆类社教科普活动会拥有蓬勃的生命力。

对于儿童而言，孩子通过沉浸式的体验参与，以博物馆这一“第二课堂”为媒介，学习吸收了博物馆内丰富的文化知识，并在多元化的交流互动中接受社会化教育，不断认知自我、发展自我、完善自我，这便是“小小讲解员”对于儿童成长的积极意义。

对于社会而言，“小小讲解员”活动是建设儿童友好城市、提升城市质量的一次重要探索，其目的并非只在于使儿童获得知识，更重要的是让孩子感知到城市对他们的友好，使他们真正成为城市的小主人，获得更多的参与权。

希望每一个孩子都能够在城市这座“钢铁森林”中更安全、更健康、更快乐地成长，希望每一个人都能够在博物馆里获得高品质的文化体验，希望多层次的柔性关爱成为博物馆的底色，希望博物馆公共文化服务是引领美好人生的起点，成为儿童友好、青年友好、老年友好的沉浸式文化体验场景。

从儿童友好到全年龄友好，愿以C博物馆的案例为星星之火，共同探索，协力建设更加友好的未来！

参考文献

[1] 杜建群．综合实践活动课程理论与实践［M］．北京：北京师范大学出版社，2014：179.

[2] 朱莺．“互动”为核心的博物馆青少年活动设计——以苏州博物馆“小小讲解员培训班”为例［C］//江苏省博物馆学会．区域博物馆的文化传承与创新——江苏省博物馆学会2013学术年会论文集．文物出版社，2013：6.

[3] 王晓芬．博物馆特色课程的设计与应用——以山西博物院2016暑期“小小讲解员团队”活动为例［J］．文物世界，2016（6）：54－57.

[4] 宋向光．博物馆教育：促进观众“自我教育、自我完善”的学习［J］．中国博物馆，1995（2）：40－48.

[5] 教育部关于印发《基础教育课程改革纲要（试行）》的通知［J］．中华人民共和国国务院公报，2002（12）：28－31.

[6] 北京博物馆之城建设探索［J］．博物院，2022（4）：29－35.

[7] 张惟贻．儿童友善医疗之儿童齿科服务研究与设计［J］．工业设计研究，2018（00）：437－447.

[8] DOBBS SMD，ELLIOTWE. Silent Pedagogy in Art Museums［J］．Curator the Museum Journal，2010，33（3）：217－235.

[9] 李济．李济文集［M］．上海：上海人民出版社，2006：57.

[10] 薛超．“博物馆物件探索学习”促进小学生综合素质发展的实践［C］//湖南省博物馆学会．湖南省博物馆，2012：9.

［11］冯婉琳．针对不同年龄段的博物馆志愿者讲解员的分层培训和管理——以广州起义纪念馆为例［J］．文物鉴定与鉴赏，2022（13）：70－73．

［12］王乐．馆校合作的反思与重构——基于扎根课论的质性研究［J］．中国教育学刊，2016（10）：72－76．

［13］龙婷婷．新公共服务理论视域下科普教育基地功能实现路径优化研究——以F基地为例［D］．南宁：广西大学，2022．

［14］贝文玥．公共需求导向下博物馆公共服务能力提升路径研究——以上海博物馆为例［D］．上海：中共上海市委党校，2021．

［15］白洁皓．新时代公共博物馆专业人才队伍现状及其建设问题研究——以北京S博物馆、郑州H博物馆、南京N博物馆及西安L博物馆为例［D］．西安：西北大学，2021．

［16］牛三平．管理学基础［M］．北京：人民邮电出版社，2015：85．

［17］李玉珊．河北博物院公共教育功能存在问题及提升路径研究［D］．石家庄：河北经贸大学，2021．

［18］孙大鹏．协同治理的理论框架及案例考察［J］．财经问题研究，2022（8）：113－121．

［19］杨丹丹．论博物馆教育活动的可持续发展——以首都博物馆青少年教育活动为例［J］．中国博物馆，2010（1）：70－73．

［20］李辉，任晓春．善治视野下的协同治理研究［J］．科学与管理，2010，30（6）：55－58．

十三年四次启动未果*

——“城中村”改造之困

摘要： W村位于Z市市区东部中心城区，十三年中先后四次启动城中村改造工作，其间经历安置补偿标准村民不认可、开发商因城改政策调整和房地产形势变化投资预期下降、政府领导人事调整变动等变故，一波三折，改造工作至今未果。本案例以Z市城中村改造为背景，以政策网络理论作为分析工具，对城中村改造进行分析，在深入研究各行动者关系及其互动行为的基础上，找出制度、结构和行为三个方面导致政策执行阻滞的问题，并针对问题，找出健全制度体系、优化网络结构、规范网络行为的对策建议，以期帮助政策有效执行。

关键词： 城中村改造；政策网络；政策过程

引言

住房问题是民生大事，关系千家万户的基本生活保障。Z市有一处“城改”半拉子工程。回想十三年前欢天喜地迎接改造的欢欣雀跃，顿觉眼前的

---

* 本案例正文由北京航空航天大学公共管理学院硕士王希撰写并提供背景资料，李蕊、朱京北、宗跃、于志金对城中村改造案例进行资料研究与分析，指导教师为北京航空航天大学公共管理学院涂晓芳老师。

一切更加讽刺……十三年风霜雨雪，十三年奔走呼号，十三年日思夜想……Z市城中村改造路在何方？

一、案例正文

（一）“1 小时生活圈”“双城生活”零距离

目前，Z 市经济已经插上了京津冀协同发展的翅膀，区域内高速铁路、高速公路网日益密集完善，北京、L 市、B 市、Z 市等城市之间的交通便捷，“1 小时生活圈”变为现实，经济发展不断迈上新台阶。便利的交通不仅助推着区域经济合作，也给 Z 市人们的生活带来了显著的变化，越来越多的人开始选择往返不同城市间的“双城生活”。

每天一早，在 Z 市某小区公交站的候车人群里，最多的就是带着“装备”赶往北京上班的人们，这些奔波在路上的人们成为加速京津冀协同发展进程的纽带。

对 23 岁的小罗来说，拼车上班和在市区坐公交上下班一样方便。从居住的小区到北京天桥汽车站，拼车只需要一个小时，这一个小时也是他调节情绪、完成角色转变的过程，再转乘地铁前往公司。不出意外，9 点之前，楼下安保人员能准时看到他打招呼的笑脸。作为“双城生活”大军中的一员，小罗亲身经历着京津冀协同发展带来的便利。

从 Z 市东站乘高铁到北京西站仅需 25 分钟，北京 838 路公交车以 5 分钟的发车间隔往返两地……便利的交通正不断拉近着 Z 市同北京的距离。

周五下午，笔者赶往中关村和谷创新产业园时，创业团队负责人小浩已经结束了一天的工作，开始收拾东西，准备和朋友一起乘高铁回北京。

在与小浩的交谈中得知，他来 Z 市已经一年多了，最初工作忙碌时，他几乎天天待在单位。小浩原本在北京上班，2018 年得到了来创新产业园工作的机会，对于这个家在北京的男人来说，他也曾有过纠结，如今，已经习惯了这种双城生活。小浩说：“现在的交通越来越便利，除了高铁，也经常开车往返。以前是每周往返，现在这边有了负责人，我身上的担子也轻了很多，每周来这边两三次，基本都是当天来当天回。”

在产业园里，像小浩这样奔波于Z市和北京之间的同事不在少数。周一到周五，白天他们在Z市心无旁骛地工作，晚上就回离公司不远的住处休息。到了周末，他们就会回北京与家人团聚。一年多的时间，小浩的家人已经从最初的不习惯到现在的慢慢适应。因为距离，多了牵挂，一家人的关系也更加紧密融洽了。

在中关村和谷创新产业园，很多公司的墙上都贴着一张大大的北京和Z市之间的高铁来往时刻表，原来在这里工作的很多人都是来往于Z市与北京之间。他们表示，坐高铁的时间比在北京五环以外坐地铁上班的时间要短，甚至有些人把家都安在了Z市。

有些人想要更多的机会和更有挑战的工作，于是选择了大城市；有些人喜欢慢节奏的生活，于是搬到了小城市，而跨城上班的人，他们穿梭于两座城市之间，希望寻找到工作和生活的平衡点。正是这些日益密集的路网和不断提速的交通工具，让小罗和小浩拥有了更舒适的出行环境，更快速地出行速度，在拉近家的距离的同时，离自己的梦想更近。

（二）日久岁深，十三年风雨飘摇“城改”路

城中村是在城市总体规划中已经划定为城市建设区域的范围内，仍然保留农村体制，使用集中土地，以村民委员会为组织形式的农民聚居村落，是中国快速城市化进程中的特有现象。W村位于Z市市区东部中心城区，是贯通城区内几条主要道路的关键节点，区位优势明显。该村共320户，1 300多人（其中外来户80余户），村庄占地面积420亩（1亩约等于666.67平方米）。道路左边高楼林立，车水马龙，一片繁荣的城市街景，道路右边是平房遍布，道路崎岖的宁静村庄。仅一街之隔，城中村在土地利用、建设、规划管理等方面表现出强烈的城乡差异和矛盾。从街头巷尾的耳语相传到市委、市政府官方文件下发，W村城中村改造拉开了帷幕。

1. 一腔热血，大幕拉开

（1）前情提要

自高新区管委会下发了一系列城中村拆迁工作实施方案的通知后，2006年7月28日，W村迎来了一个具有里程碑意义的日子——该村城中村改造项目举行奠基启动仪式，自W村与L公司签订《城中村改造协议》以来，全村上下期盼已久的项目落地实施。村“两委”、村民代表、施工方代表、项目中标单位代表等相关人员参加了启动仪式，村民自编自演节目为仪式助兴。

行动由高新管委会及L公司牵头，联合纪工委、公安高新分局、城管局等26个成员单位共同开展W村的拆迁工作，计划在2006年11月30日前，完成拆迁补偿协议的签订并开展拆迁行动，12月31日前，完成整村拆除及村域范围内地面附着物的清除工作。

前期手续基本办结后，预计年内完成电力线路搬迁及改造、土石方工程招投标、项目设计招投标、土石方工程施工、工程勘察实施、施工及监理招投标、地基处理设计及施工、地基基础工程等工作。

预计到2008年，计划将完成主体工程建设和50%的二次结构工程建设；并于2008年下半年进行住宅预售。届时W村将近1/3的村民将喜迁新居。与此同时，还将释放出价值2亿元左右的土地，作为今后W村经济社会发展的坚实后盾。

（2）现实演变

自拆迁改造的消息传出后，村民闻风而起。连夜采购沙子、砖瓦、石灰等建筑材料，在自家宅基地上“见缝”建房。一时间，村内大大小小的房屋拔地而起，甚至出现“母子”房，即正常居住的房屋旁边盖出了仅有一半高度的房屋。除此之外，本来是一层的平房上面加盖一层，甚至两层，摇身一变，三层小楼映入眼帘。东家盖完，西家效仿，日夜兼程，层出不穷。

为此，高新区管委会出台“禁建令”，明令禁止加盖房屋。然而，上有政策，下有对策。“禁建令”一出，白天施工现象得到了一定的控制，到了晚上，万家灯火仍是干得热火朝天。辖区政府多次派执法队实地调查并责令停工，这头禁，那头建，村民建房“游击战”乐此不疲。由此衍生出一系列问题：每户地上房屋面积一直处于动态，无法统计；村内由于建房无次序，人居环境较差；辖区政府多次入村蹲守，干群关系紧张等，导致拆迁工作迟迟没有进展。

2. 旧事重提，矛盾依旧

拆迁工作紧锣密鼓进行的同时，高新区管委会也一刻不停地建设安置楼。2010 年 3 月，总计 53 588 平方米的 8 栋安置楼拔地而起。眼看着高楼宽敞明亮，而村民加班加点盖的“临时房”夏天漏雨，冬天漏风，二者形成鲜明对比。然而，拆迁工作依旧陷于泥潭中，动弹不得。村干部再次走街入户，对地面附着物实行包干制，避免抢翻、抢盖。同时，进一步做好有号召力的重点人员的思想工作，如村干部、党员、老干部等，使这类重点人员带头支持配合拆迁工作，达到以点带面的效果。然而，由于该市紧邻北京，地理位置关键，辖区政府与村民就登记房屋面积一直不能达成一致。因此，拆迁工作战线无限期拉长，安置楼被闲置，一拖就是三年有余。

转眼间到了 2013 年，由于政府财政资金紧张，3 月 18 日市政府常务会议研究决定“政府退出、市场运作、企业进入”，同意高新区管委会拍卖一期项目的 8 栋安置楼，旨在努力摆脱财政依赖，化解资金难题。2013 年 3 月 23 日，市政府与 L 公司签订《城中村改造等系列项目开放合作协议书》。2013 年 3 月 26 日，L 公司以 2. 05 亿元拍得一期改造 8 栋安置楼。按照约定，8 栋安置楼只能用于 W 村城中村改造项目的拆迁安置，不能用于商业开发、销售及贷款抵押等其他用途。政府搭台，企业唱戏，城中村改造工作是否能顺利开展？

3. 三战三北，进退维谷

一系列准备工作后，2014 年，L 公司出台拆迁补偿协议，协议中明确该村村民每人 30 平方米安置房的安置补偿标准。协议一出，一石激起千层浪。村民对于补偿标准极度不满，总结起来有如下 3 种说法。

第一，有村民认为该地紧邻北京，有一定的升值空间。

第二，有村民认为该地可能划入北京。

第三，有村民认为该地本是本市的市中心，市场价格不低。

与此同时，2014 年起，针对村内 21 户危房户，由开发区按每户每月 800

元的标准提供资金在外租房居住。然而，随之而来的是申请租金的危房边缘户数量激增，还有一部分群众拒绝领取危房租金，强烈要求翻建房屋，各种矛盾交织，致使该村2017年起至今未再申报危房户租金。

安置标准迟迟不能达成协议，村民多次到市政府门口聚集，要求政府出面与开发商就补偿标准问题重新进行商谈。村民群情激奋，拆迁工作迟迟没有进展，项目再度被搁置。

4. 风云突变，四面楚歌

2017年阳春三月，该村与L公司子公司R房地产公司达成了《小W村拆迁改造补偿安置协议》，明确了拆迁和安置补偿办法，即该村村民每人60平方米安置房的安置补偿标准，群众同意率超过90%，村委会也会同开发企业进行了大规模的入户房地状况评估，本以为项目能够顺利开展，此时却风云突变，令人大跌眼镜。

（1）城市规划猝不及防

同一阶段，市政府出台《Z市开发区发展规划纲要》，依据该纲要规划，W村改造项目涉及两条主干道和部分绿地共计99.6亩（1亩约等于666.67平方米），规划幼儿园用地11.5亩，二期安置房用地75亩，边角地36.5亩，剩余可供开发用地仅94亩。

（2）房产市场被"吹爆"

2014年2月26日，习近平总书记在北京主持召开座谈会，专题听取京津冀协同发展工作汇报，强调实现京津冀协同发展，是面向未来打造新的首都经济圈、推进区域发展体制机制创新的需要，是探索完善城市群布局和形态、为优化开发区域发展提供示范和样板的需要，是探索生态文明建设有效路径、促进人口经济资源环境相协调的需要，是实现京津冀优势互补、促进环渤海经济区发展、带动北方腹地发展的需要，是一个重大国家战略，要坚持优势互补、互利共赢、扎实推进，加快走出一条科学持续的协同发展路子来。2014年3月5日，国务院总理李克强在作政府工作报告时提出京津冀一体化概念，目的是加强环渤海及京津冀地区经济协作。京津冀是中国的"首都圈"，包括北京市、天津市，以及河北省的保定、唐山、廊坊、沧州、秦皇岛、石家庄、张家口、承德、邯郸、邢台、衡水等 11 个地级市。其中，北京、天津、保定、廊坊为中部核心功能区，京津保地区率先联动发展。Z 市位于北京大七环，京广大动脉，京雄联络线，是大七环和京广发展主动脉的交叉点，未来京雄高速从境内穿过，将成为连接北京和雄安的重要节点。同时，Z 市轨道交通接入西站，更靠近金融街、中关村等核心功能区，通过大数据 OD 人口分析，Z 市与北京存在大量通勤需求。

2017 年 4 月 1 日，中共中央、国务院决定设立国家级新区——河北雄安新区。雄安新区位于河北省中部，地处北京、天津、保定腹地。

根据雄安新区规划中对环京城市群的规划布局，Z 市主要负责承接首都战略性新兴产业。与其他环京城市相比，Z 市将重点发展高新产业聚集区，未来将有更多具有专业技能，以及教育程度较高的精英人群来到这里。除此之外，Z 市还负责承接临空经济、医疗健康养老、科技研发创新、文化休闲、生态农业等方面的国企央企资源。而在未来发展中，Z 市还将依托引进的优质项目，重点打造大数据、有机新材料、金融总部、健康养老等产业集群。

同时，Z 市中央直属企业进驻数量属环京区域之最，一些企业的相继入驻，充分证明了中央机构对 Z 市的高度认可。

Z 市距离位于大兴的新机场约 40 千米，第二机场将会给辐射区域带来大型功能性项目配套，催生新的临空经济带的形成，并推动区域发展进程。Z 市在第二机场的辐射区范围内，且有高铁站加持，距离北京西站仅 26 分钟车程，机场高速开通在即，这些因素都使得 Z 市房价被购房者广泛看好。

综合以上历史性变革，Z 市身处其中，与之有着千丝万缕的联系。同时，在环京楼市中，Z 市是一个价格洼地。东边的燕郊均价早已迈过 3 万元大关，直奔 4 万元而去，大厂、香河紧随其后。环京核心区域纷纷出台“限购令”并不断升级，“驱赶效应”使得购房资金外溢，首套房不限购的 Z 市成为吸引购房资金的“聚宝盆”。一时间，大批北京市民及在京务工人员纷纷涌入 Z 市来“抢”房，使 Z 市房价迎来新一轮大幅上涨（见图 1、图 2）。

房地产形势急剧变化、城市规划调整，诸多因素导致L公司投资预期急速下降，W村城改项目再度被搁置，村民对开发公司的不信任、对政府的不信任情绪与日俱增，信访隐患一触即发。

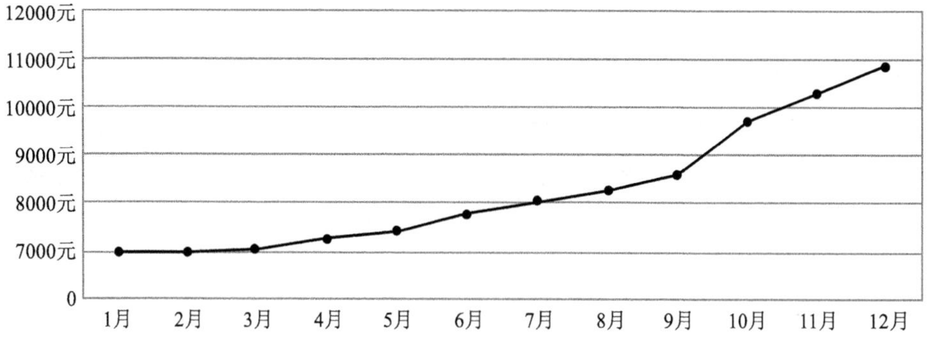

图1　2016年Z市房价走势

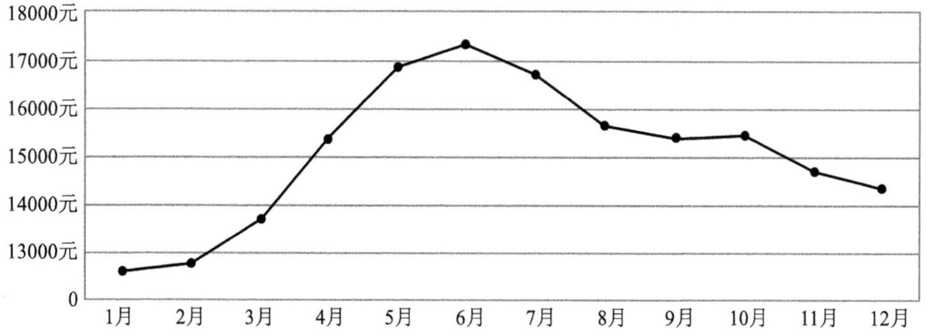

图2　2017年Z市房价走势

二、案例分析报告

（一）理论背景阐述

1. 政策网络理论

政策网络是将网络理论引入政策科学而形成的一种分析途径和研究方法，

在公民意识觉醒、公共政策环境和制定过程日益复杂的背景下产生，其兴起于20世纪70年代的美国，后广泛流行于英国等地。政策网络理论是分析政策过程中政策主体之间互动关系的一种解释途径，被广泛地应用于政策过程分析。

2. 中国城镇化发展现状及城中村改造现状

（1）中国城镇化发展现状

伴随着经济持续快速发展及城镇化持续推进，近年来我国城镇化率已经接近60%，处于相对较高水平，城镇化已逐步进入中后期发展阶段。在该阶段，城镇化率提升速度放缓、不同区域及区域内部发展不协调、不同步等问题日趋明显，成为我国城镇化新阶段的重要课题（见图3）。

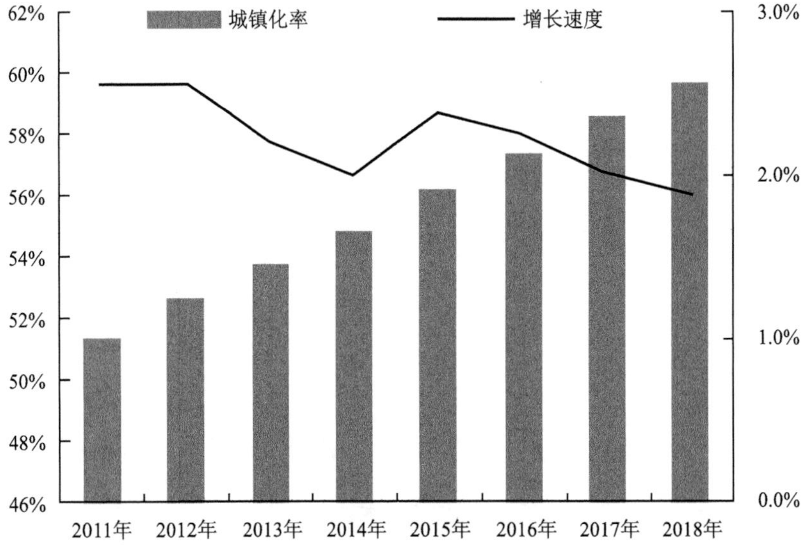

图3 近年我国城镇化率变化

（2）我国城中村改造现状

①政府主导作用。城中村的改造就目前形势来看，政府是主导作用者；而现有的改造形势和改造方向也是政府主导的。对于城中村目前的改造现状而言，政府为缩小城乡经济差距，积极募资对城中村进行改造和完善。其中，改造的主要工作是改造新建城中村的破旧民房，整体改迁或是聚集到较集中的居

住地段；同时，对一般的商业用楼也会按照规划的要求进行整体的整改。同样的改造是具有一定经济方面的影响的，政府在当前主导的城乡改造过程中，是希望改造和完善当地基础设施的同时，能够为当地带来足够的经济带动力。政府优先考虑具有一般性经济增长的模式进行对城中村的改革和改造，在要求整体设施完善的前提下，为当地的居民创造更多的经济带动力和经济增长点。

②市场带动作用。政府对改造的影响是直接而短时见效的，而市场是目前城中村改造中最具有深远影响的，市场对城中村的直接影响作用是促进城中村未来发展的重要力量之一。与政府的直接作用相比较，市场的影响是不易察觉的。市场是利益的代表，有利益就会促使一部分人为了利益而进行一些运作和对现有状态的一些改变，从而就会影响城中村在改造过程中一些利益关系的合理调配，使之向利益的最大化方向发展。市场是一只看不见的手，它对利益的巨大驱动会给城中村这种比较滞后的地域带来契机，廉价的土地资源和低廉的劳动力市场，为资本实现其更大化的利益有一定的意义。而城中村就会在这种资本的带动下朝着实现利益的和带动发展的方向发展起来。当然资本的自由运作具有其本身的局限性和盲目性，所以目前市场的作用是一把双刃剑①。

（二）基于政策网络理论对 W 村城中村改造的分析

在 W 村城中村改造过程中，政策的制定与调整涉及多层次、多方面的行动主体，各行动主体都有各自的目标与利益。这些利益主体凭借自己所掌握的资源和策略，通过相互间的互动进行利益调整与再分配，最终形成政策产出，并影响政策效果。政策网络结构的实质，是网络行动者之间实际或潜在的关系，这一关系对政策结果具有重大影响，甚至决定了政策结果②。

按照罗茨（Rhodes）的政策网络分类模型，政策网络由多类参与者构成，具体到城中村改造政策中，笔者将政策网络分为政策社群、府际网络、专业网络、生产者网络和议题网络五种类型。不同的行动主体与不同的网络类型相对

---

① 郭磊，蔡虹．科技创新政策网络分析：一个应用框架［J］．科技进步与对策，2012（4）：89－93.

② 任勇．政策网络的两种分析途径及其影响［J］．公共管理学报，2005（3）：55－59；69－95.

应，也各自呈现不同特点。

1. 各主体所属网络结构类型

(1) 政策社群

根据现行政策制度规定，Z 市 W 村征地拆迁政策网络中的政策社群包括市政府及其职能部门，县级政府及其建设行政主管部门。其中，Z 市政府及其职能部门，如发展改革委、规划局、住房和城乡建设局、国土资源局等，主要负责市级层面征地拆迁政策的制定和颁布，在具体的政策执行过程中，负责规划、立项、用地、施工等方面的行政审批，拆迁补偿标准的设定及征地拆迁监督工作。县级政府及其建设行政主管部门，主要负责制定具体项目的补偿安置方案。企业，包括负责土地一级开发的政府投融资平台、房地产开发商、项目承建企业等，则通过拟定拆迁补偿安置方案，深层次地介入具体政策的制定过程。

(2) 府际网络

府际网络主要是项目所在地的乡镇政府或街道办事处（以下统称为基层政府）。基层政府是征地拆迁政策的具体执行者，既要贯彻政策社群制定的各项政策措施，推进征地拆迁，又要负责仲裁具体的征地拆迁纠纷，维护和协调各方利益，因此基层政府在整个政策网络中的矛盾最为集中，且位置最为尴尬。

(3) 专业网络

在征地拆迁过程中，专业网络主要从自身专业领域出发，为征地拆迁提供专业服务。主要包括相关的规划设计研究机构、行政审批中介机构、会计师事务所、律师事务所、司法公证处等。规划设计研究机构，主要提供用地、建筑、环境、设施等方面的规划建议，并参与项目规划的制定和论证过程；行政审批中介机构主要是对土地一级开发中，涉及的各项行政审批前置要件进行审核；会计师事务所按照政策社群的要求，对协议内容和补偿款项发放等进行审计；律师事务所和公证处等，主要在产生纠纷时，提供法律服务。

(4) 生产者网络

虽然基层政府是具体执行者，但政府并不是城中村改造的主体，而是通过公开招投标的形式，引入市场力量实施征地拆迁，主要涉及测绘评估公司和拆迁公司。测绘评估公司主要负责前期土地和房屋面积的测量及价值的评估等工作；拆迁公司则主要代表政府或开发商，向被征收方发出要约，进行谈判并签订协议，发放补偿款，对征收后的房屋进行拆除及水电表等公共设备的移交。

（5）议题网络

征地拆迁政策网络中的议题网络成员复杂且人数众多，包括被征迁方（人或组织）、专家学者、媒体等。被征迁方主体是指对国有及集体土地上的房屋拥有产权的自然人或法人，以及对集体建设用地及其建（构）筑物拥有产权的法人，即行政村村委会和自然村村委会。专家学者，主要指对征地拆迁进行长期研究，或对具体项目高度关注的大学教师及科研人员。媒体则主要通过营造舆论氛围、评论政策，以及向党委、政府反映事实和提出对策等方式，在议题网络中发挥作用。

2. 政策网络互动分析

按照城中村改造工作流程，大致可以分为规划立项、启动实施和验收交付三个阶段。本案例中的 W 村改造进行到了启动实施阶段，所以本分析报告主要从前两个阶段入手进行分析。规划立项阶段从制定项目规划报审开始，到审批立项公示为止，征地拆迁补偿方案也在这一阶段产生；启动实施阶段是从拆迁项目指挥部进驻现场开始，到全部征地拆迁工作完成为止。

（1）规划立项阶段网络及行动者之间的互动

项目规划立项阶段，政策网络的互动主要有政策社群内部的互动、政策社群与专业网络的互动、政策社群与议题网络的互动。

政策社群内部的互动：企业拟定规划改造方案，并报送政府职能部门审批，这一互动是一个围绕着企业通过规划方案表达的意愿是否被政府职能部门接受的过程。影响结果的因素，往往是企业的实力、项目的规模及企业与政府的关系。在政策社群中，政府间的互动主要指市、县两级政府间的互动，包括县级政府向市级政府争取更多的财政支持，以及协调市级职能部门加快项目审批进程等。

政策社群与专业网络的互动：政策社群通过招标、雇用等方式，委托专业网络提供服务，如规划机构编制项目规划、律师事务所审核合约协议等。

政策社群与议题网络的互动：围绕将来可能发生的利益，政策社群与议题网络之间进行博弈。在项目一经审批立项后，政策社群就将项目告知被拆迁方，目的是明确时限，并对时限范围内的抢盖、抢种等行为予以禁止。但是，被拆迁方，特别是城中村居民，大多采用在耕地抢种作物、在宅基地上加盖房屋的方式，为在今后的征地拆迁中争取更大利益。案例中 W 村村民在听到征地拆迁的消息后，在自家房屋上搞起了“搭积木”式盖房，以期获得更多的安置补偿款。

（2）*启动实施阶段网络及行动者之间的互动*

启动实施阶段的互动包括：政策社群中企业与府际网络的互动，议题网络、府际网络与生产者网络三者间的互动，以及议题网络与政策社群的互动。

政策社群中企业与府际网络的互动：府际网络虽然是征地拆迁政策的具体执行者，但府际网络并不直接参与征地拆迁，而是通过与项目企业共同成立征地拆迁指挥部的方式来推进征地拆迁工作。在此期间，企业前期缴纳的资金也打入指挥部账户，用于补偿安置款项的拨付和日常工作的开支。

议题网络、府际网络与生产者网络的互动：府际网络主要通过征地拆迁指挥部与生产者网络进行互动，这种互动关系带有明显的支配与被支配的特征。在生产者网络中，拆迁公司由于代表府际网络与被拆迁方开展征地拆迁的谈判协商，具有在府际网络与议题网络间传递信息的中介作用。议题网络中的被拆迁方与生产者网络的互动，更多的是为自身争取更大利益，在议价过程中，如果爆发冲突和矛盾，议题网络往往先寻求府际网络的帮助①。

议题网络与政策社群的互动：当议题网络在寻求府际网络帮助未果的时候，议题网络会直接向政策社群施压，希望影响政策的结果，但是，往往采用群体性上访的方式与政策社群互动。案例中 W 村村民便进行了多次集体上访，求助上级政府。

3. 各行动主体的互动策略

根据政策网络理论，行动主体采取不同的互动策略对政策结果产生影响。

① 黄蓉．基于政策网络的昆明市征地拆迁政策执行研究［D］．昆明：云南财经大学，2016.

政策网络中的各行动主体依托资源追求各自的利益最大化，由此产生的主动或被动的行为，在网络中以某种策略的形式加以呈现。值得强调的是，这些互动策略并不是严格意义上的方针或方法，更多的是对网络主体行为趋势中共性的归纳，以期深入理解城中村改造政策相关主体运用所掌握的资源，采取相应的策略加入各阶段的网络互动中，对政策制定和执行过程进行操纵和干涉，网络内部不断地调适，主体与主体间不断地相互影响，从而导致不同的政策结果。

（1）政策社群

政策社群与府际网络、专业网络及议题网络均有不同程度的互动。在政策社群内部，企业拥有较大的话语权影响着政府决策。对于府际网络的执行方式和执行效果，政策社群需要及时了解和关注，以期及时进行大政方针上的宏观指导；政策社群面对议题网络所形成的社会舆论压力，需要作出及时的回应和互动；政策社群还需相应吸纳专业网络的意见建议，提高政策的科学性。

（2）府际网络

在政策执行阶段，府际网络仍然受到政策社群的权威支配，却无法对政策社群和议题网络施加有效的影响。在网络内部，行动者之间的互动也不尽相同。府际网络中的基层政府的互动策略主要取决于干群关系基础、对村委会的控制能力和与各级政府部门的沟通协调能力，往往具有一定的不确定性。自高新区管委会下发了一系列城中村拆迁工作实施方案的通知后，村民闻风而起，连夜“见缝”建房，高新区管委会出台“禁建令”，明令禁止加盖房屋，同时加快建设安置楼进程。但是禁建效果并不理想，由此衍生出一系列问题：拆迁补偿面积无法确定，干群关系紧张，村内人居环境差。府际网络与议题网络之间互动关系紧张，拆迁工作迟迟没有进展。

（3）专业网络

专业网络在政策社群和府际网络中充当智囊团的角色；同时，专家学者和专业机构也存在于议题网络中，理解和传达公众的价值诉求及行为选择，在引导议题网络中的公共舆论方面具有影响力。

①凭借专业性，获得较多的话语权，在政策的出台和行业规范中发挥了较

大的作用。

②积极借助各种渠道，理性发声。

③通过专家座谈会、听证会等形式参与政策制定，也有些专家学者通过实际走访、发表论文的方式参与和影响政策发展。

（4）生产者网络

对于政策社群而言，生产者网络属于受雇方，服务于政策社群。因此，其目标是完成与政策社群的合约，争取利润的最大化。但是在具体拆迁过程中，会受到两方面的限制：一方面，技术理性与政策社群的要求之间的矛盾，如现实状况与规划要求之间的矛盾、上位规划与项目规划之间的矛盾、重大项目与林评、环评要求之间的矛盾等；另一方面是在实际操作中面临的复杂问题，如拆迁公司对“钉子户”的处置，以及在部分情况下，律师事务所要对已发生行为寻找法律依据等。

（5）议题网络

与其他网络相比，议题网络由于组织结构十分松散，追求利益目标复杂且难以集中、互动策略效果较弱，只能通过听证、建议、监督等方式间接影响最终政策方案。其互动策略就在于掌握的话语权，受到的约束则是政策社群对其话语权的控制。但当发生一些恶性事件并造成不良社会影响时，议题网络能够借助电视广播、互联网、纸媒等媒介，连接其他网络主体，制造外部压力来表达诉求，对政府方和企业方形成强大压力，此时公众的意愿才会被放大。但由于缺乏稳定的组织和渠道，加之议题网络成员内部容易产生分歧，没有达成统一的声音，在城中村政策制定和执行过程的影响十分微弱。

（三）城中村改造政策执行网络存在的问题与原因分析

1. 城中村改造政策执行存在的问题

长达十三年的城中村改造，政府、开发商、村民，三个主体一直是这场“持久战”的推动者，围绕“利益”两个字，过程跌宕起伏，结果引人深思。

政府与开发商的博弈主要是土地出让价格的问题。一方面，政府希望将改造后的土地高价出售给开发商，确保其土地财政利益得以保障；另一方面，开发商希望以较低的价格获取土地以保障其经济效益的最大化。

开发商与村民的博弈主要集中在拆迁补偿价格、回迁安置房的建设、要求化解内部矛盾等方面。2014 年，村民不认可每人 30 平方米安置房的安置补偿标准，致使城改项目一度搁置；2017 年，调整拆迁和安置补偿办法后，群众同意率超过 90%，但因城改政策调整和房地产形势变化，开发商投资预期下降，城改项目再度搁浅。

村民更多的是关注其利益诉求能否得到保障，如拆迁补偿价格问题、回迁安置房建设质量问题等，若其中某一项没有达到要求，就会引发群体性事件。

由于三个主体（见图 4）彼此利益一直没有得到保障，十三年城改搁浅留下了系列问题。

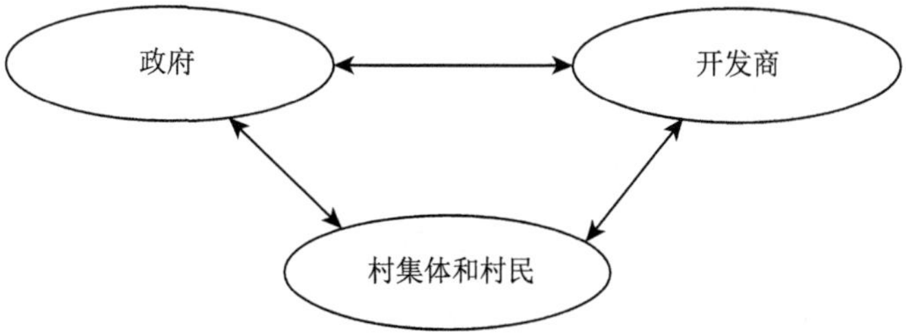

图 4　城中村改造过程中的利益主体

（1）耗时过长

无论是国家政策，还是 Z 市本地制定的各项管理办法，对征地拆迁的时限都有明确的规定，即公示期满后的三个月完成征地拆迁工作。但在该案例中，历时十三年，四次启动仍然未果。原本预计到 2008 年，完成主体工程建设和 50% 的二次结构工程建设；并于 2008 年下半年进行住宅预售。届时 W 村将近 1/3 的村民将喜迁新居。与此同时，还将释放出价值 2 亿元左右的土地，作为今后 W 村经济社会发展的坚实后盾。然而紧锣密鼓的拆迁工作进行过程中，资金链问题，安置补偿等问题无法及时解决，导致了城改项目一拖再拖，耗时长久。

（2）各方利益难以平衡

政策社群内部各主体之间出于自身利益的考虑，在政策运行过程中会出现难以调和的冲突，由于城改涉及对利益格局和收入来源的深层次调整，村民对安置补偿的预期往往高于现行的补偿标准，且对政府怀有天然的疑虑，导致多方利益难平衡。如果单纯由政府来组织土地收储，地方财政收支压力较大，同时政府也希望通过土地交易偿还城市基础设施建设产生的负债，因此让项目的开发商提前介入①。

(3) 矛盾多发易发

由于在房屋拆迁过程中征地补偿标准过低、城改进展缓慢，8 栋安置楼迟迟不能交付等问题，衍生了一系列居住环境问题，相关部门又难以解决安置和就业问题，村民心理严重失衡。村民对开发公司的不信任、对政府的不信任情绪与日俱增，信访隐患一触即发。

上述 3 个问题，相互关联、相互影响。首先，利益难以平衡是导致征地时间过长的原因。其次，征收时间过长导致土地不能交易，相应的回迁安置房不能建设，前期被拆迁户对项目产生焦虑心态，矛盾随之累积，到临界点自然爆发。最后，这种不满要么通过群访的方式表现，要么在集体土地征收方面要求更高的补偿标准，进一步延长征地拆迁时间。同时，这 3 个问题虽然集中出现在征地拆迁实施阶段，但是与前期工作也有很大关系，这充分证明了现行征地拆迁政策在执行过程中存在严重阻滞，需要通过借助政策网络进行深入分析。

2. 基于政策网络的城中村改造政策执行问题的原因分析

(1) 责任主体不明

一方面，国家政策明确土地征收征用的主体是各级地方政府及土地管理部门，但是在实践中，征地拆迁工作往往都是通过成立项目指挥部来进行。而各类项目指挥部所含部门和层次都不一致，导致同样的政策实施效果也不一样。另一方面，土地一级开发主体与后续项目开发主体为同一家企业，这导致后续项目开发企业进入政策社群掌握土地的开发权利。为了控制开发成本，在征地

① 贾生华，郑文娟，田传浩．城中村改造中利益相关者治理的理论与对策［J］．规划研究，2011，35（5）：62－68.

补偿安置中就难以保障公平。即使做到公平补偿，企业还要面临因征地拆迁时间过长带来的资金压力，一旦资金链断裂，已启动的征地拆迁工作就难以为继，先期签订协议的被拆迁方利益随之得不到保障。

(2) 权利主体地位不等

企业因为与政府分享土地开发权，因此置身政策社群，进而可以对政策制定和执行产生影响。但是被征收方作为关键的利益相关方，却身处议题网络，面对征收方处于弱势地位，其诉求难以表达，参与政策制定的意愿也得不到满足①。

(3) 公民法律意识有待提高

遇到矛盾纠纷，被征收方大多采取上访的方式表达诉求，很少通过法律来化解纠纷，即“信访不信法”。而在上访过程中，往往又会出现堵门堵路的行为。

(四) 结论与建议

1. 政策网络从行为和结构影响政策结果

(1) 网络结构的成员关系影响政策结果

W村城中村改造涉及政府、村民、企业等主体，然而细致梳理W村改造过程，不难发现，在各阶段政策执行博弈过程中主要是“两两互动”，如在拆迁工作开展初期L公司没有及早参与房屋面积登记，主要是村民和政府的“博弈”；然而，在L公司出台按人均30平方米安置政策时，却不见Z市政府有何作为，反而在W村与L公司子公司达成《W村拆迁改造补偿安置协议》时，出台《Z市开发区发展规划纲要》。由此可见，网络结构中成员之间缺少一种强联系和推动力。特别是，当Z市政府未进入政策网络中或未处于中心位置时，安置补偿标准的出台被提上政策议程的进程一度停滞。正如政策网络理论所述，网络中各利益相关者关系不同，对政策效果的影响也不同，弱连接、

---

① 张侠，赵德义，朱晓东，等．城中村改造中的利益关系分析与应对［J］．经济地理，2006（3）：496－499.

低度整合的议题网络等政策网络更倾向于产生不可预见的政策结果。

（2）网络主体过度谋取私利行为影响政策结果

根据前文分析的各阶段网络主体互动特征可以发现，网络主体在不顾政策目标和其他主体利益，只谋求己方利益最大化的行为，会阻碍拆迁、安置政策的确定。例如，初期W村村民发生抢建行为，影响Z市政府高新区管委会开展房屋面积的确登工作；Z市政府同意高新区管委会拍卖8栋安置楼，旨在努力摆脱财政资金紧张，进而间接拖延了W村安置补偿标准出台；L公司远低于村民期望30平方米安置补偿标准，以及之后的投资预期急速下降，使得安置工作先后两度搁置。由此可见，偏离政策目标的策略及其他行动主体无限度的贪利行为，不有利于W村城中村改造工作的有序推进。

2. 推进W村城中村改造的对策建议

（1）进一步提高政策网络的开放度和参与度，发挥网络主体资源优势

在我国，政府在政策发展过程中占据核心地位，是公共权力机构，具有显著的公共特性和合法的强制权力，其目的应该是维护广泛的公共利益。在城中村改造中，要发挥Z市政府在政策网络中的主导作用，应该充分发挥组织、管理、指导、监督和服务的职能作用，用“看得见的手”干预市场失灵，而不是一退到底。需要更多地引入竞争、协商、谈判、参与机制，使得城中村村民的土地收益权在改造活动中得到有效保护。同时，需要提高各主体的资源占有率，W村村民寻求法律、新闻等方面的专业人士帮助，L公司引入评估机制，多渠道参政议政，充分发挥和利用好各网络主体的资源优势，实现资源组合的最优化，从而影响政策效果①。

（2）建立各项工作机制，提高网络主体互动联系程度

①引入“利益相关者纳入机制”。解决城中村改造过程中出现的问题，关键在于“为各利益相关者有效地创造价值”，成功的城中村改造应该遵循两条基本衡量标准：“实现价值的再创造”和“实现利益的重新均衡”。因此，需

① 李东泉，李婧．从“阿苏卫事件”到《北京市生活垃圾管理条例》出台的政策过程分析：基于政策网络的视角［J］．国际城市规划，2014，29（1）：30－35．

要一个渠道汇聚各类利益相关者来参与城中村改造，这个渠道可以是由政府相关管理部门牵头组织建立的“城中村改造利益相关者代表团”，改造项目所涉及的政府部门、开发单位、村集体、村民等各利益相关者分别选派一定数量代表参加，共同参与城中村改造相关政策的制定与完善。

②探索符合市场经济规则的拆迁补偿机制。在市场经济体制下土地权益主要应体现在土地的发展权益上，在拆迁安置补贴基础上，深入探索征地拆迁补偿政策的设计，必须在兼顾各利益相关者群体利益的前提下，保证村民的基本利益，即在利益均衡的条件下使村民利益最大化的政策。因此，首先应当考虑那些能使村民享受到土地未来增值收益的方法，如土地折价入股等方法，照顾到村民的长远利益；其次，创新安置方式，探索长期的社会保障补偿和就业补偿，以解决他们的后顾之忧。

③建立城中村改造项目社会评价制度。有效引导公众参与，促进信息公开，减少项目建设可能带来的负面影响。同时，在政府、开发商、城中村村民之间建立一种协商机制，赋予各弱势利益群体参与权、发言权、协商权，把各利益相关方的意见体现到拆迁协议中，确保各方的利益不受侵犯。

（3）加强网络主体间的政策学习，实现政策价值观的共同理解和认同

政策网络理论认为，政策网络有效运转的基础就是相互依赖的各行动主体通过集体行为的互动，形成相同或相似的价值观和政策诉求，进而实现共同结果。而 W 村改造过程的症结也在于尚未达成城中村改造利益的共识，为使各行动主体达成利益共识，可以通过加强网络主体间政策学习的方式。政策学习是指，“根据过去的政策结果和新的信息，调整政策的目标或技术的刻意尝试，以更好地实现政府的终极目标。”具体可以分为：第一，价值学习，以 Z 市政府为政策学习的发起者，在学习和互动中，逐渐理解并认可其他网络主体的利益诉求，并不断调整自身的利益诉求，在相互磨合和协调中，尽可能促使整个网络的行动目标达成一致。第二，规范学习，根据政策学习理论，学习是水平且向上的，某些地方城中村改造的成功经验会被处于同一级别同种情况的地方政府迅速复制，有利于各级地方政府沿用优秀经验，并结合自身区域特点有序发展。在不断学习中得到的共同准则和规范，更容易得到各网络主体的遵

守和认同，从而优化最终的政策结果①。

随着市场经济的不断发展和公共意识的不断增强，政策发展过程中存在着多主体复杂的利益关系，需要以包容开放的态度，反复沟通。W 村改造的过程，反映了政府政策水平和社会治理能力有待提升，从政策网络的角度分析对我国今后的政策制定发展具有借鉴意义。

三、结束语

“耕者有其田，居者有其屋”既反映了人们基本的生存需求，也说明作为生产资料的土地与作为生活资料的房屋对于人们生活的基础性地位和作用。期待网络各主体之间加强互动、形成共治，尽快有实质性的进展。

参考文献

[1] 郭磊，蔡虹．科技创新政策网络分析：一个应用框架［J］．科技进步与对策，2012，29（4）：89－93.

[2] 任勇．政策网络的两种分析途径及其影响［J］．公共管理学报，2005（3）：55－59；69－95.

[3] 黄蓉．基于政策网络的昆明市征地拆迁政策执行研究［D］．昆明：云南财经大学，2016.

[4] 贾生华，郑文娟，田传浩．城中村改造中利益相关者治理的理论与对策［J］．规划研究，2011，35（5）：62－68.

[5] 张侠，赵德义，朱晓东，等．城中村改造中的利益关系分析与应对［J］．经济地理，2006（3）：496－499.

[6] 李东泉，李婧．从“阿苏卫事件”到《北京市生活垃圾管理条例》出台的政策过程分析：基于政策网络的视角［J］．国际城市规划，2014，29（1）：30－35.

[7] 干咏昕．政策学习：理解政策变迁的新视角［J］．东岳论丛，2010，31（9）：153－156.

① 干咏昕．政策学习：理解政策变迁的新视角［J］．东岳论丛，2010，31（9）：153－156.

昔日吃银山，今日吃金山*

——北京H村依托民宿经济的乡村再振兴

摘要：2007年，北京市园林绿化局、北京市发展改革委、北京市国土局、北京市财政局联合印发了《北京市山区关停废弃矿山植被恢复规划（2007—2010年）》。因此，H村不得再开发猛银矿资源维持当地经济增长，H村经济面临转型。“银山”不再？“金山”在哪？“金山”就是绿水青山，是京郊的地理优势。H村依托自己的板栗、核桃等林果生产的资源优势，建起了标准化果园。大力发展旅游采摘业，依托银山塔林的品牌，建成民俗旅游村，走旅游乡村民宿经济市场化之路。H村的由穷变富，从昔日吃银山变到今日吃金山，得益于其复合式产业融合转型之策略。这也就是党的二十大提出的“坚持城乡融合发展，畅通城乡要素流动”。在产业转型过程中，H村构建出政府引导、企业主导、社会参与多元协同发展的乡村旅游复合式产业融合机制，调动各主体良性互动、并驾齐驱。走出了一条具有示范和借鉴意义的村民入股、市场化发展的乡村再振兴之路。

关键词：H村；乡村振兴；农村建设

---

* 本案例由北京航空航天大学公共管理学院硕士研究生穆春杉、李亚泽、李冬杉、潘悦琪撰写，指导教师为北京航空航天大学公共管理学院沈映春老师、何平林老师。2023年1月21日，调研组赴昌平区延寿镇对H村民宿经济工作开展实地调研，在此深表谢忱。

引言

当资源和生态换取经济成果的通道被关闭，“生产、生活、生存”成了村民急难愁盼的问题，重振经济、推进人与自然和谐共生的问题摆在面前，这座京郊乡村能否找到出路？跟随本文，一起到北京昌平区延寿镇H村一探究竟。

一、案例正文

（一）热闹一时的辉煌

1. 京郊村落H村的历史

“书记当了三十几年，也被‘骂’了三十几年。”这是H村党总支书记老刘经常讲的一句话。

20世纪80年代，当老刘被选为H村党总支书记时，只有二十几岁。当时的H村，只是郊区的一个穷村，村民人均年收入才四五百元，是当时昌平县（1999年，经国务院批准，撤县设区，昌平县改称昌平区）数得着的穷山村。为了摘下穷帽，老刘书记和村干部挖掘村里的“资源圈”，决定开发脚下踩着的锰矿资源。他们筹集资金建起了湖门矿井，村集体组织劳力开采。1991年7月建成第一个矿井，当年就开采矿石1 000吨，收入16万元，村里有了第一桶金。之后，又开办了板栗标准化果园、对荒山荒坡又进行了租赁经营，日子渐渐有了起色。

随后，该村为适应新产业的发展潮流，陆续投资了数百万元加强农业基础设施建设。更多的外商和民企也进驻了H村，最高峰时候达到一百余家。虽然H村里人富起来了，可难题却接踵而至，H村周边环境有待改善，打架斗殴、抢劫等治安案件也时有发生，对此村民都有很多意见。

农民的“骂声”逼着老刘书记和村干部继续向前走。当时的H村户口人数仅有120多户，农户353人，但外来人口却多达近千人。如此多的外来人口如何管理呢？通过探索，该村在各个村民组都成立了一支管理队伍，里面有3名村民代表、2名志愿者、2名环卫清洁员及1个保安，而这支队伍也承担了整个村的日常管理。

这些年来，H村政府投入大批资金，修建路面、排水，兴建大型综合性商店、菜市场、商贸街，并建成了休憩园区、体育设施、文化教育中心。各类基础设施的不断完善，农民生活日益便利，日子越过越好，“骂声”也越来越少。

H村地处昌平区延寿街道东北方位，在清朝时期已形成村落，而该村正好在湖口附近，因此得名H村。H村天气特征除了具备北京地区四季分明、季风强烈、降水聚集、雨热同季的共性，主要特征体现在土壤温度也随着山脉的起伏而出现强烈垂直线型起伏。降水量和降水日也随海拔上升而增大，山区地带常年比平原地区降水日更多，水分蒸发能力也随着海拔的升高、温度的下降而降低。植物种类众多，以各种次生植被居多。自然植物资源相当丰厚，主要经济植被有多种，其中药用植物就有几种。而野生动植物资源和矿产资源也相当丰厚。

H村村域面积3 278.4亩（1亩约等于666.67平方米），户籍人口333人，村“两委”班子5名，交叉任职3人，村民代表31名，党员50名。H村曾经因经营锰银厂而是北京市内知名的企业大村，在关停锰银厂后，H村由富裕村逐渐变为一个经济落后村，该村的主导产业也变为了林果业，具体包括核桃、板栗、山楂、柿子等干鲜果品。由于农业产业效率低下，收入也不高，为实现农业经济社会快速发展、带领农户增收脱贫致富，近年来，H村的党组织积极思考事业的新方向，紧紧围绕农业复兴规划的总要求，积极推进第一产业与第三产业结合，使农业党建的引领成为“第一要义”，按照“富民先聚心，事业不惧辛，建设为求新”的工作思路，坚持夯堡垒、塑产业、强保障、优管理，“四步走”迈出城乡振兴坚实步伐，该村先后获得“全国文明村镇”“全国乡村治理示范村”“首都文明村”等荣誉称号。

2. 发现资源，充分变现

昌平区H村地区，黑色金属和有色金属矿产资源丰富，在H村和西湖村锰银矿储量有 1.5 万吨。有色金属铅锌矿的矿体长 400 米，厚 1.5 米，深 200 米，其中铅矿储量 7 200 吨，锌矿储量 1.44 万吨。金矿储量 87 千克。上庄村有铁矿和黑色大理石矿。

1966 年，北京市地质调查 102 大队在昌平县溪湖村的锰矿中找到了一块很漂亮的岩石，它是一种粒状物，不透明至微透明，外观呈现亮丽的玻璃光泽，莫氏硬度为 5 ~ 6，色彩以淡红色、粉红色、紫红色及红白相间居多，有各种花纹图案，美如桃花，当地人称为桃花石、桃花玉。通过地质队的详细普查和勘察，终于查清了这些石料的集中分布区域，预计总储量将在 500 万吨以上。对挖掘出的“桃花石”原石料进行雕刻加工后，就是“京粉翠”。

玉石专家在显微镜下，仔细观察京粉翠时发现，里面的主要成分是蔷薇辉石和岩英，蔷薇辉石的浓度可以达 15% ~ 80%，而且还可以包括少量的方长石和氧化锰。而京粉翠的主要颜色就来自里面的锰元素，同时锰元素浓度越高，其色泽就越红，甚至红到发紫；京粉翠的主要白色成分是岩英，即二氧化硅；氧化锰的形成会在京粉翠产生一个黑暗斑块及细脉，而当中混入的铁元素也会在京粉翠表面产生一个暗色条带。

随着储量逐渐下降，京粉翠的价格逐步提高，尤其是粉红白花京粉翠，为北京地区所特有，它的矿石成分主要以蔷薇辉石和石英居多，杂质也很少，因此颜色看起来更加纯正，而粉红的蔷薇辉石看起来如同在春天绽放的桃花，在白石英的衬托下更显娇艳。

H 村在 1991 年只有 120 户，村民 353 人，过去村民主要以板栗、核桃等林果收入为主，1988 年村民人均年收入才 400 ~ 500 元，是当时昌平县数得着的穷山村。1991 年，穷则思变的 H 村，决定开发脚下踩着的锰矿资源。他们筹集资金 5.7 万元，建起了湖门综合矿，村集体组织劳力开采。1991 年 7 月建成第一个矿井，当年就开采矿石 1 000 吨，收入 16 万元。随着开发规模的不断扩大，到 1993 年，全年开采矿石 1.1 万多吨，收入近 300 万元，集体纯收入 50 多万元。50 多名采矿一线壮劳力年收入最低的也在 1 万元以上，70 多名妇女、老人赶着 80 多头驴，往山外运送矿石，年收入 6 000 ~ 7 000 元。

3. 收入快速提高留下隐患

在开发锰矿的同时，H 村还发挥林果生产的优势，改造老、散、杂果园，建起了 37 亩的板栗标准化果园。1993 年仅林果一项纯收入就达 20 多万元。同年他们对荒山荒坡又进行了租赁经营，租期 50 年不变。村民又新栽板栗树 2.5 万株，建成一个“绿色银行”。

H 村靠开发自己的优势资源，打开了致富之门，1993 年全村总收入 654 万元，集体积累 98 万元，人均劳动所得 3 900 元。小山村实现了小康梦，H 村成为远近闻名的富裕村。

这样的生产生活方式使村民的腰包越来越鼓，但是 H 村的环境却遭到了严重破坏。“小时候河水大得可以拉动水磨，但后来山泉水少了，连村里吃水都难了!”山里的矿越挖越少，河里的鱼渐渐绝迹，不仅当地的生物多样性受到损害，村里人的生存也渐成问题。

（二）“银饭碗”被打破的境遇

1.“钱途”关闭，迅速衰落

北京市是中国的首都、世界大都市、中国文化大城、宜居都市，蕴含相当丰厚的地质矿产资源。矿产资源的开发利用，曾经有力地推动了首都经济社会的发展，甚至在有些区县采矿业一度成为地方经济发展的支柱产业。但长期以来，由于受采矿工艺、决策制度和经营观念等的制约，自然环境受到严重破坏。研究表明，北京大部分关停废弃矿井地处生态涵养区的水源保护地，如果不适时进行恢复，将给北京的环境安全造成巨大危害，所以加强对关停废弃矿井的环境恢复是改善北京自然环境，维护环境安全和建设和谐社会首善之区的迫切需要。

2007 年，北京市园林绿化局、北京市发展改革委、北京市国土局、北京市财政局联合印发了《北京市山区关停废弃矿山植被恢复规划（2007—2010 年)》，H 村积极响应政策号召，关停矿井。该村没有了支柱产业，随之而来的便是人口逐渐流出，村庄空心化趋向明显。怎样克服这一困难，成为摆在 H 村党组织眼前的一大难题。

2. 生态破坏留下满目疮痍

过去，靠山吃山、挖矿卖钱，是当地人自认为天经地义的生存逻辑。因为这里的旱地多、坡地多，而且天气比较寒冷，所以适合栽种的经济作物也较少，农民收入较少。

但是过度开采破坏了矿区生态，特别是锰矿开采与加工导致矿区内生态结构和功能的破坏，矿区生态系统朝着不利于人类生存的方向变化。H 村水土流失和农田荒漠化的问题非常严峻，泥石流、塌方等地质灾害频频发生，植被覆盖率较低，自然环境脆弱。在这些情况下进行高强度的锰矿开采，必然会导致这一区域生态系统的逆向发展和恶性循环。

（1）破坏矿区原有生态系统

露天矿的用地范围很大，采掘时直接损害区内的土壤地表类型、地层层序、有锰矿种群、开采区地质的地貌景观，以及一些特殊地貌遗迹。除锰矿采区挖损或破坏外，露天矿的外排土区和尾矿区周围还有大量的植被或农田，因此在一定程度上打破了矿山中固有的生态系统，使其失去原有的平衡。

（2）采矿区域水系统生态恶化

露天开采活动抽排地下水，使勘探线上地下的水位大幅度下降，在一定程度上损害了矿区和周边地区的均衡系统，产生了地下水的枯竭问题，并会造成岩溶崩塌灾难。另外一个影响是水体污染严重。由于排土场和矸子堆长时间处于氧化、溶滤的铁锰矿环境中，其各种有害矿物成分及有害物质随水进入周围地下、锰矿地表水体，以及耕地、土地之中引起对周围的地下水、锰矿地表水体长年而持续的化学危害。这些污染将会妨碍锰矿水生物的生长，使鱼虾绝迹，影响农业灌溉，从而带来一系列的区域水生态恶化问题。

（3）生态环境质量下降

露天开采所产生的废石、废弃物和松散物料易造成锰矿矿山的水土流失。在开采中煤及煤矸石的自燃，锰矿采、运、排等生产过程中产生的粉尘及有害气体等会造成严重的大气污染。运输车辆、筑路机械、机修车间，以及大型采掘机械的运转会产生大量的噪声污染。因为长期露天采矿造成防风固沙、储水保土、涵养锰矿资源、清洁城市空气、维护生物多样性的环保功能下降，所以锰矿的露天矿带的生态环境价值也会在一定程度上降低。

3. 村民心态发生的变化

H 村得天独厚，依托丰富矿产资源走上了脱贫致富之路，但破坏了大自然和生态多样性，与绿色发展之道相悖。关停矿场后村民没有了收入来源，心态逐渐悲观。如何寻找一条绿色开发之道，因地制宜，顺应大自然，从坐吃山空到山绿地富呢？如何实现对人类价值观和行为态度的转变，从而促进人与自然的变化，并达到人与大自然之间的协同与平衡呢？

H 村的老刘书记在年轻时以“三不怕”精神而闻名，即不怕难、不怕烦、不怕累。但是，他现在反而有“三个怕”：第一，怕听不到骂声；第二，怕观念和意识赶不上文化；第三，怕经济赶不上他们对美好生活的要求。所以，他决定在下次村委会换届时退休，把舞台让给年轻人。

（三）冲破困局的探索

1. 新一轮村委会冲在前

银矿锰矿的关停让 H 村陷入沉寂，不复往日的热络喧嚣。“领导们想想办法呀，我家孩子在城里，这几亩地也没人种，家里没啥收入了呀。”“领导，我家挨着山脚，这几年也挖得千疮百孔，干不成别的买卖啊，村里不能不管我们。”村民的呼声愈发强烈，刘书记又一次陷入沉思，缓解矿场关闭带来的经济压力成了 H 村委会面临的首要问题。

“说实话，咱们现在的处境比较艰难，必须认清银山一去不返这个现实，当下的问题主要有三个：一是农民的收入锐减，村集体收入缩水；二是村民心态发生变化，产业的局促导致生产积极性不高；三是村里的制度体系近些年疏于建设，机制不全。综合看来任重道远，咱们作为党员，必须接过老刘书记手中的火把，要以十二分的士气搞出一片新天地”，村委会议上几个年轻干部说道。

2. 更新思路，谋定后动

接下来的日子里，村委会会议室里的灯常常亮着，进进出出都是干部匆忙的身影，村委会也不断派人到先进地区学习，经过几十天的外部咨询和谋划部署，村委会终于敲定了关于H村复兴计划的4个方向。

（1）以党建为突破口率先发力

首先，要建强一个堡垒，为增强村庄发展后劲，在村“两委”换届之际，原党支部书记主动退出，全力支持年轻同志顺利接棒，并以支委身份继续协助支部开展工作。“老退新进”的同时，实现“两委”班子年龄学历“一降一升”，凝聚力、战斗力进一步增强。两任书记卡口执勤冲在前、“两委”干部包片联户暖民心，展现出硬核担当，成为村民的主心骨和贴心人。落实了村级党组织书记“头雁工程”和“两委”干部核心建设工程，以发挥组织的战斗堡垒功能。其次，树起一面旗帜。不断推进党史知识培训，认真征询群众建议，建立“我为群众办实事”清单，实施“为民办实事”项目，包括修缮道路护坝消除安全隐患、修建生态停车场解决群众停车难问题等。开展“共产党员在身边”专题教育，在垃圾、分类、美好乡村建设等重点工作中，激发共产党员效应，通过激发组织“火车头”和党员干部“主心骨”效应，为产业发展提供组织保障。再次，完善一套制度。各村的“两委”及班子成员自加压力，建立了碰头会商、议事决策等制度，每月至少召开一次支委会研究党支部重点工作，定期开展理论学习，班子成员政治素质和业务能力持续提升。最后，严格贯彻村级重要工作民主管理十步工作法，进一步健全了村级议事的集中审议机制，并为充分发扬民主、听取民情、化解民忧，在原有村民代表会议的基础上成立了村级议事厅，凡兴修道路、项目筹资等涉及村庄发展事务，都在村民议事厅集体审议。

（2）产业催生新动力

一是流转盘活土地资源。在土地流转工作中，采用次序动员工作法，“两委”干部带头签约、党员骨干逐个签字，带动全村100户村民主动将经营权流转至村股份经济合作社，流转率达97%。一名村干部说：“村民都是守着地过了这么多年，大家一时不理解，难接受，这都是正常的。我们作为党员，又是村干部，我们先来给大家打个样！”同时，党员干部不辞辛苦地挨家挨户进行疑难解答。二是着力打造特色民宿产业。出台《H村村庄发展规划》，重新确定“民宿旅游村”的重点开发位置，并积极牵线搭桥，对村里的22处空置住宅进行回租，并建设成特色精品住宿示范区，努力形成生态、农林业与乡村文化有机融合的互促型产业结构。三是大力扶持农家乐。新农村建设的经验表明，原汁原味的乡村菜肴是民俗旅游的亮点之一，H村党支部鼓励村民开办农家乐，专门为民俗户开设烹饪班，研发新菜品。推出“红门盛宴”“板栗宴”“栗蘑宴”等餐饮品牌，对经营现状好的农家乐进行重点扶持，提高农家乐的专业技能和服务水平，通过打造“吃”的品牌，辐射带动村民从“要我干”到“我要干”。

（3）以治理环境做好保障支撑

一是深化环境整治。将把改善乡村人居条件和打造美好的宜居农村环境作为重中之重的任务，村党支部制定了“一清二整三提升”的环境提升工作机制。村干部发挥表率作用，带头参与人居环境整治、带头入户宣传垃圾分类工作，持续落实垃圾巡回收集不落地工作模式。二是实施亮化工程。投入资金修建村民休闲小广场、步行街花圃等项目，重修文化活动室，修建上山道路，实施沿街景观提升工程，展现乡村生活的悠然乐趣，营造和谐文明的乡村景象。三是试点风貌管控。H村作为试点开展农房风貌管控工作，从墙体、门楼、屋顶三个方面进行改善，最终达到灰墙灰瓦、古朴原生的乡村面貌，进一步提升村庄整体“颜值”。

（4）以管理升级实现新跃迁

一是实施乡村物业化管理。为提高村庄精细化管理水平，村党支部多方走访调研，确定了“专业的人做专业的事”的思路，通过公开招标聘请物业公司，对村内部分事务实行物业化管理，物业公司聘用村民从事物业管理工作，村“两委”班子对物业服务质量进行检查监督，形成“有落实、有监督、有成效”的良性循环治理体系，切实提高了村民的幸福感、满意度。二是成立合作社专业运营。村党支部正在推动成立民俗旅游专业合作社，负责民宿旅游的统筹运营，吸引更多村民入股，让村民既当股东，又当实际劳动者，既有工资收入，又有年终分红，实现持续增收。同时，将充分发挥“旅游+”功能，融合现有的地方特色民俗文化与传统传承工艺，通过创造和展示独特的乡村旅游商品，进一步提高游客价值。三是强化支撑提升服务效能。村党支部引入新型无线远传智能水表，实现了线上线下多渠道缴费、用水量监控、管道维护与村域管理的有机结合，乡村治理智能化水平进一步提升。抓好物流公司业务进村，通畅物流配送进村的“最后一千米”，通畅村内快捷物流配送服务网络，加快打造林下经济产业链，推动栗蘑、板栗等特色农产品走出去。

3. 成效初现，曙光来临

一是土地流转实现增收。坚持党建引领盘活资源，660 亩园林土地纳入区镇重点租赁地块，通过流转租金、林木管护、采收权竞标等方式，实现全体农民每年增收 160 余万元，村集体经济收入明显增加。

二是特色民宿成为区域亮点。注重对外推介，依托农民丰收节、昌平区农业嘉年华等，进一步展示延寿生态谷、湖门特色小村庄独特魅力和旅游风采，开展美丽延寿系列采风、“嘉年华杯”健康主题活动，H 村旅游品牌形象再次升级，湖门民宿入围北京市首届网红打卡地之一。

三是乡村环境治理效果显著。几年来，H 村累计投入 190 余万元，清理建筑垃圾 300 余吨，清理乱堆乱放 6 020 平方米，拆除违建 96 处 1 800 平方米，空气质量连续多年保持在良级以上，村民表示新鲜的空气和干净的水源始终是新农村建设的首要保障。

四是文化休闲设施逐步完善。H 村累计投入资金 4 000 余万元修建村民休闲小广场、步行街花圃等项目，重修 400 平方米文化活动室，修建 8 条上山道路，实施沿街景观提升工程，整修休闲步道 500 米，修建登山木栈道 1 000 米、新修观景平台 3 处，同步建设文化浮雕、立体彩绘、文化广场，形成特色景观群，以亮点的打造吸引游客，展现乡村生活的悠然乐趣，营造和谐文明的乡村景象。村民说：“以前村里大路有些地方坑坑洼洼的，但一下雨就淤了。现在把路面都硬化了，进出的客人，走进村里，都说这环境挺好的”。

五是基础快递业务网格建成。由于打通了线上线下的“最后一千米”，网络购物和网络售卖逐渐兴起，H 村的快递业务量也飞速增长，“过去我们家收取快件都非常不方便，从本村到镇里的快件起点步行就要二三十分钟。现在好了，把物流架建在了村口，出家门后很快就可以收到快件，儿女可以在线上给我们购买物品，还可以直接寄到家中，非常便捷。”村民高兴地说。

（四）湖门复兴的新通路

1. 新项目新思路新未来

漫步在村里整齐靓丽的街道上，该村党委书记饶有兴致地说：“对H村这些年的进步，要感谢党中央的好政策，还要谢谢咱们市财税、文化、旅游、农业等有关部门的领导支持。特别是从属于昌平区农业服务中心的农业职业技术学校，那里的老师为我们带来了定点扶持项目，前后3年，村里发生了翻天覆地的变化。”农业职业技术学校党支部书记介绍道：“这是学校为H村量身打造的项目，实施的初衷，是为未来构建一条‘有地方可住、有美味可吃、有景致可看、有体验可玩、有东西可买’的产业互动经营模式的道路。3年来，有培训、有服务，也有建设，通过这些工作，尝试引导改变民俗户的经营思路。”

余森华副校长说道：“好产品、好服务是基础，但是‘酒香也怕巷子深’，所以营销宣传也是要紧的事儿。学校的老师们深入挖掘银山塔林文化，统筹吃、住、看、玩、买的产业链。2020年推出‘铁壁湖门’微信公众号，开设‘延寿之路’‘银山塔林’‘湖门民宿’‘湖门农耕’‘湖门瞬间’‘湖门美食’‘湖门农家’等栏目，认真打造H村对外展示的窗口。在此基础上，他们还将制作好的短视频上传到各方短视频平台，在一定程度上促进了湖门休闲农业旅游发展。一个阶段的结束，同时也意味着新的开始。下一步，我们将在总结H村工作基础上，优化‘美丽乡村内涵提升扶持试验’项目的设计，创建“村两委”班子创新创业辅导、新农民讲习所培训、传统村落保护性开发利用规划编制、特色产业引入与推广、村域景观化载体植入与氛围修饰、传播手段应用培训等六个模块的实施内容，踏踏实实地为美丽乡村建设做点事！”

2. 注重市场理性农村化

要破解当下的经济问题，便需探寻将旅游与农村民宿运营市场化的有效途径——市场理性农村化。一是发挥农业资源优势，民宿行业跨界融合。农户可能缺乏相应的力量自主经营民宿，而与文化旅游业伴随的特色营销、饭店运营、传统手工艺品运营等，均为农业的优势领域。激活农村发展的内生力量，是农村振兴步入良性发展轨道的必然需要。通过引导农户在优势方面开展创新创业，与当地政府倡导的传统民宿产业进行融合发展，是引导农民积极投入发展的方式之一。要提高农民的生产积极性，使其重新回归社会主义市场经济的主体中，就必须赋予农民相应的产品与资源，因此H村也对村民开展了多方面技能培训。二是培育农村市场经济观念，进行管理指导。要使市场经济理性真正农村化，就必须农业观念市场化。农民必须熟悉市场经济规则和法律，才能够有效地投入市场经济。民宿发展大浪淘沙，在H村留下来的民宿也开始向更为规模化的民宿过渡。这些民宿的经营者具有较好的管理能力与发展意识，虽然其生存同质性的问题还亟须解决，但可以在个体经营的状况下坚持下来，就足以表明这种管理能力的重要性。

3. 促进乡风文明的实践

H村的村民朴实、善良、厚道，因此给他们的经营树立了好口碑。虽然在餐饮品质的提升、邻里抱团发展和面对休闲农业旅游需求等方面还存在一些差距。但只要弄清楚游客需要什么样的产品和服务，就能够满足需求。经过走访调研，学校启动了多种培训。包括菜品提升、服务礼仪素质训练、参观番茄联合国农业休闲观光园、河北正定烧鸡的经营实践等。同时，融入合作社化经营的课程，助力解放思想、开阔视野。在开设邻里文化、孝道等培训之余，配发学校自编教材，提供种植、养殖、治污与民宿四类精选案例，促进村民学习的同时，提高创新和就业的能力。力争实现从粗放到精细、从低产到高效的转变。

4. 坚持环境友好与生态宜居

前些年由于缺少规划，村民的自建房存在私搭乱建的现象，传统村落的民居样式和韵味已然消失。房前屋后、街头巷尾、闲置地乱堆乱放、杂乱无章，也在一定程度上影响了人居环境和村容村貌。为此，村委会采用农业培训中心的建议，决定采取示范引领的办法，推动空间美化工作。2018年，深挖垫层，为村西巷道铺设石板路面并进行装饰美化，根据不同的民宿主题对农家院外部景观和内部装饰进行设计和施工。2020年，对桥洞以东500多平方米的闲置地进行综合改造，铺上石板道路，架设太阳能路灯，设置分类垃圾箱、休闲桌椅、儿童滑梯，栽种花草树木，营造出邻里和谐的休闲文化活动氛围。

二、案例分析报告

（一）背景

1. 产业发展陷入困境

产业振兴是乡村全面振兴的基础和关键。在乡村大环境中，立足当地特色资源开发旅游产业，带动乡村经济发展是当下具有积极探索意义的尝试。自20世纪90年代开始，H村的旅游事业便开始发展，三十多年间起起伏伏，走过不少弯路，也收获了许多宝贵经验和成果。

H村为北京市昌平区所辖村庄，地处昌平区延寿镇东北方位，位于银山低谷丘陵地区，毗邻银山塔林天然风景区，特色旅游资源较为丰富。依托风光秀丽的塔林风景区及丰富的农作物供应，当地政府予以政策等方面的支持，旨在促进H村旅游民宿经济发展。沐浴在政策支持和优待的“阳光”下，几十家民宿在H村扎根，好景不长，由于经营者小农思维下的恶性竞争和外部经济市场的冲击，处于发展初期的H村民宿产业陷入危机，让刚刚过上好日子的村民面临重返贫困的风险。面临产业发展危机，需要科学研判症结所在，并提供更有效的破解举措，以帮助H村渡过难关。

2. 亟须摆脱发展困境

H村曾经是实现小康梦的富裕村。1990—2006年，H村靠锰银矿的资源，曾挤进了北京市百强富裕村。2007年，北京市园林绿化局、北京市发展改革委、北京市国土局、北京市财政局联合印发了《北京市山区关停废弃矿山植被恢复规划（2007—2010年）》，H村积极响应了当地政府号召，毅然决然关停矿山。因此，村庄没有了支柱产业，接踵而来的便是人口逐渐流失，村庄空心化趋向严重，乡村整体呈现凋零的艰难景象。

21世纪，H村选择了“弃矿从旅”，发展民宿旅游产业，然而在产业发展的过程中，H 村再一次陷入困境。同样的发展困境仿佛再一次降临到 H 村，在一定程度上阻碍了该村的发展，使村民陷入了艰难的境地。此时，破解难题、克服困难是 H 村坚定的选择，守护 H 村健康发展是村民不变的使命。艰难方显勇毅，磨砺始得玉成。为寻找 H 村旅游发展的生存之道，突破环境制约，解决可持续发展的难题，H 村积极探索发展创新途径，紧紧围绕城乡繁荣发展战略总体要求，积极推动第一产业与第三产业发展，创新业态培育、完善服务保障支撑、进一步提高运营管理水平，多措并举，攻坚克难，共同打破困境，探索出一条适合 H 村发展的精准道路。目前，H 村致力于将第一产业与第三产业进行联合发展，搭建产业结构创新体系，如图 1 所示。

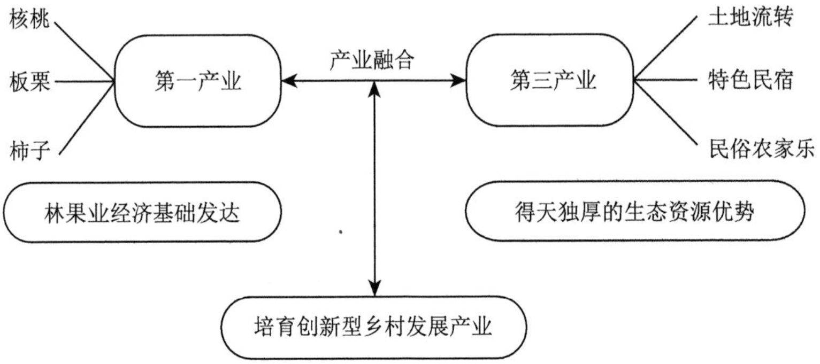

图 1　H 村产业结构示意图（笔者自绘）

（二）理论基础

1. 旅游扶贫理论

旅游扶贫，是指政府通过扶植地方旅游产业，进一步发展贫困地区丰富多彩的游览文化，并兴办地方旅游经济实业，将旅游产业作为地方区域内的重要支柱产业，以带动地方蓬勃发展，实现贫困地区的人民与地方财政双致富。旅游扶贫将以崭新的生产活动、强大的造血能力、强大的引领功能，形成产业扶贫的强大生力军，为中国贫困地区开辟出一条投资致富、迈向繁荣发展的开发之道。

近年来，我国的乡村旅游扶贫工作以充分发挥地方各级财政功能为切入点，通过强化农民基础职业技能培养，逐步建立了公平合理的乡村旅游扶贫项目收益激励机制，并建立了乡村旅游扶贫项目的多元化融资渠道，将贫困人口受益作为旅游扶贫的核心目标，构建“市场—村民—政府”三方主体联动的发展机制，促进激发乡村旅游产业发展的内生动力。

2. 体验经济理论

“体验经济”一词来源于企业商品概念，借助多样性的服务体系和融入共情体验感的思维感知，达到人们体验需求被实际满足的目标的新经济模式。最先明确提出“体验经济”概念的是美国学者约瑟夫·派恩（Joseph Pine）和詹姆斯·吉尔摩（James Gilmore）。他们相信在“体验经济”的时代中，体验即为应着重提升消费者对服务的体验感，通过商品为媒介道具，构建以消费者为中心的服务经济方式，通过参与的体验过程最终为消费者留下深刻印象的体验活动过程。体验经济是旅游产业的本质特征，乡村旅游的体验经济属性格外突出。

乡村旅行的感受属性特征大致体现在以下的五大层面：审美性感受、文化性感受、休闲性感受、趣味性感受和逃避性感受。首先，旅游消费者在享受田园风光、鸟语花香的同时，可以选择体验更多的闲适农事活动，在旅游过程中，如果碰到当地举办特色节日庆祝或者农事活动，可以参与体验。其次，旅游消费者在体验过程中，亦能汲取关于农业发展、农耕文化、务农操作等方面的知识，现场的实际操作、形象化的讲解有助于提升农业教育水平。在发展乡村旅游产业过程中，应吸取体验经济理论知识，深挖当地乡村旅游的自然旅游资源、发挥人文景观得天独厚的观赏优势，提升旅游消费者的体验感、享受感、共情感。

3. 产业融合理论

行业整合，是指将在时代上分别出现、构造上处在不同阶段的农业、工业、服务业、信息技术业、高科技服务型行业，在同一领域、价值链、产业基础上彼此穿透、交叉包含、整合发展的新生产形式和经营发展模式，采用无形穿透有形、高端统御低端、领先推动滞后、纵向拉动横向，使中低端产品成为高档产品的重要组成部分、实现产业升级的新知识经营发展模式、生产经营模式和新产品经营模式。具有多个行业交叉、产业结构调整等显著特征。产业融合源于机器工业革命时期，最初应用于信息技术产业，后经过不断发展变革，逐步渗透到其他行业。国外关于产业融合理论研究中最具代表性的学者是内森·罗森伯格（Nathan Rosenberg），他致力于研究借助技术手段的融合，统一性地管理不同产业间生产的全过程，最终表现形式是融合各个产业后，迸发形成新的产业和新的业态。

在乡村经济发展进程中，产业融合发展将会衍生多种产业业态，如乡村旅游、乡村度假、休闲农业、工业化农业、农业体验等新的产业业态。在乡村旅游的发展过程中，要整合各产业优势资源，不断开发乡村旅游特色产业项目，树立与之相适应的生态旅游形象。通过充分发挥行业整体的集聚作用，提供丰富多样的农村旅游服务项目与商品，形成旅游商品与服务结合的发展方式，增强农村旅游行业的实力，促进农村旅游高质量、规模化发展。业态整合可以产生农村商品生产、营销、物流配送一体化全流程的全新经济运作方式，不但扩大当地商品的销路，更可以增加就业机会、为农户创造更多的生产时间与就业岗位，让农村生产价值链得以有效升级，促进农村生产经济的增值赋能化。

（三）案例分析

1. 量体裁衣明确发展方向

银山塔林，位于北京市昌平区。1988 年，银山塔林被中华人民共和国国务院公布为第三批全国重点文物保护单位。H 村是通往银山塔林的必经之地，地理优势显而易见。同时，地处莽莽群山之中，原始森林茂密丛生，古塔庙宇尽显壮丽，给人以幽静、神秘之感，非常适合发展旅游采摘业。

在北京市新一轮功能布局调整和昌平“两轴两带、三城两区”战略格局中，根据昌平区建设蓝绿交织、风景融城、田园如画的生态大美之城，延寿镇打造全域旅游发展示范镇的区域功能定位，通过研究分析，H 村独特的生态优势非常明显，区、镇、村统一思想，确定了 H 村建设“民俗旅游村”的战略发展位置，H 村的发展有了新机遇，点燃乡村产业发展的希望之光。

在政府部门的支持与引导下，H 村启动了民俗旅游项目。当地政府给予了很大的支持，提供经费和设施支持，对整修的屋舍进行专门的规划，向村民提供免费的饮食和服务培训，帮助其学习民宿经营方法。一系列的优待政策使H村数十家民宿扎下根来了。同时，随着民俗旅游业的不断发展壮大，H村现如今已经成功脱贫，走出一条独具特色的乡村振兴之路（见图2）。能够取得优异成绩，靠的是H村坚定的旅游发展方略，靠的是村民的勤劳实干，靠的是我党的正确指导和鼓励。

图2　村民宿旅游发展热火朝天（笔者拍摄）

2. 得天独厚的生态资源优势

H村与银山塔林相毗邻。银山塔林景区内，从山脚至悬崖顶端，黑色的花岗石层层堆积，远望犹如铁山壁立，故称银山铁壁，是“燕平八景”之一；这里群山环绕，植物生长茂盛，风光优美，气候宜人，山场面积广阔，适合野游采摘（见图3）。

图3　丰收季节硕果累累（村民提供）

H 村的林果业经济较为发达，果业基础资源丰富，拥有大片的标准化果园，果树品种主要有栗子树、杏树等，特产果品有栗子、山楂、柿子、杏及栗蘑等。

3. 强有力的治理和保障措施

响应北京市美丽乡村建设政策号召，H 村对村庄的主街进行了景观改造。建设的文化浮雕、立体彩绘，提升了村落总体形象，在改善农户人居条件的同时，形成特色景观艺术观赏带（见图 4）。

图 4　改造后的特色景观艺术观赏（笔者拍摄）

整治了村里内河运管道，进一步改善了村里的生活环境，并克服了“有山无法爬、有水在底层”的困难，进一步完善了民宿旅游发展的硬件环境。村庄的环境变美了，吸引了越来越多的游客来 H 村休闲度假（见图 5）。

图 5　整治乡村水系工程（村民提供）

（四）走出困境之振兴措施

1. 抓夯基固本，激活产业振兴“新动力”

一是建强一个堡垒。为增强村庄发展后劲，在村“两委”换届之际，原党支部书记主动退出，全力支持年轻同志顺利接棒，并以支委身份继续协助支部开展工作。“老退新进”的同时，实现“两委”班子年龄学历“一降一升”，凝聚力、战斗力进一步增强。两任书记卡口执勤冲在前、“两委”干部包片联户暖民心，展现出“硬核”担当，成为村民的主心骨和贴心人。落实村党组织书记“头雁”工程和“两委”干部核心建设工程，发挥党支部战斗堡垒作用。

二是竖起一面旗帜。不断推进党史知识培训走深走实，认真征询群众建议，建立“我为群众办实事”清单，实施“为民办实事”项目，包括修缮道路护坝消除安全隐患、修建生态停车场解决群众停车难问题等。开展“共产党员在身边”主题实践活动，在垃圾分类、美丽乡村建设等重点工作中，发挥共产党员先锋模范作用。2021 年，共产党员参与村口卡口执勤 500 人次、清洁环境卫生 336 人次，通过发挥党组织“火车头”和共产党员“主心骨”的作用，为产业发展提供坚强有力的组织保障。

三是完善一套制度。村“两委”及班子成员自加压力，建立了碰头会商、议事决策的工作制度，每月至少召开一次支委会研究党支部重点工作，定期开展理论学习，班子成员政治素质和业务能力持续提升（见图 6）。严格贯彻村级重要工作民主管理十步工作法，进一步健全了村级议事的集中审议机制，并

图 6　H 村抓夯基固本、抓党建引领（村民提供）

为充分发扬民主、听取民情、化解民忧，在原有村民代表会议的基础上成立了村级议事厅，凡兴修道路、项目筹资等涉及村庄发展事务，都在村民议事厅集体审议。

2. 抓产业培育，打造产业振兴“新引擎”

一是流转盘活土地资源。原本，村民自有土地耕种、山场销售山货，虽然收益不高，却也保障了一批农村困难户。但流转之后能否如约拿到收益呢？村民心里没底。在土地流转工作中，采用次序动员工作法，“两委”干部、党员骨干带动全村 100 户村民主动将经营权流转至村股份经济合作社，流转率达 97%。H 村召开党员大会，村党支部书记刘富春又带领班子成员挨家挨户做政策宣传和动员工作，特别是做好亲属的思想工作，“一签约，就拿钱”，不开空头支票，让群众真正得到实惠。党建引领盘活资源，660 亩园林土地纳入区镇重点租赁地块，在“两委”班子的协同引导下，H 村通过流转租金、林木管护、采收权竞标等方式，实现全体农民每年增收 160 余万元，仅此一项举措就让 6 户在账贫困户全部脱贫。“这些可是我们采买山货收益的好几倍！”村民手里拿到了钱，脸上乐开了花。

二是着力打造特色民宿产业。H 村是进入银山塔林的必经之地，位于莽莽山峦之间，周围原生林木密布，古塔庙宇尽显，给人一种静谧、神奇之感，非常适合开发观光采摘旅游业。借助银山塔林得天独厚的资源优势，H 村已确定了打造“民俗旅游村”的开发目标。从这一点入手，H 村制定了“旅游发展方向、环境整治先导、文化发掘深度、农民致富目标”的发展思路，制定了《H 村村庄发展规划》蓝图，努力将绿水青山化为真正的“金山银山”，并主动牵线搭桥，把村里的 22 处空置住宅全部进行回租，并建设成特色精品住宿示范区，逐步形成了生态、农林业与乡村文化有机融合的互促型产业结构，目前已完成了“柿子红了”“银心阁”等民宿装修和院落改造。注重对外推介，依托农民丰收节、昌平区农业嘉年华等，进一步展示延寿生态谷、湖门特色小村庄独特魅力和旅游风采，开展美丽延寿系列采风、“嘉年华杯”健康主题活动，H 村旅游品牌形象再次升级，民宿入围北京市首届网红打卡地之一。

三是大力扶持农家乐。原汁原味的乡村菜肴是民俗旅游的亮点之一，H 村党支部鼓励村民开办农家乐，专门为民俗户开设烹饪班，研发新菜品。推出“红门盛宴”“板栗宴”“栗蘑宴”等餐饮品牌，对经营现状好的农家乐进行重点扶持，提高农家乐的专业技能和服务水平，通过打造“吃”的品牌，辐射带动村民从“要我干”到“我要干”。H 村结合农业绿色生产，发展壮大了乡村旅游文化产业。2021 年扩大村中绿化面积十余亩，对村中农田进行整治，以增加绿色蔬菜产量（见图 7）；同时借助农业工业的基础和红色旅游资源，带动农村民宿蓬勃发展，目前已有特色规模大民宿三家，平均每月吸引游客百余人，农户自办农家乐两所，供应农家特色饭菜，并引导农村劳动力 20 余人从业，增加了 40 余户农户收入。

图 7　当地自家种养无公害农家菜（村民提供）

3. 抓保障支撑，擦亮产业振兴“新底色”

其一，加强周边环境整治。将改善乡村人居环境和构建美好宜居乡村作为重要工作，村党支部制定了“一清二整三提升”的环境提升工作机制。村干部发挥表率作用，带头参与人居环境整治、带头入户宣传垃圾分类工作，持续落实“垃圾巡回收集不落地”工作模式，近年来，H 村累计投入 190 余万元，清理建筑垃圾 300 余吨，清理乱堆乱放 6 020 平方米，共拆除违规建筑 96 处

1 800平方米。二是实施亮化工程。已投入资金4 000余万元，建设完成休闲娱乐小广场、步行街花圃等工程，重修了400平方米的文化活动场所，新修了8条上山道路，并进行了沿街景观提升工程，整修休闲步道500米，修建登山木栈道1 000米、新修观景平台3处，同时打造了建筑浮雕、立体彩绘、文化广场，形成特色景观群，以亮点的打造吸引游客，展现乡村生活的悠然乐趣，营造和谐文明的乡村景象。“微栽培”就是其中一个。“我们H村街巷两旁，家家户户门前都摆放着几个小花箱、小花盆。里面除了鲜花花卉，还有绿色蔬果。”延寿镇H村党支部书记刘富春说道，“微栽培”的模式很适合在当地开展，让村民在扮靓家门口环境的同时，还能品尝自己种植的新鲜蔬果。村庄整体风貌提升了，村民居住环境更美了，小山村拴心留人的特色更加凸显了，这一切的改变，使得不管是喜欢幽静的客人，还是爱好徒步旅行感受自然的登山客，来到了H村都有一种割舍不下的亲近感和归属感。村民说：“以前村里大路有些地方坑坑洼洼的，一下雨就淤水。现在把路面都硬化了，进出的客人，走到村里，都说这环境挺好的”。整治村内河道（见图8），以改善村庄的水环境，解决“有山不能爬、有水在地下”的问题，改善了民俗旅游的硬件条件。并且顺利完成了“煤改电”工作，改变了村民祖祖辈辈烧柴烧煤取暖的落后方式，进一步促进了生态涵养建设。

图8　整治村内河道，提升村中水环境（村民提供）

其二，试点风貌管控。2022 年，H 村作为试点开展农房风貌管控工作，从墙体、门楼、屋顶三个方面进行改善，最终达到灰墙灰瓦、古朴原生的乡村面貌，进一步提升村庄整体“颜值”。目前已完成规划任务，下一步将开展评审与实施，推出“宜居宜业宜游”美丽乡村度假产品，为民宿行业的蓬勃发展奠定扎实的基础。走进小院，青砖灰瓦、木色门窗，庄重而古老，具有乡情乡意（见图 9）。

图 9　灰墙灰瓦、古朴原生的乡村面貌（笔者拍摄）

4. 抓治理升级，汇聚产业振兴“新能量”

一是实施乡村物业化管理。为了提升村庄精细化管理水平，村党支部组织多方走访调研，确立了“专业的人做专业的事”的思路，通过公开招标聘请物业公司，对村内部分事务实行物业化管理，物业公司聘请村民从事专业的物业管理工作，村“两委”班子对物业服务质量进行检查监督，形成“有落实、有监督、有成效”的良性循环管理机制，切实增强了村民的幸福感、满意度。

二是成立合作社专业运营。目前，参与民宿流转的村民每年租金收入 1.14 万元，且合同到期后改造的房屋能无偿地交给村民使用。村党支部正在推动成立民俗旅游专业合作社，负责民宿旅游的统筹运营，吸引更多村民入股，让村民既当股东，又当实际劳动者，既有工资收入，又有年终分红，实现持续增收。同时，充分发挥“旅游 +”功能，融合现有的地方特色民俗文化与传统技艺，通过创造和展现独特的乡村旅游产品，增加旅游附加值。

三是强化支撑提升服务效能。村党支部引入新型无线远传智能水表，实现了线上线下多渠道缴费、用水量监控、管道维护与村域管理的有机结合，乡村治理智能化水平进一步提升。推动物流快递业务进村，畅通本村物流配送入户的“最后一千米”，畅通村内快递物流服务网络，加快打造林下经济产业链，推动栗蘑、板栗等特色农产品“走出去”。

5. 抓高端市场，迎合品质消费“新需求”

一是避免打价格战、引发恶性竞争。早期，H 村内有几十家民宿，数量多、同质化严重。因 H 村地理位置较偏远，当时并没有重视打造银山塔林景区的品牌，造成民宿市场需求不足，供过于求。同样运营着民宿行业的村民为了招揽客人而大打价格战，一家民宿将原本 60 元一位的市场价降到了 40 元一位，导致其他家的民宿经营者为了客源也只能调低价格。在不理性的恶性市场竞争中，H 村当地民宿运营状况也越来越艰难。以理性小农的视角来分析，小农在市场活动中是理性的投资者，但他们个人的理性不等于集体理性或村庄理性。在 H 村民宿经营中，村民间的较量，显示出了小农理性的特点，而并非市场合理。村民为了增加收入，使自己得到最大的利益，会选择自行其是，利用恶意低价抢夺客源，丝毫不考虑当地民宿行业的大行情。所以，在小农理性下，打价格战、引发恶性竞争的结局就是让大部分民宿破产倒闭。2017 年，H 村的民宿数量从原来的数十家，一下子就锐减到寥寥几家。在外部市场的冲击下，H 村民宿经济彻底陷入困境。之后，H 村由乡镇政府收购了村民的空置房屋，重新装修设计了十余院民宿，各院都有专属的传统中国风格，“柿子红了”等院落得到顾客的一致好评，所有院落统一归属品牌，由乡镇政府统一管理。高端类住宿平均每晚每院房价约为 2 000 元，在网络平台上即可预订住宿。通过访谈了解到，每到周末，民宿院子都会住满，工作日基本有一半的入住量，运营状况还不错。本地村民个体经营的民宿数量在市场恶性竞争和外部风险影响下骤减。小规模经营的民宿，有至少三层二十户住房，价钱相对于高端民宿比较平价，标间价格约为 400 元每晚。但具有农家院特点的个体经营民宿所剩无几。自此，H 村民宿经济为了适应新市场，主打高档特点，这也充分显示了完全的市场理性。

二是探索旅游乡村民宿经济市场化的有效渠道。依照小农理性，村民倾向于选择更加安稳的、低风险的、没有变动的生产方式，往往不会投入巨大的资金去新建更符合游客心意的民宿。而要让民宿企业迅速成长起来，就必须走到市场理性中去，并根据市场逻辑来运作。在 H 村前期的民宿项目中，把市场逻辑排斥在外，村民完全按照自身的理性活动，而没有顾及投入和收益之间的平衡点，从而造成个体经营的损失；而后期 H 村的高端民宿项目，完全将农民个体自发性排除在外，完全按照迎合市场的方向建设，这不但削弱了农户的投资积极性，而且导致 H 村走向了与其他旅游型的农村民宿企业同质化方向，未来的上升空间比较有限。农民始终是村庄的主体，市场始终是村庄发展的必然之路，而农民理性和市场经济认识的抵触问题，在 H 村没有得到解决，也使其民宿开发遇到了障碍。农民理性下的民宿发展已经宣告破产，市场理性下的民宿发展又遭遇瓶颈，H 村村民未来的开发能力受限，能动性降低。要破解当下的问题，便需要探寻旅游乡村民宿经济市场化的可行途径——市场理性农村化。从传统中国风建筑，就可以发现 H 村展现的人文主体性是可以既顺应市场又保留当地特色的。H 村遵循“修旧如旧”的原则，对村内原有的 22 处闲置农房进行改造，陆续建成草木缘居民宿，拥有“山楂恋”“吉栗舍”“柿子红了”“海棠社”等民宿院落，每年民宿观光旅游业年收入已实现近百万元。

三是提升品质，树立品牌意识。精雕细琢打造知名高端民宿品牌，同时注意自身品质的提高，加强品牌管理，强化区域协同营销，提高附加值。结合农民丰收节、昌平区农业嘉年华等当地特色，开展美丽延寿系列采风、“嘉年华杯”等主题活动，H 村旅游品牌形象再次升级，展示湖门特色村庄独特魅力和旅游风采。H 村还设立了“北京市铁壁银山游客业务管理中心”，专业进行现代民俗传统游客接洽业务，并为游客开展了多姿多彩的游览娱乐活动：参观采摘、学做农活、学做农家饭、登山、篝火晚会、露天影视等。H 村还打造了水果采摘系列游项目，从四月至十月，体验农民硕果累累的生活，满载着观光采摘收获的快乐，也让游客可以亲自感受最富有当地特色的田园生活。

（五）结论与启示

各地农村自然资源禀赋差异较大、各有特色，发展基础有所不同。针对国家“十四五”时期乡村振兴战略的新要求，聚焦农业高质高效发展的重点、难点，深化休闲农业“十百千万”畅游行动。围绕农户增收，政府积极推动了一三产业结合。昌平区延寿镇 H 村乘着全域旅游发展的东风，搭上了乡村振兴的“快车”，开创了民宿发展的“新纪元”。这里群山环绕，植被繁茂，景色秀丽，气候宜人。H 村因地制宜，紧依银山塔林等天然景观，根据依山傍水的天然环境，积极打造特色村落旅游品牌，培育扶持发展一大批具有故土情感、地方文化的精品民宿。H 村是北京郊区发展生态旅游事业的重要代表，也是北京优质农村资源实现改造提升和美丽蝶变的一个缩影，在整合好自身资源、全方位发展农村旅游的同时，进一步搞好在绿水青山之中的环境保护建设，将进一步激活民宿旅游的积极性，引导更多农村群众“走生态路、吃观光饭”，为家乡发展兴旺赋能。近年来，农村旅游事业的发展速度很快，特色亮点频现，在外部环境搞好的同时，内部发展的思维逻辑也注重与时俱进、开拓创新，让市场理性真正农村化，农民思想真正市场化。H 村在民宿经营前期给予建筑设计扶持、餐饮服务免费培训，后期还需要结合互联网时代背景发展线上营销推广。农民必须熟悉市场规范和规则，才能更好地投入市场经济。民宿的发展大浪淘沙，最后在 H 村留下来的几家民宿也逐渐向更加规范化、规模化、特色化转型。需要具有更高的经营意识和市场意识，不断推陈出新，打造特色产品，解决同质产品竞争问题，发展独具魅力的 H 村过硬品牌。

三、结束语

产业结构变新，发展模式变绿，经济质量变优，“绿水青山就是金山银山”理念就是赋予绿色生态以发展的概念，就是农村要生态，乡村旅游要生态，产业的转型也要生态。H 村的产业结构、发展模式、生态环境实现华丽转身、完美蝶变，旅游提质促增效，让当地越来越多的村民享受到绿色发展的生态红利，生活蒸蒸日上，满足了村民对美好生活的向往。北京市昌平区延寿镇H村实现了产业转型升级，在旅游开发、生态整治、基层组织建设等领域大力推行了乡村振兴战略，村容村貌变新变美，实现了整体蝶变，村民获得感不断提升、幸福指数与日俱增。H村将根据发展规划蓝图，进一步提高“人”的素质，打造“景”的品牌，做大“游”的服务，继续丰富旅游业态，扩大精品住宿规模，助力村民增收致富，绘就新农村的新画卷。山清水秀的美丽乡村图景吸引各地游客慕名前来，集生态观光、文化体验、旅游服务、人文居住等功能于一体的现代文旅新村令人向往。

参考文献

［1］赵放，吴宇晖．体验经济的思想基础及其规定性的阐释［J］．吉林大学社会科学学报，2014，54（2）：62－69；173.

［2］金思扬．现代旅游体验及其渐进式分类［J］．湖北社会科学，2021（2）：81－86；99.

［3］马健．产业融合理论研究评述［J］．经济学动态，2002（5）：78－81.

［4］胡高强，孙菲．新时代乡村产业富民的理论内涵、现实困境及应对路径［J］．山东社会科学，2021（9）：93－99.

［5］张中楠．机遇与挑战：旅游乡村民宿经济市场化发展的可行路径——以H村为例［J］．中国市场，2022（16）：23－25；28.

［6］张晶灿．践行“绿水青山就是金山银山”理念推进乡村振兴——记杭州市余杭区双桥村的蝶变发展［J］．浙江国土资源，2020（9）：52－53.

技术与数字治理

无人驾驶的"优"与"忧"*

——自动驾驶汽车的规制困境

摘要：自动驾驶汽车作为战略性新兴产业，是推动汽车产业转型升级，提升国际竞争力的重要领域，世界各国纷纷通过法律、指南、标准等对自动驾驶汽车的技术和产业发展进行规制。但自动驾驶汽车发展涉及多元主体，还包括大数据、人工智能、信息通信等先进技术，因此在规制制定过程中，面临着诸多价值和利益冲突，以及风险难以评估和防控的问题。在一些规制议题，如道路测试和示范应用、准入和登记等方面，都面临诸多争议。对此，本文首先对Z市自动驾驶汽车管理条例的立法实践进行分析，其次在此基础上对我国自动驾驶汽车规制的问题、难点进行分析，最后从多方视角提出自动驾驶汽车协商式规制进路，并提出相关对策建议。

关键词：自动驾驶汽车；公共冲突；协商；规制

引言

2022年北京冬奥会顺利举办，走在首钢科技园的道路上，可以看见以前

---

* 本案例由公共管理学院博士研究生周晨及硕士研究生吕海鹏、侯靖雯、赵越、宋方方撰写，指导教师为北京航空航天大学公共管理学院李亚老师。2022年1月7日至9日，课题组赴中国北方车辆研究所和北京首钢园对自动驾驶汽车技术发展和应用情况开展实地调研，并对某市规制部门进行线上咨询，在此深表谢忱。

只出现在展会或测试中的应用，已经化身为触手可及的实景——路上自动驾驶车辆顺滑上路，在遇到行人时，能及时避让，路边的无人售货车招手即停，能够根据路况和人群聚集情况进行路线调整，随时满足游客需求。与此同时，在张家口赛区的如意滑雪场也部署了自动驾驶汽车，提供无人接驳摆渡、无人流动售货、自主泊车等服务。

截至目前，我国自动驾驶汽车已测试的里程高达15万千米，相关技术发展较为成熟，与世界先进水平呈齐头并进之势。《中共中央关于制定国民经济和社会发展第十四个五年规划和二〇三五年远景目标的建议》提出，“发展战略性新兴产业”，自动驾驶汽车技术就是其中一项重点任务。要加快汽车电动化、智能化、网联化进程，以驱动产业变革并带动经济社会发展。

然而，自动驾驶汽车上路的合规性问题一度引发业界讨论。由于比较缺乏配套的政策法规，自动驾驶汽车的发展和应用进展缓慢。如何制定出既保障安全和相关主体的合法权益，又促进自动驾驶汽车产业高质量、可持续发展的法规，已成为当务之急。

一、案例正文

（一）楔子

接连不断的引擎声划破天际，跨越两岸的双子大桥车水马龙，Z市人大常委会法工委科员小李坐在汽车的后排望向窗外。车速越来越快，眼看就要撞向前车，小李大喊让司机减速，才发现驾驶位并没有人——自己乘坐的是一辆无人驾驶的汽车。车子失控般向前冲去，随着“轰”的一声巨响，小李睁开眼睛从床上弹坐了起来。“原来是梦啊！这要是撞到了前车，让我负责赔偿可真冤啊!”他拍拍胸脯长吁了一口气。身边睡前没关的电视机里正在播放特斯拉刹车失灵事件的新闻，“原来刚刚的撞车声是新闻报道里的……”小李看着电视画面心想道。还未等他完全清醒过来，突如其来的手机铃声又打断了他的思绪，是人大常委会法工委办公室申主任打来的电话。“又有什么紧急任务吗?”小李一边寻思一边皱着眉头接通了电话:“喂申主任，早上好……”还没等她说完，申主任就打断了他的寒暄“小李！看新闻了吗，这次事故影响太广了，舆论压力非常大。刚才我跟几个领导简单讨论了一下，虽然咱们作为自动驾驶汽车先行示范区，事故也不是发生在咱们市，但是地方性法规的编制还是不宜太过激进，原定的正式发布时间先暂缓。人我都联系好了，咱们再开个会对一些条款重新讨论，你来负责记录一下。现在到咱们二层会议室吧！”说完，申主任便匆匆挂了电话。

在去往会议室的路上，《Z市自动驾驶汽车管理条例（征求意见稿）》的规制制定过程一幕幕地浮现在小李的脑海……

（二）产业发展需要法治保障

在Z市人大常委会法工委工作的小李，出于对政策导向和完善立法工作的敏感性，与同事一起梳理了近年来我国自动驾驶汽车发展的相关政策。

1. 产业发展成为国家战略

2015年5月，国务院发布《中国制造2025》，从国家战略层面提出建立完整的智能网联汽车技术研发体系、生产配套体系及产业集群的目标。

2. 先行先试地方性法规出台

2017年，北京市人民政府出台了《北京市关于加快推进自动驾驶车辆道路测试有关工作的指导意见（试行）》和《北京市自动驾驶车辆道路测试管理实施细则（试行）》，率先在全国建立自动驾驶技术的创新制度体系，稳步推进自动驾驶开放道路测试工作。2018年2月，上海经济信息化委、市公安局、市交通委联合印发了《上海市智能网联汽车道路测试管理办法（试行）》（沪经信规范〔2018〕3号）。截至2020年，全国已有北京、长沙、上海、广州等21个城市开展自动驾驶汽车道路测试和示范应用。

3. 颁布道路测试管理规范

2018年4月，工业和信息化部、公安部、交通运输部联合印发《智能网联汽车道路测试管理规范（试行）》，这是首个由国家部委联合发布，在全国具有效力的法律文件。首次对测试主体、测试驾驶人、测试车辆等提出要求，对智能网联汽车开展实际道路测试的规范化起到了一定的作用。

4. 印发产业发展行动计划

2018 年 12 月，工业和信息化部印发了《车联网（智能网联汽车）产业发展行动计划》，提出构建国家级车联网先导区，不断提升交通智能化管理水平和居民出行服务体验。2019 年 5 月，工业和信息化部、江苏省工业和信息化厅支持创建了江苏（无锡）车联网先导区。此后，在 2019 年 12 月、2020 年 10 月、2020 年 12 月，工业和信息化部分别与地方人民政府支持创建了天津（西青）、湖南（长沙）、重庆（两江新区）四个国家级车联网先导区。

5. 出台产业创新发展战略

2020 年 2 月 10 日，国家发展改革委、中央网信办、科技部、工业和信息化部、公安部、财政部、自然资源部、住房城乡建设部交通运输部、商务部和市场监管总局联合发布了《关于印发〈智能汽车创新发展战略〉的通知》（发改产业〔2020〕202 号），为自动驾驶汽车产业未来发展指明方向。提出中国标准智能汽车体系到 2025 年基本形成、2035 年全面建成的目标。

6. 汽车分级标准应运而生

2020 年 3 月 9 日，工信部发布了《汽车驾驶自动化分级》推荐性国家标准报批公示。2021 年，中华人民共和国国家市场监督管理总局、中华人民共和国国家标准化管理委员会发布了国家标准《汽车驾驶自动化分级》（GB/T 402129—2021）。

7. 国家发布产业发展规划

2020 年 11 月 2 日，国务院办公厅发布《国务院办公厅关于印发〈新能源汽车产业发展规划（2021—2035 年）〉的通知》国办发〔2020〕39 号），《新能源汽车产业发展规划（2021—2035 年）》提出了产业发展目标，部署了提高技术创新能力、构建新型产业生态、推动产业融合发展、完善基础设施体系、深化开放合作等五项战略任务。

（三）调研起草座谈有条不紊，Z 市规制进程稳步推进

2020 年，中共中央办公厅、国务院办公厅印发通知，明确了将 Z 市作为

建设先行示范区综合改革试点的实施方案。

2021年，工业和信息化部、公安部和交通运输部联合发布《智能网联汽车道路测试与示范应用管理规范（试行）》（工信部联通装〔2021〕97号），增加了对示范应用的要求，对道路试验、示范应用和试验区（场）等含义进行了界定，进一步将适用范围从有限的道路扩大到有限的区域，明确了高速公路可以作为道路测试和示范应用的道路。同时，将地级市纳入可制定详细实施细则并组织路试和示范应用的省市类别。

为响应国家政策、规范自动驾驶汽车开展道路测试和示范应用，小李所在的Z市人大常委会法工委开始组织《Z市自动驾驶汽车管理条例》的起草工作。

在第一次征求意见座谈会结束后，小李参与整理了会上讨论的各项议题（见表1），并参照会议纪要记录的各方意见，在申主任的指导下形成《Z市自动驾驶汽车管理条例》初稿。个别争议议题有待再次组织座谈会进行协商解决。

表1　主要争议议题和各方代表意见

争议议题	开展无人测试	隐私数据保护	事故责任认定
法工委、办公厅和司法局	倾向于配备驾驶人	倾向于企业制定保护方案	按照事故原因确定责任主体
工信局	视情况允许开展无人测试	由车企制定全部保障方案	未表态
交通运输局	测试阶段要配驾驶人	倾向于企业制定保障方案	按照事故原因确定责任主体
公安交通局	须配备驾驶人，随时接管可能失控的车辆	未表态	出于现场事故快速处理考虑，由驾驶人或车主先行赔付，视调查情况找企业追偿
保监局	未表态	未表态	由驾驶人或车主先行赔付，视调查情况找企业追偿
行业代表和专家	倾向于配备驾驶人	由车企制定全部保障方案	按照事故原因确定责任主体
企业	视情况允许开展无人测试	工信局制定后续保障方案	由驾驶人或车主承担主要责任
保险公司	测试阶段要配驾驶人	未表态	由驾驶人或车主先行赔付，视调查情况找企业追偿

来源：小组成员根据访谈资料整理

（四）议题争论不休左右为难，多方主体博弈矛盾凸显

为进一步推敲《Z 市自动驾驶汽车管理条例》的框架和相关方存在保留意见的条款，Z 市人大常委会又连续召开了两场立法征求意见座谈会。作为条例初稿的起草者之一，小李跟随申主任继续参加会议讨论并负责记录。座谈会上，小李先将预先准备好的材料分发给与会人员，再由申主任对条例框架和条款内容进行了简单的介绍，随后各方代表就条例的 3 项争议条款进行讨论。

1. 无人测试成为争议焦点

第二次座谈会开始，各方代表就关于配备驾驶人的条款进行了讨论。

众车企代表纷纷表示，现阶段自动驾驶汽车相关技术飞速发展，之所以要开展地方立法工作，就是为了“船小好调头”，等待汽车驾驶自动化分级标准的出台，恐怕会在另一个方面给技术发展带来障碍，导致在国际竞争中落后……一时间，针对该条款的争论陷入长时间的僵局。

经过讨论，条款中增加了“高度自动驾驶和完全自动驾驶的自动驾驶汽车开展道路测试或者示范应用，经市相关主管部门安全评估、审核批准，在采取了相应安全措施的前提下，可以不配备驾驶人”的内容。

2. 数据保护如何划定界限

各相关方在此议题上基本达成一致。在条款中增加了“在发生或者可能发生国家安全数据及用户个人信息泄露、损毁、丢失的情况时，自动驾驶汽车相关企业应当立即采取补救措施，按照规定及时告知用户并向市互联网信息部门报告”的内容。

3. 事故责任怎么认定评判

在次日的座谈会上，有关交通事故责任认定的议题也引发了长时间的争论。

经过讨论，部分条款内容调整为：“因自动驾驶汽车质量缺陷造成交通事故的，车辆的控制人或者所有人依法承担损害赔偿责任后，可以向智能网联汽车的生产者、销售者追偿。不配备驾驶人的自动驾驶汽车，在运用自动驾驶系统持续执行全部动态驾驶任务和动态驾驶任务接管过程中发生的交通违法行为

及事故，由车辆的控制人承担相应的法律责任……因车辆管理、使用、维护不当引发的交通违法行为及事故，由车辆的所有人承担相应的法律责任。”

（五）多元协商提供解决方案，完善法治进程

在征求社会各方面意见和建议期间，国家相继出台和修订的各项政策也为条例相关条款的完善提供了法律保障。

1. 标准修订安全技术条件

2021 年 4 月 9 日，工业和信息化部新修改的《机动车运行安全技术条件》（GB 7258—2017）国家标准第 2 号修改单规定，要求从 2022 年 1 月起，新生产的乘用车必须配备 EDR 系统，即行车事件记录器，这个被称为汽车黑匣子的装置，可以记录事故前后的车辆运行数据。未来涉及自动驾驶的“罗生门”事件，有望通过黑匣子的数据铁证“一锤定音”。

2. 新法出台保障数据安全

2021 年 6 月，《中华人民共和国数据安全法》经第十三届全国人大常委会第二十九次会议通过并正式发布，自 2021 年 9 月 1 日起施行，作为我国数据安全领域的基础性法律，其明确了数据监管主体，为汽车数据安全完善了国家数据安全工作体制机制。《中华人民共和国数据安全法》兼顾数据安全与发展，为汽车数据安全治理思量未来；提出了数据分类分级制度、应急处置机制和数据安全审查制度，便于汽车数据安全治理创新探索；强调数据安全保护义务，为汽车数据安全治理规范了主体责任；关切政务数据安全与开放，规范汽车数据利用方式。

3. 汽车分级标准发布文件

2021 年 8 月 20 日，由工业和信息化部提出全国汽车标准化技术委员会归口的《汽车驾驶自动化分级》（GB/T 40429—2021）推荐性国家标准由国家市场监督管理总局、国家标准化管理委员会批准发布，将于 2022 年 3 月 1 日起实施。

4. 多方协商促进规制完善

到达会议室，小李发现除了此前参与立法的各方代表，还增加了几个新面

孔。各方代表坐定后，申主任介绍道："本次座谈会，我们邀请到了××大学的李教授及其团队，在公开征求意见期间，李教授团队对征集到的意见进行了分析和研究，其中包括汇总后的公众建议，将作为公众代表参与接下来的讨论。"

在本次座谈会上，各方代表基于新出台政策，充分考虑了公众意见，进行了坦诚的协商，会议的讨论进程比此前几次座谈会顺利许多。各项争议议题都在短时间内达成了共识，不仅在一定程度上缩短了会议讨论时间，加快了立法进度，而且最终形成的《Z市自动驾驶汽车管理条例（试行）》各项条款整体上得到了各方代表的一致认可。

二、案例分析报告

（一）背景

近年来，在人工智能、大数据、5G通信等技术发展和汽车制造、信息通信、互联网等产业探索实践的推动下，自动驾驶汽车逐步从系统研发、道路测试迈入商业化应用初期阶段。然而，自动驾驶系统的应用使车辆操控者不再局限于人类驾驶员，当自动驾驶汽车发生事故时，原有《中华人民共和国道路交通安全法》遵循的过错判定原则将不再适用。同时，现行的车辆产品准入标准、网络安全保护法律也主要针对传统驾驶机动车辆，如何解决自动驾驶汽车在市场化过程中面临的车辆不能入市、不能上牌、不能运营收费等问题，成为政府推动自动驾驶汽车商业化进一步发展的重要工作目标。

Z市针对当前社会热议的自动驾驶汽车事故责任认定、数据存储和隐私保护、网络安全等问题，尝试通过制定《Z市自动驾驶汽车管理条例》对自动驾驶汽车商业化进行全链条管理。然而，在Z市第一次召开座谈会的过程中，政府部门、行业组织、相关专家和一些核心企业对道路测试时是否要配备驾驶人、数据存储时限和接入范围、如何划分事故主体责任等问题的争议和分歧较大。是否能有效应对因放宽限制而带来的潜在风险，也引起了人们的质疑。如何在推动政策开放的过程中防控风险，成为决策者面临的主要难题。

本案例主要对Z市自动驾驶汽车管理条例的立法实践进行研究。通过收集政府官网公开的相关座谈会报告、新闻网站发布的相关政策报道，以及对相关政府工作人员、企业管理人员进行访谈调研的方式，结合预期治理理论和协商民主理论，对自动驾驶汽车规制现状、面临的问题和难点进行分析与总结。在此基础上，从多方协商的角度为自动驾驶汽车规制提出相关对策建议。

（二）理论基础和分析框架

1. 理论基础

（1）预期治理理论：提倡规制与技术发展相融合

预期治理是21世纪初期，由戴夫·古斯顿（Dave Guston）等纳米技术研究专家提出的一种技术风险治理理论。该理论追求负责任的研究与创新，主张决策者、专家、利益相关者、社会公众和行业组织等群体在互动协商的平台上，就新兴技术的风险预估和创新性发展展开对话。该理论期望通过构建预见、参与和整合三种社会能力，走出技术风险预估不确定性的困境，解决公众参与的民主性问题，并协调整合利益主体的技术风险预见机制、信息整合反馈机制和民主参与协商机制。此外，预期治理理论还提出了一套系统的实践过程，主要包括预见、参与和整合。

其中，预见过程是不同利益相关者在实践中共同探索未来的过程。参与过程是不同参与主体之间进行实质性思想交换的过程。每个人都掌握着各自的知识、经验与价值观念，意见交换可以让某些个体或群体看到其他人的价值观，以及对这部分真理的看法。整合过程是融合各方意见、各种资源的过程。整合突出了建立机制的必要性，通过这些机制，在预见和参与过程中出现的新见解就可以重新融入科技创新的过程中。

预期治理理论作为面向新兴技术风险治理的理论，主张多元主体参与新兴技术决策过程。该理论在本案例中的运用，符合当前自动驾驶汽车规制对于多方参与的需求。特别在Z市制定自动驾驶汽车管理条例的过程中，展现出多方参与和对各方利益诉求平衡的特点。因此，预期治理理论能够为本文分析自动驾驶汽车规制特点、问题和难点提供导向作用。

(2) 协商民主理论：强调多元主体的参与、论辩和共识

作为参与式民主理论的继承和深化，协商民主从根本上体现了“参与”这一民主政治的本质。无论是尤尔根·哈贝马斯（Jürgen Habermas）的“理想话语情境”还是约翰·罗尔斯（John Rowls）的“原初状态”，都主张所有受到政策影响的人要有参与的机会。约翰·德雷泽克（John Dryz）不仅强调公众参与的包容性，还进一步聚焦于民主的真实性，认为实质性的而非象征性的参与是协商民主的前提，突出公众及其参与在协商中的重要性。

总体而言，协商民主的核心要素包括以下三点。

一是实质性的参与和平等。正如托马斯·克里斯蒂亚诺（Thomas Cristiano）所说，公共协商过程中的平等原则是实现公正的公共协商的必要条件。在“理想的协商程序”中，乔舒亚·科恩（Joshua Cohen）认为参与各方在实质和形式上都是平等的。詹姆斯·约翰逊（James Johnson）则进一步探讨了协商民主需要的平等类型，他们认为平等就是平等获得政治影响力的机会，具体包括程序和实质两个维度。其中，在满足程序性保障这一先决条件的同时，民主协商还需要实质层面的资源平等和能力平等。

二是理性论证。“理性论证”这一条件被视为协商民主理论的核心所在。协商的关键是非强制性地使他人接受合理的观点，那么决定各种建议命运的是理性根据而不是权力，参与各方都需要表明自己提出、支持或者批评各种建议的理据，也就是诉诸“更佳论据的力量”。这一过程既包括认真和严肃地衡量支持或反对某些建议的理由，也指衡量支持或反对行为过程的内部过程。

三是强调偏好的可变性。自哈贝马斯以来，这种认为民主的核心是各种偏好的转变而非聚合的观点已经成为民主理论的主要论点之一。协商民主论者认为，个体的偏好从来都不是给定的，偏好转换可以通过公共协商来达成。“协商就是各种观点不受限制地交流，这些观点涉及实践推理并总是潜在地促进偏好变化”。艾丽斯·杨（Iris Yang）也指出，“就集体行动或公共政策进行公共讨论的过程，会促使个人的初始偏好从主观的欲望转向客观的要求，偏好的内容也会随之发生改变”。

综上，可以发现规范意义上的协商民主，是以公共参与为起点，通过参与者平等而理性的论辩，从而达致偏好转换、更深入理性的认识。

当前，为平衡各方合理的利益诉求、掌握关于规制的各种知识、经验和风险顾虑，Z 市在自动驾驶汽车管理条例的制定过程中邀请重点企业、行业组织、专家等多元主体参与，但如何发挥各方在规制中的参与和协商作用，协商民主理论可以从实质性参与、理性论证、偏好转换三个方面为自动驾驶汽车规制提供理论指导和方法支持。

2. 案例分析框架

融合预期治理理论和协商民主理论的内涵和作用，结合 Z 市自动驾驶汽车规制立法的实践，本文主要从自动驾驶汽车的规制目标、规制立法和规制决策三个要素，对自动驾驶汽车的规制现状、问题和难点进行分析。并基于分析结果，从多方协商的视角提出相关对策建议。根据上述思路，本文案例分析框架如图 1。

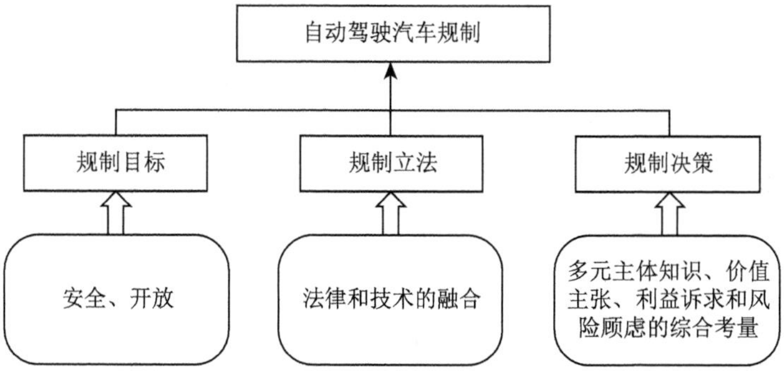

图 1　自动驾驶汽车规制的分析框架（笔者自绘）

（三）自动驾驶汽车规制立法的进程和特点

1. 自动驾驶汽车规制立法的进程

早在 2010 年，美国、英国、德国、日本等国家率先通过法规标准的建立与修订，将自动驾驶汽车的发展提升到国家战略层面。尽管我国在自动驾驶汽车立法规定上起步较晚，但随着相关技术和产业的快速发展，我国在自动驾驶汽车立法方面已较为完善，并且对自动驾驶汽车的全面商业化布局作出了创新性的立法尝试。

从规制内容和重心来看，国内外自动驾驶汽车规制进程相对一致，主要分为初期发展阶段、道路测试和示范应用阶段、商业化布局阶段。

（1）初期发展阶段（2010—2015 年）

在初期发展阶段，自动驾驶技术尚不成熟，相关产业也未成型。因此，美国、日本等国家的立法内容主要以支持自动驾驶系统研发为主。2009 年，美国交通部发布《智能交通系统战略研究计划（2010—2014 年）》，首次从国家层面确定发展 V2X 车联网通信技术，以推动自动驾驶相关产业的发展。随后，日本内阁于 2013 年制定跨部门的战略性创新项目计划（SIP），正式将自动驾驶系统的研发上升到国家战略高度。2015 年 5 月，我国国务院发布《中国制造 2025》，从国家战略层面提出建立完整的自动驾驶汽车技术研发体系、生产配套体系及产业集群的目标。

（2）道路测试和示范应用阶段（2016—2019 年）

自 2016 年后，汽车与电子、互联网和信息通信等行业融合初步成型，自动驾驶汽车产业趋于稳定。为进一步推动自动驾驶汽车技术和产业的革新，以美国、德国、日本、韩国等为代表的国家和组织，将自动驾驶作为汽车产业发展的重要方向，并通过政策支持、技术研发、标准法规、示范运行等综合措施，加快推动产业化进程。2016 年 9 月，美国交通运输部制定《联邦自动驾驶汽车法案》，对自动驾驶的技术标准、规制主体及规制范围等内容进行了规定。2017 年 5 月 12 日，德国通过首部自动驾驶汽车法律，对自动驾驶车辆的责任认定和安全保障等作出具体规定，成为全球首个将自动驾驶汽车纳入道路交通法规的国家。2018 年 3 月，日本政府发布《自动驾驶相关制度整备大纲》，明确自动驾驶汽车的责任划分，并对黑客攻击的事故责任作出初步规定。2018 年 9 月，日本国土交通省发布《自动驾驶汽车安全技术指南》，明确规定 L3、L4 级自动驾驶汽车必须满足的安全条件。2019 年，韩国发布了《自动驾驶汽车战略规划》，对自动驾驶商用化所需的基础设施、支持制度、监管机构作出了框架性规定。

在推动产业化发展的同时，自动驾驶汽车的道路测试也成为世界各国的立法重心。2016 年，日本警察厅发布《远程自动驾驶系统道路测试许可处理基准》，首次允许汽车在真正无人驾驶的状态下进行道路测试。2017 年，德国联邦议院颁布了《道路交通法第八修正案》，明确了自动驾驶汽车上路条件，并对不同责任主体的权利和义务进行明确区分。此外，英国在 2017 年 2 月颁布的《汽车技术和航空法案》中，还对自动驾驶路测过程中的保险责任作出具体规定。

2018 年 4 月，我国公安部配合工业和信息化部、交通运输部联合发布了《智能网联汽车道路测试管理规范（试行)》，对测试主体、测试驾驶人、测试车辆、测试申请及审核、测试管理、测试期间交通违法和事故处理等问题作出具体要求。2019 年 11 月启动了修订工作，形成《智能网联汽车道路测试与示范应用管理规范（修订稿)》，进一步优化完善了道路测试管理，积极探索开展示范应用。

（3）商业化布局阶段（2020 年至今)

2020 年后，在人工智能、大数据、5G 通信等技术发展和汽车制造、信息通信、互联网等产业探索实践的推动下，自动驾驶汽车开始进入商业化布局阶段。中国、德国和韩国针对自动驾驶汽车在商业化过程中面临的法律问题进行了初步规定。内容主要包括以下三个方面。

一是对 L3、L4 级别车辆的商业化运营进行具体规定。韩国国土交通部在 2020 年 1 月 5 日发布了《自动驾驶汽车安全标准》，针对自动驾驶汽车的部分功能提出了有条件的 L3 级别自动驾驶安全标准。这意味着韩国成了全球第一个为 L3 级别自动驾驶制定安全标准和商用化标准的国家。德国于 2021 年 5 月通过的《自动驾驶法》草案为 L4 级自动驾驶车辆设定了立法框架。我国也于 2021 年 3 月发布《道路交通安全法（修订建议稿)》，对 L3 级别的事故责任认定作出规定。2022 年 6 月，深圳市第七届人民代表大会常务委员会第十次会议通过了《深圳经济特区智能网联汽车管理条例》，该条例是全球首次对 L3、L4 甚至 L5 技术级别自动驾驶车辆的商业化运用进行全面管理的立法尝试。

二是明确自动驾驶汽车的商业应用场景。2021 年 5 月，德国参议院通过

《自动驾驶法》草案，该法案的适用场景包括班车交通、市区内的公共客运、非高峰时段载客、配送中心之间的物流运输、第一或者最后一英里（1 英里约等于 1.6 千米）载人/运输服务和自动待客泊车。2021 年 7 月 14 日，我国广州市正式发布《广州市智能网联汽车（车联网）示范应用场景目录》，提出广州将围绕出行优化、示范运营、公共服务等方向，加快推动自动驾驶网约车、干线物流智能驾驶重卡、自动驾驶专用车、自动驾驶小型服务车辆等 9 项商业化应用场景的建设。

三是对车辆产品准入标准和流程作出规定。2021 年 4 月，工业和信息化部组织编制《智能网联汽车生产企业及产品准入管理指南（试行）》（征求意见稿），就自动驾驶汽车应达到的技术功能、生产企业安全保障能力、产品准入过程保障、产品准入测试等进行了规定，于 8 月 12 日通过正式管理指南。

2. 自动驾驶汽车规制的特点

（1）产业参与主体多元

自动驾驶汽车道路测试与示范应用及商业化运营活动参与主体众多，其规制政策形成过程是政府对不同利益主体的相关诉求进行平衡和选择的过程，但政府自身不同部门也并非完全持中，各部门也存在各自的利益考量。

《Z 市自动驾驶汽车管理条例》的制定，不仅涉及公安机关交通管理、交通运输、工业和信息化、市场监管、互联网信息等部门和不同类型的相关行业企业，还与行业协会、公众等多元主体密切相关，甚至个别条款还牵涉与国家安全部门的协调。

自动驾驶汽车产业发展需要多元主体共同参与、相互协调、积极配合。这就需要在规制制定过程中让各方主体充分表达需求，广泛吸纳各方意见，尽可能避免在后续协调合作上出现规则上的阻碍。

要想做到多元主体公平参与、搭建一个共同建言献策的平台，需要解决好以下三个问题：一是相关主体的确定是否全面，要让所有利益相关主体全部参与政策制定，避免因个别相关方的遗漏造成其利益诉求被忽视，导致规制方向考虑不够周全；二是如何激活沉默群体，相关方代表要具备代表性，能够积极发表所代表群体的意见，避免“沉默的大多数”相关利益被忽略，给后续法规的施行留下隐患；三是如何畅通层级间的沟通通道，只有当参与者保持着不容忽视或互相依赖的均势状态时，他们才会正视相关参与者的立场和利益，进而通过平等对话解决分歧，而在现实情况下，政治地位、资源、权力不对等的情况往往更为普遍。

（2）各方利益诉求多样

多元的参与主体往往代表着不同的立场，不同的立场往往有多种不同的利益诉求，在多种不同的利益诉求之间寻求最大的合力，同时尽可能避免牺牲某方主体的核心利益，是政策制定的关键。

这一点在《Z市自动驾驶汽车管理条例》制定过程的几个争议议题中有较为充分的体现。对于开展道路测试和示范应用是否可以不配备驾驶人的问题，立法部门站在立法者角度考虑，倾向于与现行上位法法条原则相一致，即配备驾驶人；企业代表站在营业者角度考虑，期待出台宽松的政策，实现无人驾驶测试的合法化，尽快突破技术瓶颈，加速推进商业化进程；行业代表站在产业发展角度考虑，作为专业人士，出于对现阶段技术水平的信心，也倾向于政策的放宽；交通运输部门代表更多考虑公共安全，坚守安全原则底线。

自动驾驶汽车技术发展涉及多学科的协同融合，道路测试、示范应用和商业化又面临着生产者、监管者与消费者之间的复杂关系。所谓隔行如隔山，只有促成各相关方发表理性观点和建议，才能有效达成共识。而要做到这一点，打破对话的专业壁垒，是相互之间取得谅解、推进规制进程的关键。

（3）持续性与前瞻性需求

自动驾驶汽车作为战略性新兴产业，其行业发展具有技术迭代需求高、更新速率快的特点。虽然我国自动驾驶汽车起步相对较晚，但在国家战略引导和政策支持下，相关行业整体技术发展已与世界先进水平呈齐头并进之势，个别关键技术甚至占据国际领先地位。

产业技术的融合和高速发展往往伴随着难以预测的法律问题，地方政策制定需统筹考虑产业发展现状和持续性与前瞻性的有机结合，立足今后的行业发展需求，对技术发展过程中可能产生的法律问题予以考虑。

（四）我国自动驾驶汽车规制面临的问题和难点

1. 自动驾驶汽车规制面临的问题

（1）“开放”与“安全”的平衡

首先，受自动驾驶汽车风险与创新双重特性影响，决策者在规制制定过程中不仅要对潜在的风险进行防控，还承担着推动自动驾驶汽车创新和发展的任务。因此，规制过严或过松都会对自动驾驶汽车的创新和持续发展产生阻碍作用。如何在“开放”和“安全”之间寻求合理的平衡点，也成为自动驾驶汽车规制面临的首要问题。在Z市就自动驾驶汽车管理条例开展第一次座谈会的过程中，各参与主体在自动驾驶汽车数据开放和存储、产品责任划分、汽车准入和登记等规制议题上便持有不同甚至对立的观点，其根本问题是能否保证在放宽限制的同时有效防控风险。

其次，在数据开放和存储的问题上，自动驾驶汽车主要通过自动驾驶系统收集大量周边环境路况与用户信息，进行大数据分析处理，得出最佳行车路线，记录准确的时间地点。这意味着系统一旦运行失效或是遭受网络黑客攻击，驾驶人的人身和隐私安全都将面临巨大的威胁，同时也会给交通系统的安全性埋下巨大隐患。但如果对智能控制系统的标准设定过于严格，则不利于自动驾驶技术的进一步创新与发展。

再次，在产品责任划分的问题上，如果为了降低交通事故、网络安全和数据泄露风险，而将交通事故、数据和网络安全保障责任全部交由汽车制造商负责，尽管这一行为会督促生产厂商更新现有的技术缺陷，但为了降低风险，制造会选择相对安全但创新度较低的运行系统，长久来看并不利于自动驾驶汽车技术和产业的进一步发展。

最后，关于汽车准入和登记的问题，如果对自动驾驶汽车实施严格的市场准入监管、售后安全监管评估，不仅会阻碍自动驾驶汽车技术的创新，而且会导致伤亡人数上升。

（2）法律和技术的融合

自动驾驶汽车发展需具备包括网络通信、巡航控制、自动制动、车道保持、雷达感知、循迹或稳定控制、视频摄像头、位置估计、定位系统等在内的技术。而其技术的融合性也带来了参与主体与行为主体的多元化、因果链条的延长与责任界限的模糊等问题，给当前法律制定带来了极大的挑战。因此，如何将法律与技术相融合，也是自动驾驶汽车规制面临的主要问题。

以Z市座谈会中大家关注的事故责任认定为例，当前我国按照过错责任制度对机动车交通事故责任进行判定，但如果机动车处于自动驾驶，特别是L3级别“人机共驾”运行状态时，由于车辆控制者不再只是人类驾驶员，传统的过错判定原则将不再适用。此外，自动驾驶系统本身并不具备法律人格，中国、美国、英国等国家则将车辆控制者规定为操作自动驾驶系统的民事主体。因此，自动驾驶的事故责任判定涉及车辆控制人、车辆所有人、汽车制造商、汽车销售商等主体。在这种情形下，汽车制造商应承担过错责任还是产品责任，车辆所有人是否还要承担过错责任，事故责任是要归于一方还是多方，这些成为大家主要的争论点。

（3）社会公众意见的考量

从目前各主体参与自动驾驶汽车规制的情况来看，利益相关方、行业组织和专家等主体的参与度较高，社会公众参与度不足，参与环节也相对较晚，如Z市在召开第一轮座谈会的过程中，便忽略了社会公众的意见。而造成此种问题出现的原因在于：自动驾驶汽车技术门槛较高，参与规制的主体需具备一定技术、产业或法律等相关知识，而社会公众缺乏相应的专业基础，可能无法提出切实有效的规制观点或建议。要想公众平等地表达利益诉求，需要花费一定时间进行专业知识的培训，可能增加决策成本与时间。此外，当前自动驾驶汽车尚未全面进入商业运营阶段，规制方向仍旧以商业化布局为主，规制内容较少与公众的日常生活挂钩，因此社会公众的参与积极性和主动性也相对较低。

即便如此，我们仍旧不能忽视社会公众在自动驾驶汽车规制中的重要性。自动驾驶汽车技术具有较强的渗透能力，尤其是商业化阶段，在自动驾驶网约车、自动驾驶接驳车、网联自主泊车等应用场景下，自动驾驶汽车会逐步进入人们的工作和生活中，与每个人的利益密切相关。此外，自动驾驶汽车的最终用户是社会公众，他们在责任分担、风险可接受度等方面的顾虑不容忽视，其意见哪怕只反映了公众“朴素”的想法或直观感受，哪怕对立法意图或条文存在“误读”，其蕴含的关切和情绪不仅对自动驾驶汽车立法有重要参考价值，也能对企业后续的研发和生产行为起到一定参考作用。总体而言，自动驾驶汽车规制所需的不只是客观的技术知识和利益相关者的核心诉求，社会公众的利益诉求与价值判断也同样重要。

2. 自动驾驶汽车规制的难点

(1) 多元主体间的价值和利益冲突

作为智能与驾驶双重结合的工具，自动驾驶不仅涉及汽车制造、交通路径规划和道路基础设施建设，还包含高精度地图、运行系统研发、信息通信等专业性较高的工作内容。因此，在制定关于车辆系统标准划分、道路实测条件和驾驶操作规范等政策法规时，决策者需对相关技术、交通、车辆等知识有充足和系统的把握。识别与无人驾驶规制相关的主体，并将其纳入决策过程之中，成为决策者制定和执行无人驾驶规制政策的关键点之一。

参与主体的多元也意味着不同认知、价值和利益之间的交流与碰撞，甚至会呈现出彼此对立和冲突的情况。例如，在Z市组织座谈会的过程中，政府部门如工业和信息化部、交通运输部和公安部作为规制的主导者，保证无人驾驶的安全发展是其首要职责。因此，在涉及驾驶运行系统、网络安全保障、车辆装载标准和道路实测条件等问题的规制时，相关政府部门会设定相对严格的研发和测试标准。而汽车生产制造商、互联网企业和通信公司等企业及相关技术研发团队，为了自身经济的长期发展与自动驾驶的技术创新，希望决策者能放宽相关规制标准设定，给予其一定的自由创新空间。

(2) 自动驾驶汽车技术的不确定性和风险性

自动驾驶汽车技术作为一项新兴技术，其潜在的不确定性和风险性可能使人们陷入科林格里奇困境：由于缺乏对技术完备的知识与信息，且需要大量实践证据才能对技术的社会后果进行解释和预测，人们很难在技术发展早期阶段对其进行有效控制，当技术广泛应用并成为整个经济与社会结构的一部分后，一旦出现问题，再解决需要付出很大的代价。因此，有效应对技术的不确定性和风险性是自动驾驶汽车规制面临的难点之一。

自动驾驶汽车技术的不确定性主要体现在技术本身的不确定性和技术认知不确定性两个方面。其中，技术本身的不确定性指自动驾驶所涉及的技术和领域较为复杂，且难以预测其未来发展走向。特别是支撑自动驾驶系统运行的算法和数据，即便是研发者也很难解释其运行原理，并估算商业化后产生的各种影响。技术认知的不确定性是由于人们无法完全掌握自动驾驶汽车技术的相关知识和信息，个人、组织和群体在自身认知、价值和经验影响下对自动驾驶汽车及其规制持有不同的观点和主张，而正是这些多元甚至冲突的观点，使得各方很难就规制达成一致性的意见。

此外，随自动驾驶汽车技术发展而衍生的网络安全风险、数据安全风险、道路交通安全风险和道德伦理风险等，它们彼此间并不独立存在。特别当自动驾驶汽车技术应用于自动泊车、物流运输等现实场景后，因技术融合而带来的各种风险相互叠加交织，呈现出明显的非线性和网络化特点。不仅如此，风险的发生概率及后果的严重程度往往难以在事先被确切知晓，一般以“突现”的形式显现出来而令人猝不及防。受认知水平、能力经验、知识储备等多方面限制，人类对于新兴科学技术与社会结合后引发风险的防范意识和认知水平明显滞后于对科技本身的认识。

（五）自动驾驶汽车规制的协商式进路及对策建议

对于自动驾驶汽车规制面临的上述问题和难点，已有一些学者主张通过多方参与和协商的方式，邀请利益相关方、社会公众、行业组织等主体参与自动驾驶汽车、纳米材料、基因生物新兴技术政策的制定。通过该方式，各主体能够围绕政策的核心议题及其潜在风险展开讨论与交流，尽可能利用各方现有的知识与经验来降低技术的不确定性和风险性，并在协调各方偏好和利益诉求的基础上，实现各方意见的一致性。

从各国在自动驾驶汽车规制上的实践来看，也已呈现出协商的趋势。其中，美国交通运输部最早采取协商的方式来征求和协调各方利益与意见。2016年，在《联邦自动驾驶机动车政策指南》的制定过程中，交通运输部便通过组织圆桌会的方式咨询和收集了各方的观点与主张，使《联邦自动驾驶机动车政策指南》最大限度地代表和协调各方利益。

Z 市在制定自动驾驶汽车管理条例的过程中，也通过召开座谈会的形式邀请利益相关方、专家学者、行业组织代表和公众对自动驾驶汽车管理发表相关意见建议，并在最后一轮座谈会中采取协商讨论的方式就一些规制议题达成共识，提出创造性的规制方案。

1. 多方协商在自动驾驶汽车规制中的优势

为推动自动驾驶汽车技术和产业的创新与发展，自动驾驶汽车规制不仅要解决当前存在的问题和难点，更要具备前瞻性、开放性和包容性，为突破未来商业化发展可能面临的各种阻碍做准备。本文提出协商式的规制方式：通过搭建多元主体对话和互动的协商平台，推动利益相关方、行业组织、社会公众、专家和决策者共同就自动驾驶汽车规制方案进行交流与探讨。在对话和论辩的过程中，各方能够对彼此的规制偏好、诉求，以及技术风险的感知、评价和包容度等进行全面审视、反思和协调，最终就自动驾驶汽车规制方案达成一定程度上的共识。总体而言，多方协商在自动驾驶汽车规制中具备多种优势。

（1）加强各方交流与对话，寻求“开放”和“安全”的平衡

多方协商能够推动相关政府部门、企业和行业组织、社会公众等主体就自动驾驶汽车的相关规制议题平等和真诚地表达各自的看法与观点，并反过来全面审视和思考自己的价值预设和思维框架，根据他人陈述的知识和观点调整自己的偏好。进而在理解各方认知、价值和利益诉求的基础上，寻求“开放”和“安全”的合理平衡点，并提出具有创造性的自动驾驶规制方案。

（2）预防未来可能存在的技术问题，加强法律和技术的融合

除了增进理解，通过多方协商形成的规制方案不仅能够为决策者提供多种规制思路、自动驾驶汽车技术和产业未来可能的发展轨迹，以及问题解决的办法，还可以反映出各方对自动驾驶汽车规制的偏好及其风险顾虑，进而为相关政策的制定提供参考。此外，汽车制造商、系统研发商、信息通信商等企业在知晓各方规制偏好、诉求和风险顾虑的基础之上，也可以重新审视各自后续的发展计划，纳入更多社会公众关于技术、风险和商业发展的思考，从而推动自动驾驶汽车产业的稳定发展。

(3) 推动多元主体参与，更好地解决价值和利益冲突

在协商过程中，各主体能够就自动驾驶汽车规制中存在的问题、价值和利益冲突进行讨论与协调，参与方能够清楚地认识彼此对于自动驾驶汽车规制的诉求与冲突焦点。同时，协商也不是简单地将各自偏好或利益诉求加以整合，而是让各方就自身观点、诉求的正当性加以证明和检验，在理性论证的基础上，各方原有的错误认知或误解会得到一定程度上的减少，从而推动偏好、利益诉求的转变，最终更好地解决和协调各主体间的价值和利益冲突。

2. 自动驾驶汽车协商式规制的对策建议

(1) 建立多方参与的对话和交流平台

从本质来说，协商是一个多方持续对话、互动的过程，这种互动合作多见于多方主体开展协商的过程中，多元交互、深度对话也意味着多方主体要实现彼此间的信息共享、责任共担和紧密配合。但由于缺乏深度沟通和情感上的共鸣，多元主体间难以形成深度默契和共识。为破解此难题，美国、韩国等国家采取“赋权 + 赋能”的实践创新形式，创新搭建的“公民技术论坛”“多方交流会”等多种多方对话和交流的平台，推动了多方共识的达成，成为应对复杂公共管理与政策问题的策略，更是增进沟通、保证协商实施的基础。

为进一步提升多元协商平台的现实价值和实践优势，首先要保障参与主体的全面性。自动驾驶汽车规制以推动技术革新、产业结构性升级和社会全面发展为出发点和落脚点，其制定不仅需要专业知识和配套经验的支撑，而且还须契合现实生活的需要，以及兼顾各利益相关者的观点、诉求。因此，在自动驾驶汽车规制的制定与探索过程中要面向社会开放参与渠道，扩大多元主体参与市域社会治理的主体资格、范围和领域，明确多元主体在政策规制制定过程中的权利和义务，规范和完善多元主体参与的程序、方式和手段，鼓励企业、行业组织、专家、新闻媒体、社会公众等相关主体向政府提供智力、知识、经验输出，增强公众解决问题的意识和能力，形成多元协商共治局面，实现“合力聚力”。其次，考虑到社会公众“可行性能力”和政治参与积极性不足的问题，政府可以通过“社区共识会议”等形式对社会公众充分进行“赋权 + 增能”，提升社会公众参与自动驾驶汽车规制的积极性和有效性。最后，增进各

主体之间的有机互动，保证各主体在对话中加深对对方主张、观点及其背后真实利益诉求的认识。

（2）引入冲突解决和共识构建机制

控制和解决社会冲突并增进互信、扩大共识是推进协商开展的内在动力。在自动驾驶汽车规制制定过程中，不同主体拥有不同的观点、主张与利益诉求和价值偏好，为更好地帮助各方协调彼此间的价值和利益诉求，须在协商对话过程中有效建立起冲突化解和共识达成机制。

首先，组织公正理论中存在一种“表达效应”，即组织成员在解决纠纷过程中能够充分表达自己的证据和观点，便会增加公正性自我认知。利益表达是政治参与的逻辑起点，通过制度化和非制度化的参与和利益表达机制，社会不同利益诉求的信息得以表达和上传，并在基于公共利益的对话、沟通、协调中实现各利益主体的利益均衡。因此，在自动驾驶汽车规制制定过程中可以有效通过开放和民主的表达环节，增进参与主体对彼此认知和观点的了解甚至理解。同时，可以结合舆论投票、焦点小组和情节开发等方式推动多元主体之间的利益表达和整合，从源头治理的角度消解冲突性因素。

其次，政府部门政策协调在规制制定阶段应更多体现为各个参与主体如何利用“对话”“辩论”等多样化的话语策略和协商工具，识别自动驾驶汽车规制制定过程中的冲突风险点、冲突原因、利益诉求、价值偏好及实现解决问题达成共识的可能性方案。

最后，通过共识构建环节，广泛吸纳企业、行业组织、相关领域专家和社会公众的知识和相关经验，提出革新性意见，推动民主协商成果转化，最终形成自动驾驶汽车规制政策方案。

三、结束语

近年来，我国自动驾驶汽车在技术研发、道路测试和产业化上加速推进，规制需求显得日益迫切，工业和信息化部等国家政府部门开始对自动驾驶汽车进行规制。为响应国家政策，推动自动驾驶汽车产业发展，Z 市正式启动了相关立法，对自动驾驶汽车的入市、挂牌、运营、事故责任认定、网络安全等诸多方面的监管问题进行规制。但对于自动驾驶汽车这样的新生事物，Z 市在召开相关座谈会的过程中一度陷入僵持局面：相关产业的企业、地方政府、有关政府主管部门、社会公众各有所求，在不少议题上有明显分歧。对于如何兼顾道路交通和人身财产安全、隐私、产业高质量和可持续发展的问题，答案并非显而易见。面对制定过程中存在的诸多争议，以及不确定性和复杂性程度较高的道路交通、网络安全、数据泄露等风险，Z 市最后通过多方协商推动各主体就争议点进行对话与论辩，最终形成各方意见一致、具有创造性的规制方案。本案例采用预期治理理论和协商民主理论进行分析，结合调查访谈、案例研究、组织协商模拟会等方式，分析和总结自动驾驶汽车规制的特点、问题和难点。在此基础上，从多方协商视角提出了自动驾驶汽车规制相关对策建议。

参考文献

［1］杨素雪，孙启贵．新兴技术的预期治理：内涵、意义与过程［J］．科技管理研究，2019，39（23）：47－53.

［2］陈家刚．协商民主：概念、要素与价值［J］．中共天津市委党校学报，2005（3）：54－60.

［3］DRYZEK J S. Foundations and frontiers of deliberative governance［M］．Oxford：Oxford University Press，2010.

［4］DENTRÈVES P M. Legitimacy deliberation and democratic［J］．Theoria：A Journal of Social and Political Theory，2000：14－26.

［5］YOUNG I M. Communication and the other：Beyond deliberative democracy，in seyla benhubib（eds.）Demotrucy and DiHerence［M］．Princeton：Princeton University Press，1996：120－135.

［6］王莹．法律如何可能？——自动驾驶技术风险场景之法律透视［J］．法制与社会发展，2019，25（6）：99－112.

［7］张玉洁．论无人驾驶汽车的行政法规制［J］．行政法学研究，2018（1）：68－77.

［8］杨杰，张玲．无人驾驶汽车的法律障碍和立法思考［J］．电子政务，2018（8）：99－111.

[9] 冯春林. 我国智能网联汽车产业的发展困境与应对策略 [J]. 当代经济管理, 2018, 40 (5): 64-70.

[10] 宋华琳. 论技术标准的法律性质——从行政法规范体系角度的定位 [J]. 行政法学研究, 2008 (3): 36-42.

[11] 陈瑜, 丁堃. 新兴技术价值前置型治理——应对新兴技术不确定性的新路径 [J]. 自然辩证法通讯, 2018, 40 (5): 103-110.

[12] 赵振元, 银路, 成红. 新兴技术对传统管理的挑战和特殊市场开拓的思路 [J]. 中国软科学, 2004 (7): 72-77.

[13] 曹海峰. 新兴风险治理体系: 框架构建与路径选择 [J]. 中州学刊, 2020 (1): 79-86.

[14] 丁大尉, 李正风, 胡明艳. 新兴技术发展的潜在风险及技术治理问题研究 [J]. 中国软科学, 2013 (6): 62-70.

[15] 杜辉. 挫折与修正: 风险预防之下环境规制改革的进路选择 [J]. 现代法学, 2015 (1): 90-101.

[16] 谈毅. 新兴科技领域风险治理应当加强公众参与 [J]. 国家治理, 2020 (35): 32-36.

[17] 谭九生, 杨建武. 人工智能技术的伦理风险及其协同治理 [J]. 中国行政管理, 2019 (10): 44-50.

[18] 贾开, 蒋余浩. 人工智能治理的三个基本问题: 技术逻辑、风险挑战与公共政策选择 [J]. 中国行政管理, 2017 (10): 40-45.

[19] 李亚. 创造性地解决公共冲突 [M]. 北京: 人民出版社, 2015.

[20] 李亚. 协商式智库: 理论框架与实践探索 [J]. 公共管理与政策评论, 2021, 10 (6): 153-168.

[21] 李亚, 刘倩. 利益协调导向的民用无人机规制政策研究 [J]. 北京航空航天大学学报 (社会科学版), 2022, 35 (2): 132-141.

[22] 王倪, 李亚. 老旧小区加装电梯的冲突分析及解决: 基于协商式角色模拟的研究 [J]. 天津行政学院学报, 2020, 22 (2): 70-78; 87.

技术嵌入助力城市交通运输新业态治理创新*

——以北京市交通运输综合执法总队网约车“线上执法模式”为例

摘要：技术的进步在一定程度上改变了人类生活方式，公共管理的问题意识愈加密集地萌发也牵引着当代社会治理的创新与变革。在交通治理领域，随着“互联网 + 交通”的纵深发展，以网约车、共享单车为代表的交通运输新业态如雨后春笋般出现。新业态的出现，在改变人们出行方式的同时，也出现了经营主体故意不落实主体责任、乘客的人身安全得不到保障等问题。作为监管部门，北京市交通运输综合执法总队一方面面临“点多、面广、人少、线长”的执法困境；另一方面传统路检路查执法模式又暴露出执法对象不理解不配合等问题。为破解交通运输新业态的执法监管困局，北京市交通运输综合执法总队2018 年迎难而上，探索推行“线上执法新模式”，对交通运输新业态的治理颇有成效，并于2019 年筹备组建全国第一支“线上执法”专业队伍——互联网监管大队。本案例旨在呈现，在面对交通运输新业态治理困局时，北京市交通运输综合执法总队如何利用“线上执法”的利剑，逐步实现“执剑破局”，推进交通运输监管领域治理能力的现代化。

关键词：技术治理；网约车；线上执法模式；交通运输新业态

---

* 本案例由北京航空航天大学公共管理学院硕士彭晨、李晓乐、王月榕、史哲和王壮撰写，指导教师为北京航空航天大学公共管理学院郑晓齐老师。2020 年 9 月 7 日至 9 日，郑晓齐老师、陈文博老师与调研组一同赴北京市交通运输综合执法总队对网约车线上执法新模式开展实地调研，在此深表谢忱。

引言

城市的迅速发展带来了人口、交通的急剧变化。交通运输执法监管由此成为大城市治理不可规避又难以解决的问题。北京的交通拥堵问题由来已久，随着互联网在交通领域的纵向深入，网约车等交通运输新业态野蛮生长的同时也带来了更多的监管风险。资本以补贴构建平台，吸引网约车司机与乘客进入，导致安全问题、价格问题频繁出现，以及与传统巡游出租从业者的冲突日益尖锐。与此同时，受原监管方式的惯性影响，交通运输执法部门内部也面临着“人少、点多、面广、线长”的执法困局。对交通运输新业态的执法监管是各省市交通运输行政执法部门当前的“普遍难题”，各地都在探索治理措施，但收效甚微。

面对执法困局，技术治理有望成为社会治理创新的有力抓手。“大数据”带来了治理主体多元化、治理模式线上化等改变，回溯公共问题，将“互联网＋大数据”主动嵌入治理过程。北京的年轻执法人员交出了一份让人满意的答卷。2018 年，北京市交通运输综合执法总队探索出“线上执法”的新模式，在一定程度上提升了执法效率，适应了新业态执法监管的需要，走出了一条“互联网＋交通运输新业态监管”的新路子。本文就顺着时间轴来谈一谈北京市交通运输综合执法总队的“线上执法”新模式。

一、案例正文

“左手是备案数据，右手是实际数据，利用执法监管平台作为载体，左手右手两个数据一对比，就能成批量地发现违法违章线索”。北京市交通运输综合执法总队老 Y 比画着向我们介绍什么是线上执法新模式。

在我们的印象中，执法人员的执法方式主要就是在路边将车辆拦停，然后实施检查，这种模式行话叫作“路检路查模式”。而线上执法模式新就新在其本质是“互联网＋交通运输执法”，用机器来做大量重复性机械性的操作。该模式的推出迅速改变了执法人员传统的执法习惯，在一定程度上缓解了北京市交通运输综合执法总队“人少、点多、面广、线长”的执法压力，促进交通运输执法队伍的升级转型。

（一）执法困局

随着网约车、共享单车等新业态企业在北京疯狂扩张，各种新问题、新情况层出不穷，新业态的立法没跟上，一下子就形成一个执法监管的困局，主要集中在内部和外部两个方面。

1. 人少、点多、面广、线长

（1）人少

根据我们的了解，北京市交通运输综合执法总队总人数442人，机关68人，下属各个大队一共374人。这374人分工不同，其中内勤工作人员144人，真正上路面的外勤执法人员只有230人。

（2）点多

点多是指监管的点位多。北京市交通运输综合执法总队重点监管着北京市2个主要机场，4个主要火车站，7个主要的长途客运站，4个主要公共交通枢纽场站，62个主要的轨道交通车站，以及数十个重点旅游景区和繁华商业街区。

（3）面广

面广是指监管的行业多且复杂。北京市交通运输综合执法总队重点监管着出租汽车、旅游汽车、省际长途、汽车租赁、货物运输、汽车维修、水域游船和共享单车等行业。2016年，北京市常住人口为2172.9万人。此外，北京市机动车保有量高达571.8万辆，典型的“地小、人挤、车堵”，监管的形势比较复杂。

（4）线长

线长是指办理单个案件所消耗的时间成本和人力成本比较高。我们仔细研究了执法人员执法处罚的全过程，绘制了下表（见表1）。

表 1　一件非法网约车案件平均耗时

外勤执法人员检查环节	检查车辆	15 分钟
	填制文书	18 分钟
	告知程序	20 分钟
	录入电脑	20 分钟
	合计	73 分钟
内勤执法人员处理环节	询问调查	30 分钟
	制作处罚文书	30 分钟
	法制审核	20 分钟
	装订成卷	10 分钟
	合计	90 分钟

如表 1 所示，在路检路查执法模式下，以 2 名执法人员查处一个乘坐 2 名乘客的非法网约车案件平均消耗时长为例。先是要经历外勤执法人员实施检查、填制文书、告知程序及录入电脑这四个环节，在顺利的情况下，一般耗时是 73 分钟。而后进入内勤执法人员处理的阶段，要经历询问调查，制作处罚文书、法制审核及装订成卷等环节，在顺利的情况下，一般耗时是 90 分钟。而且这里所举的例子还不包括申请听证、行政复议或者行政诉讼的案件。

2. 行政相对人不理解不配合

据了解，在查处非法网约车的证据收集中最关键的就是乘客的询问笔录，因为乘客的询问笔录中包含关键的违法定性要素。但是在平常的执法过程中，经常出现驾驶员和乘客不配合检查的现象。驾驶员方面主要体现在：不熄火下车、拒绝回答或虚假回答执法人员的询问、拒绝出示相关证件、阻止执法人员向乘客询问、故意捏造事实大声呼喊引起群众围观及拍摄现场照片、视频后恶意加工剪辑，上传到网络上诋毁执法人员和单位的形象；乘客方面主要表现在：拒绝回答或虚假回答执法人员的询问调查，拒绝出示相关证件等。

据执法人员介绍道，在平常的执法过程中，执法人员也会遭遇人身安全问题。例如，驾驶员藏有管制刀具，藏有违禁物品，驾驶员威胁谩骂执法人员，暴力阻碍执法人员执行职务，打伤自己以阻碍执法人员执行职务，暴力抗法导致执法人员伤残甚至死亡，开车逃离现场撞伤撞死执法人员，以及撞伤撞死周围群众。

在处理违法违章行为时，也会存在此类问题，如当事人用担架将患重病家属抬至违章处罚大厅，当事人企图以撞墙、喝农药自残自杀，患有传染病的当事人向执法人员吐口水等。

3. 新业态企业以违法换发展

2016 年 9 月，D 平台在京每日订单量超过 150 万单，活跃车辆超过 30 万辆。疯狂的补贴下，原来劣迹斑斑的“黑车司机”部分加入 D 平台，产生重大的安全隐患。新业态带来的负面影响也开始爆发，北京市交通运输综合执法总队接到的群众投诉举报案件数量急剧增长。大量的市民投诉举报网约车派单车辆或驾驶员线上线下不一致、绕路、多收费及与司机产生各种纠纷等问题。

（二）初次探索

新业态的出现表现出相当程度的复杂性，往往在监管上涉及多个部门的职权，如网约车行业。2016 年，交通运输部、工业和信息化部、公安部、商务部、工商行政管理总局、质量监督检验检疫总局、国家互联网信息办公室联合发布了《网络预约出租汽车经营服务管理暂行办法》。

为了应对执法困局，全国各省市的交通行政执法部门都在不断探索解决之道，当时的主要思路就是“联合执法”。2017 年，在北京市交通委员会的协调下，市、区、街道三级响应，成立了由交通、城管、公安、工商和属地综治等多部门的联席会制度，各部门轮流牵头组织联合执法整治行动。

联合执法行动要起到作用，主要体现行动的突击性和违法成本的升高。行动越是出其不意，就越能迅速当场查获违法行为；多部门参与下，对同一个非法从事网约车经营活动行为的处罚越多，违法者付出的成本越高，以后就越不敢继续从事违法行为。但是随着时间的推移，联合执法的效果越来越不理想。一方面是因为组织行动耗费时间越来越长、行动不断被泄密及联合行动目标太大，容易被盯梢；另一方面是 D 平台开始变相为其旗下被处罚的非法网约车司机报销罚款，此招一出，行政处罚对非法网约车司机威慑作用大打折扣。

（三）再次探索

2018 年 8 月，严峻的执法形势让北京市交通运输综合执法总队的领导老 Y 头疼不已，抱怨道：“咱们这样的执法模式真的不行了，要是我们能够向交警一样搞非现场执法，也可以不出门，用电脑随便点点，就能发现违法线索就好了”。

说者无心，听者有意。平时就特别喜欢研究监管平台数据和功能的执法人员小 P，晚上一个人在办公室加班时突然发现可以将功能分散的数据分析系统中的部分数据抽出来进行比对，就可以发现违法线索。小 P 听到老 Y 的这一句抱怨，找了个时机，就将自己前段时间的研究心得及下一步计划和老 Y 聊了聊。

1. 异常的旅游车京 B1***6 号车

老 Y 和小 P 的这一次深夜畅聊，就是“线上执法新模式”诞生的起点。我们也特别好奇这个新模式产生的过程，就专门采访了小 P，没想到这个事件的开头竟然是一辆车。2018 年 7 月 3 号晚上，小 P 在思考“北京市旅游公共信息和咨询平台电子行程单（预约）系统”时，偶然发现一辆异常的旅游车京 B1***6。

团号	团队人数	出团时间	车辆公司名称	车辆号码	司机姓名	司机资格证号	提交状态	汽车公司	发送短信
L-BJ00768-JCAH-S180629-11	8	2018-06-29	[redacted]有限公司	京B1***6	苏[redacted]	110106[redacted]55117	已发短信	未确认	已发送
L-BJ01069-20180629LY	14	2018-06-29	[redacted]汽车有限公司	京B1***6	苏[redacted]	110106[redacted]55117	已提交	已确认	未发送
L-BJ01969-MJ0629-36	26	2018-06-29	[redacted]汽车有限公司	京B1***6	苏[redacted]	1101061[redacted]5117	已发短信	已确认	已发送
L-BJ01069-20180629lj	13	2018-06-29	[redacted]汽车有限公司	京B1***6	苏[redacted]	1101061[redacted]5117	已提交	已确认	未发送
L-ZJ-CJ00063-BJF-FT0016-FY20180629BJ3	28	2018-06-29	[redacted]汽车有限公司	京B1***6	苏[redacted]	1101061[redacted]55117	已发短信	未确认	已发送
L-ZJ-CJ00063-BJF-FT0016-FY20180629BJ1	15	2018-06-29	[redacted]汽车有限公司	京B1***6	苏[redacted]	110106[redacted]5117	已发短信	未确认	已发送
L-ZJ-CJ00063-BJF-FT0016-XY20180629BJ-1	33	2018-06-29	[redacted]汽车有限公司	京B1***6	苏[redacted]	110106[redacted]5117	已发短信	未确认	已发送
L-BJ-CJ00765-2018-0629AA	9	2018-06-29	[redacted]汽车有限公司	京B1***6	苏[redacted]	1101061[redacted]5117	已发短信	未确认	已发送
L-BJ01382-GZ-180625C	10	2018-06-29	[redacted]汽车有限公司	京B1***6	苏[redacted]	110106[redacted]17	已提交	已确认	未发送
L-BJ00768-JCAH-S180629-08	8	2018-06-29	[redacted]汽车有限公司	京B1***6	苏[redacted]	110106[redacted]117	已发短信	未确认	已发送
L-ZJ-CJ00063-BJF-FT0016-FY20180629BJ	21	2018-06-29	[redacted]汽车有限公司	京B1***6	苏[redacted]	1101061[redacted]117	已发短信	未确认	已发送

图 1　京 B1***6 号车 2018 年 6 月 29 日异常电子行程单页面截图

如图 1 所示，京 B1***6 号车竟然在 2018 年 6 月 29 号这一天同时承接了 11 个不同的旅游团队，出团时间都是同一天，时间不冲突吗？而且更奇怪的是这辆车只有 17 个座位（见图 2），它是如何接送超过 17 个人的旅游团队的呢？

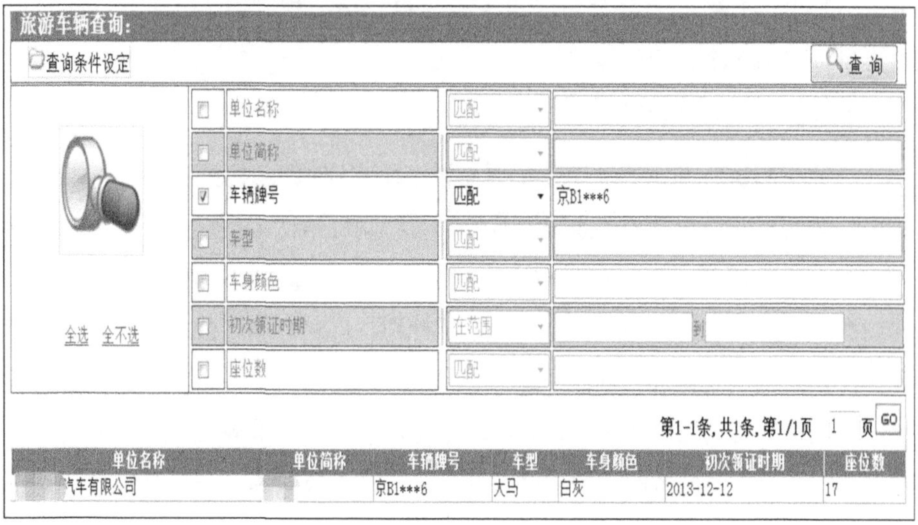

图 2　系统查询京 B1***6 号车基础信息页面截图（采访时由执法人员提供）

这么多团队，这一辆车肯定拉不过来，那么该车当天走的什么路线呢？小 P 再去查该车当天的 GPS 轨迹，发现竟然查不到轨迹。原因只有两个，第一，车坏了；第二，司机故意把 GPS 设备的接口给拔了，不让公司和执法机关监测到这辆车的轨迹。小 P 推测第二个原因的可能性极大。

2. 线上执法第一罚

小 P 这种发现违法线索的方式，让老 Y 有些吃惊。小 P 的推测和下一步计划得到了领导老 Y 的全力支持。在老 Y 的协调下，北京市交通运输综合执法总队联合北京市旅游委一起分别约谈了涉事的客运公司负责人、车辆驾驶员、旅行社负责人、旅行社调度员。

经过一周的调查取证，执法人员终于查清这是一起旅行社和驾驶员串通，用京 B1***6 这一辆车的信息同时申请多个电子行程单，然后将多余的电子行程单给非法旅游车使用，这样能够帮助非法旅游车躲避执法监管，同时也能帮助其他团队获得景区的优惠门票。

最终历时一周，小 P 经过发现线索、初步取证、约谈调查、证据闭环和实施处罚五个步骤，实现了执法人员足不出户就可以对相关违法企业和驾驶员依法实施行政处罚的设想。此次执法后续还促使北京市旅游公共信息和咨询平台电子行程单（预约）系统修改了电子行程单填报的规则，堵上了同一辆车同一天可以申请多个行程的漏洞。

3. 线上执法岗的试点

这种新的执法方式让领导老 Y 看到了摆脱当前执法困境的希望。领导老 Y 马上抽调两名有法律学习背景或计算机学习背景的执法人员成立了由小 P 牵头的“线上执法岗”，继续探索新模式。很快，线上执法岗又相继在出租汽车、网约车和省际长途行业成功实施线上执法处罚，同时理顺了线上执法模式在行政执法模式中的定位和概念。

行政执法模式从检查的形式上可以分为现场执法和非现场执法。现场执法按照执法人员出现场所的不同，可以分为路检路查模式和入户检查模式（如果是在路面检查，则称为路检路查模式和入户检查模式；如果是进入企业办公场所内部进行检查，则称为入户检查模式）。非现场执法按照获取违法线索方式的不同，可以分为拍照摄像模式和数据比对模式。大家心目中熟知的是公安交管利用摄像头进行拍照摄像来获取违法线索。北京市交通运输综合执法总队开创的线上执法模式也是非现场执法的一种，所谓的线上执法模式是指交通行政管理部门根据监管信息系统数据间的综合比对发现违法线索，进一步调查核实后给予违法当事人行政处罚的一种执法模式。可以说，线上执法是非现场执法模式的创新延伸。

（四）完善升级

随着线上执法任务量的增加，耗费在多个系统功能之间搜索查询的重复劳动时间越来越多，在一定程度上影响了线上执法获取违法线索的效率。特别是网约车行业，最高的时候每天的订单量超过 180 万单。目前，线上执法岗这种只依靠人力来处理越来越海量的简单数据比对工作，已经严重打击了执法人员的工作热情。大家渐渐有了一个共识，想要建设一个专门的线上执法综合监管平台，用计算机来代替人工在短时间内完成海量数据的比对工作。

据说，这想法领导老Y早就有了，线上执法的几个年轻人跟老Y汇报时，老Y还当众表扬了他们。可是就是许久都没有动静。采访的时候，老Y也略略有些遗憾地说："当时有两种意见，一种是先做整体框架，以后有钱了再完善各个子系统；另一种是先做网约车的线上执法系统，以后再做其他行业的线上执法系统，最后将各个系统整合成一个综合监管平台。其实我们整个领导班子心里都是知道的，从一开始就规划将各个行业分别作为一个子系统纳入一个大平台中，从全局着眼这是比较省钱的做法，也避免以后要融合可能出现的兼容问题，但明显的弊端却是初期投入非常大。而在当时，全年的预算早已经报上去了，拼尽全力的话能争取来的预算外资金也有限，经测算只能先做某一个行业的。网约车行业当时是重点，所以最后我们决定先把网约车的线上执法监管系统建设出来。"

小P所在的线上执法岗人员全部都加入项目建设小组，小P的主要任务就是提出前期的需求，其次就是配合技术人员工作。很快，小P就根据《网络预约出租汽车经营服务管理暂行办法》《北京市查处非法客运若干规定》及《北京市出租汽车管理条例》等法规提出了各种预警和功能实现思路。最后项目建设小组将系统分成"预警分析、运行监测和信息检索"三个功能模块（见图3）。

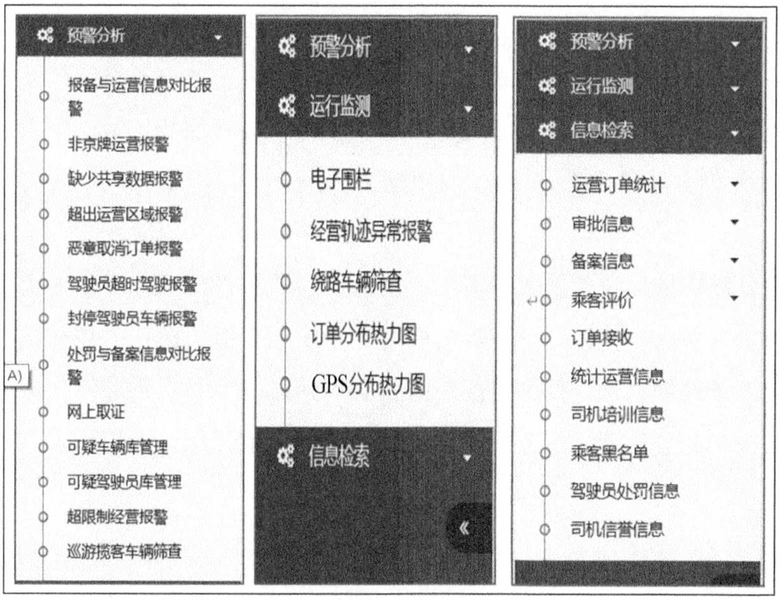

图3　北京市网络预约出租汽车监管服务系统功能模块（采访时由执法人员提供）

“北京市网络预约出租汽车监管服务系统”项目建设完毕后，为了对比线上执法 1.0 版和 2.0 版之间的差距，线上执法岗还进行了一场现场测试。测试以查找一周内已封停非法网约车为题，以往线下查处的非法网约车，总队都会在处罚时下达《责令期限改正通知书》要求平台公司 7 日内将非法驾驶员和车辆从平台剔除，但是近期发现某些平台公司阳奉阴违。这次的新系统中就增加了专门针对这个违法行为的预警，即封停驾驶员车辆报警。

小 P 的同事小 W 用的是老办法，先是从处罚系统中将上周的 107 个非法网约车车号导入 Excel，然后将一个个车号复制粘贴到之前的网约车信息系统查询该车最近的订单，人工判断是否在被封停后，平台又给该非法车辆派单。最终小 W 用时 32 分钟，而小 P 使用新系统的“封停驾驶员车辆报警”功能，在页面点选时间起止点，然后点查询，不到 5 秒，就显示结果。

新系统给线上执法插上翅膀的同时，其实在建设中也有点小遗憾的。据小 P 讲：“以前自己想得特别简单，不就是用这个数据和那个数据对比一下嘛。但是真正参与进去，就发现自己有些天真了。要考虑的事情太多，最后综合考虑下来，原来的一些设想就不得不暂时放弃。”

小 P 给我们举了一个例子：绕路车辆筛查。原本的设想是用订单信息中的起始地点在地图上自动规划出里程不同的优、中、差三条路线（见图 4），然后使用该车的实际 GPS 轨迹与这三条路线中最差的路线比对，如果系统发现实际的 GPS 轨迹和最差路线的里程相比还长 20% 以上，系统就将自动预警。

但是现实情况却是困难重重：一是每天的动态 GPS 数据总量太大了，会严重占用服务器，拖慢计算速度的同时还会影响其他功能；二是根据起始地点生成三条路线，这个技术难度较高，会严重影响整个项目进度。最好的方式就是去相关公司购买服务，然而价格比较高，项目经费支持不了。最终这个功能从预警分析模块移到了运行监测模块，等以后技术条件成熟后再来实现。

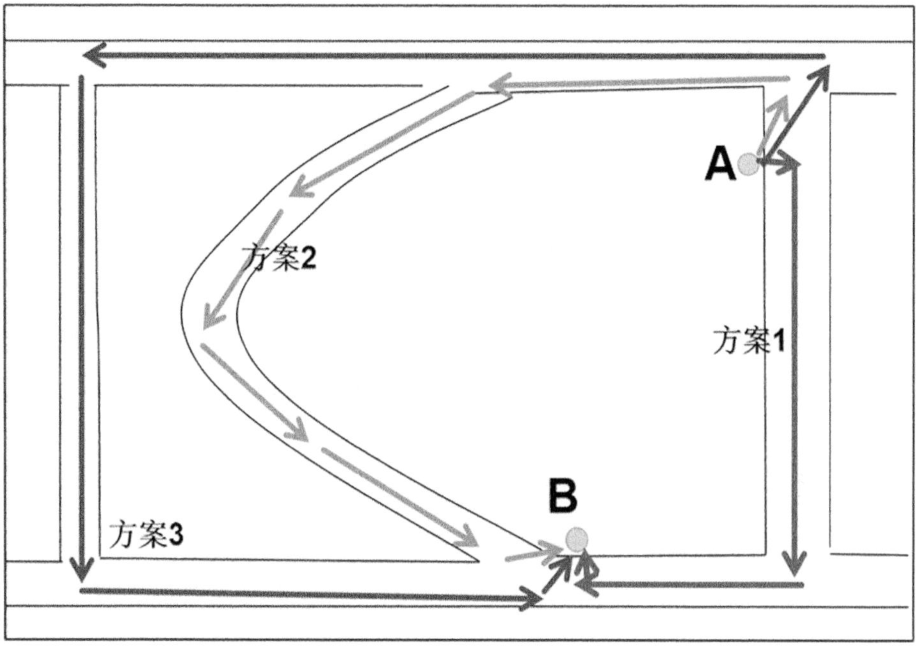

图4　使用软件规划的优、中、差三条路线（采访时由执法人员提供）

（五）期待未来

线上执法的巨大优势及“北京市网络预约出租汽车监管服务系统”上线后起到的重要作用引起了市交通委员会领导的重视，更多的政策和资金开始向总队倾斜。

2020年5月，旅游客运和共享单车两个线上执法监管系统项目也相继立项，省际客运、危险化学品运输、汽车租赁及网约货运等项目也纳入总队下一批的重点建设项目计划中。

不久的将来，总队的目标是要逐步整合成包含交通运输各行业的线上执法综合监管平台，自动抓取相关数据进行综合比对分析，自动预警违法违规行为；是要重新建设执法处罚系统，打破外勤执法与内勤处理的壁垒，实现外勤执法文书电子化，逐步提高执法效率。

二、案例分析

随着“互联网+交通运输”新业态的飞速发展，以网约车为代表的新业态的执法监管可以说是当前全国各大城市甚至是世界各大城市都正在面临的治理难题，技术治理的嵌入可谓迫在眉睫。技术治理的实践不仅意味着积极运用信息技术改变治理状态，借助大数据技术的数据分析、信息服务和数据共享优势为民众提供无缝隙的服务①，其内涵还包括以大数据为基础实现整体性对接，做到区域间、部门间的协同；构建数据库，形成数据共享的整体性联合体等操作层面的意义②。如案例正文中所呈现的，无论是单一中心治理理念下传统的路检路查执法监管模式，还是多中心治理理念下探索出的多部门联合执法模式，都暴露出一系列内外部监管碎片化问题。两种执法模式都难以为继，不适应网约车新业态的监管需要。特别在某些网约车平台公司给非法驾驶员报销罚款后，多部门联合执法模式简直可以用“鸡肋”来形容。北京是网约车“龙兴之地”，北京市交通运输综合执法总队树立整体性治理思维，立足本地实际，借助“大数据”赋能网约车执法监管工作，走出了一条“互联网+交通执法”的新路子。

首先，本文介绍整体性治理理论的核心内涵，简单呈现线上执法模式出现前北京市交通运输综合执法总队对网约车执法监管的失灵状态。其次，通过整体性治理理论的分析框架，回顾总结了北京市交通运输综合执法总队网约车线上执法模式的特点，立足实际进一步分析讨论了当前北京市网约车线上执法模式的局限性。最后，本文结合北京市交通运输综合执法总队对当前网约车执法监管工作的总结反思，在整体性治理理论的视角下对北京市网约车线上执法模式的长效化发展提出了一些具体而明确的参考建议。

（一）整体性治理理论与网约车执法监管工作

整体性治理理论兴起于20世纪90年代，代表人物是佩里·希克斯（Perri

① 黄晓春，嵇欣．技术治理的极限及其超越［J］．社会科学，2016（11）：72－79.

② 韩兆柱，翟文康．大数据时代背景下整体性治理理论应用研究［J］．行政论坛，2015，22（06）：24－29.

Hicks)。得益于信息技术的飞速发展及新公共管理理论所带来的治理碎片化、服务裂解化等弊端，整体性治理理论应运而生。针对治理过程中的各种碎片化问题，这种政府治理的新范式主张利用现代先进的信息技术，整合社会各方，实现政府各部门治理层级精简化、治理功能协同化及公私部门整合化，共建协调机制、整合机制和责任机制，从而为公众提供一站式、便民化的整体性服务①。

本文认为，整体性治理理论产生于西方学者对新公共管理造成的“碎片化”问题的反思，是以满足公众的需求为基础，政府组织内外部与非政府组织间充分沟通合作，以信息技术为治理手段，旨在达成有效的协同和整合，使其目标一致，实现无缝隙服务的一种治理方式②，与当前我国大城市交通监管的实际情况较为贴合。

（二）北京网约车线上执法模式体现的整体性治理特征

1. 注重信息技术的整合

整合是整体政府最本质的内涵③。作为市一级执法机关的北京市交通运输综合执法总队在整合信息技术上有得天独厚的优势。一是因为交通运输行业本身就有注重数据信息收集处理的传统，大量的交通委职权范围内的行业基础数据唾手可得；二是因为北京市交通运输综合执法总队在行政层级中处于承上启下，左右连横的位置，在工作中与上下各级部门都建立了良好的合作关系，能够以较低的代价获取其他部门的行业管理数据信息。

在这样的优势下，北京市交通运输综合执法总队推出的线上执法模式以大数据为基础实现数据信息的整体性对接，很快就收集了北京市交通委系统不同层级政府部门的数据信息、网约车相关监管政府部门的数据信息、网约车平台公司的运营数据信息及相关从业者的基础数据信息等，从而构建了数据库，形

① LEAT D，STOKER G. Towards holistic governance：the new reform agenda [J]. Palgrave，2002.

② 叶璇．整体性治理国内外研究综述 [J]．当代经济，2012 (6)：110-112.

③ 蔡立辉，龚鸣．整体政府：分割模式的一场管理革命 [J]．学术研究，2010 (5)：33-42；159.

成数据共享的整体性联合体。可以说北京市网约车的线上执法模式是大数据与整体性治理理念在我国本土开花结出的果实。我们认为其成功的关键在于在具体执法监管实践中加强了对大数据技术的掌握和运用。

2. 注重协调与整体性整合

就网约车的线上执法系统而言，为了实现网约车的线上执法，必须整合分散在各个监管系统中的功能。

现在的北京市网约车线上执法系统实质上是一个各种功能的集合体，能够自动获取各项数据信息进行比对，在一定程度上节省了执法人员大量的重复劳动时间，从而帮助执法人员快速获取大量的违法线索；同时将运行监测功能和信息检索统计功能也进行了有针对性的优化和提高。

就现在线上执法岗的设置和运行来说，线上执法岗是北京市交通运输综合执法总队设立的试点部门，是一支与传统职能科室截然不同的队伍。

传统的执法办案分工是分外勤执法岗和内勤处理岗，一般外勤执法人员只负责外出在路面检查，将查获的违法违章行为交给内勤处理岗，内勤处理岗再走后续的询问、调查、核实及处罚等工作。

现在的线上执法岗由于执法模式、取证方式、执法对象等的不同，传统的分阶段的分工协作方式已经不适应线上执法处罚的需要。为了节省执法资源，提高执法办案处罚效率，必须要求线上执法人员一肩挑，一个案件从发现线索到最后处罚完成，全部都是案件的承办人从头负责到尾。

这对执法人员的能力素质提出了以下三个要求。一是要求执法人员懂法律、懂计算机操作；二是要求执法人员精通执法处罚的每一个环节；三是要求这样的执法人员不仅会办案，还要会说、会写、会组织办案。

3. 以公众利益为治理起点和最终目标

靠大量补贴来获取流量是各网约车平台公司迅速发展壮大的战略路径，但新业态的企业以违法换发展的做法埋下重大隐患的同时，直接损害的是公众的利益①。大量不合规司机和车辆进入市场增加了乘客的安全风险，抢劫、强

① 李群．基于整体性治理的南宁市“网约车”监管机制研究［D］．南宁：广西大学，2018.

奸、故意伤害等恶性案件不断被曝光；以私家车身份运营的网约车发生交通事故的，保险公司会拒绝理赔，乘客的财产和人身安全难以保障；由于网约车公司审核不严，因此产生了不少个人信息制假造假的黑色产业链，让某些犯罪分子成为披着羊皮的狼；从长远看，各网约车平台公司之间的无序竞争，诱发垄断，受伤的最后还是公众。

2016 年，传统路检路查模式下的北京市交通运输综合执法总队处理网约车的投诉举报案件耗时较长且效率低。少量成功查处的案件基本是投诉举报人观察到了目标车的活动规律，提供切实的证据，然后执法人员提前去必经之路设伏，才能成功查获。高成本、低效率的处置方式，导致部分群众对执法部门失望，有的市民甚至会通过投诉表达对管理部门的不满。

直到 2018 年，依靠网约车线上执法系统，处理投诉举报案件的窘境才算得以破解。现在北京市交通运输综合执法总队只需要乘客提供其打车的订单信息，就能通过约谈调查的方式足不出户地对非法运营的网约车实施精准打击，从立案到完成处罚一般只需要 7 天，而一般的服务纠纷现在只需 3 天就能给出乘客满意的答复（见表 2）。

表 2　传统执法模式与线上执法要素对比

类型	所需条件	耗费资源	成功率	答复时间
传统模式查投诉案件	1. 符合立案要求 2. 掌握活动规律	1. 执法车 2. 执法人员	较低	30 日内
线上执法模式查投诉案件	符合立案要求	执法人员	较高	7 日内

4. 重视信任、责任感和制度化

在具体的工作中，北京市交通运输综合执法总队特别注重塑造自己的政府形象，将总队塑造成为群众合法权益的守护者，群众值得信赖的执法机关。在线上执法岗试点的几年中，这种广泛的信任感帮助线上执法岗更快地获取各部门的监管数据信息，还使得各个网约车平台公司及其他行政相对人乐意配合各项工作，从而使得群众的合法诉求能迅速得到解决。正是这样，使得线上执法岗具备了可以在总队大规模推广的可能性。

（三）当前北京市网约车线上执法模式的局限性分析

1. 理念转变不够彻底

网约车行业的出现不仅是技术的创新，同时也是对政府监管理念和方式的挑战。虽说北京市交通运输综合执法总队取得了线上执法模式的突破，使得整体性治理理念发出了自己的声音，但是不可否认的是无论是总队的内部还是相关政府部门的领导层大多数还停留在原有的政府单一中心治理以及多头治理的理念中。要想让整体性监管理念内化于心、外化于行，还有一段路要走。

2. 调研不够细致全面

我们理解的整体性治理的前提应当是科学而充分地调研，通过调研充分掌握需要协调和整合的点，通过恰当的手段完成协调和整合。从整个交通运输行业的全局来看，一是目前线上执法模式覆盖的行业较少。北京市交通运输综合执法总队线上执法模式目前只初步在网约车行业成功实施；二是线上执法模式本身违法行为的覆盖不够全面。对于网约车行业法规中某些违法行为，如车辆和驾驶员线上线下不一致、驾驶员拒载、中途甩客及故意绕道多收费等违法行为，当前的线上执法系统还没有找到比较好的技术方法来实现完全的线上执法。

3. 线上执法的基础被限制

线上执法的基础是数据。目前的问题在于：一是网约车的运营数据没有掌握在北京市交通行政管理部门手中；二是网约车平台公司上传到监管平台的数据存在不真实、不及时和不完整等问题；三是缺少专业的计算机技术人才，现有的执法人员看不懂计算机语言，无法进驻企业对后台数据进行检查，这种状态如果不扭转，线上执法必将被企业限制。

4. 整合不够全面深入

整体性治理并非要建立一个超级管理机构，而是在不消除组织边界的条件下跨过组织边界进行协同活动。其中联合的关键是不同的文化、动机、管理制度及目标相结合，形成工作联盟和伙伴关系①。北京市网约车线上执法系统只是将之前各个系统的分散功能进行有机整合，这样的整合只是提高了执法办案的效率。这种程度的整合不够全面深入：一是纵向层面，有隶属关系的上下级机构之间数据渠道没有完全打通；二是横向层面，总队与其他市级委办局监管部门的数据渠道没有完全打通；三是总队与第三方机构没有建立起较好的沟通协作机制；四是目前的执法方式变革，只是方便了执法机关自己，没有给行政相对人和群众提供一站式的服务，没有降低行政相对人处理案件支付的成本。

5. 公众参与和监督渠道不够高效便捷

北京市交通运输综合执法总队目前提供给公众的参与和监督的渠道并不高效便捷。一是新闻发言人机制没有很好地保持运转，没有专门的领导负责，工作人员也没有积极性；二是宣传思想保守有余、缺乏新意，不敢大胆让公众参与进来；三是没有借助群众喜闻乐见的渠道载体来提高社会公众对网约车行业监督和发展的参与感。

（四）对北京市网约车线上执法模式长效化的建议

1. 推广网约车线上执法模式

一是通过典型案例讲解、专题报告会以及邀请领导来调研等方式，加强整体性治理理念的学习、研讨，促进各级领导层治理思维的转变。二是要加强线上执法队伍的人员配置。注意增添计算机技术人才、法律专门人才和研究型人才，促进线上执法模式的研究和应用，尽快将线上执法模式推广到全总队。三是加强宣传推广。利用各种媒体资源，将线上执法模式的原理和优势进行宣传，吸引同行业人员、高校研究人员、研究机构以及其他社会力量加强对线上执法模式的研究。

① 方堃，李晓园．少数民族流动人口跨域协同治理：逻辑与进路［J］．江西师范大学学报（哲学社会科学版），2016，49（6）：115－119.

2. 推动完善网约车行业法律法规

（1）加快法律法规建设步伐

一是加速颁布上位法的进程。应当及时将各地实施的经验总结提升，推动全国人大常委会尽快颁布专门规范网约车的法律。二是地方人大和政府要利用颁布地方性法规和政府规章的方式加快网约车配套管理制度的制定。例如，服务质量管理考核制度、从业人员管理制度等相关制度的建设。三是要注意结合网约车的网络性及时代性，充分考虑即将到来的无人驾驶技术，具有前瞻性地制定更符合网约车行业发展需求的地方法律制度。

（2）提高法律法规适用性

一是修正语义模糊。要修改当前法规中对巡游出租车、网约车和顺风车的定义，尽快破解三种业态纠缠不清的状态。二是增补内容。要增加网约车平台公司的退出机制，增加对网约车平台公司逾期不改的罚则，对网约车车辆的标识、价格调整和驾驶员管理等问题做出更加细化的规定。三是要增添细化对网约车服务质量方面的罚则。四是修改执法调查取证程序，为大规模推广线上执法提供便利。

（3）重视第三方的评估工作

一是加强行业发展方面的评估。政府部门需要对整个行业的发展进行不定期的第三方评估，及时了解行业发展新态势，为政策的调整与制定提供信息。二是加强行业管理政策的评估。不定期组织第三方对行业管理政策的实施效果进行评估，尤其要注意为行业政策设定适用期限，以便及时调整。三是加强执法工作的评估。除了聘请第三方，也可以考虑邀请群众对网约车的具体执法工作进行不定期评估。

3. 加强网约车监管信息化建设

（1）推动信息整合机制建设

一是要加强相关人才的培养。注重提拔和培养内部现有的线上执法人员，通过内部抽调、借调及修改北京市交通运输综合执法总队公务员招考条件等方式引入相应的计算机技术人才和法律专业人才。二是进一步深化大数据技术、云计算等技术在线上执法模式的探索与运用，可以采用定期与高校开展课题合作研究项目的方式来突破技术难点，争取尽快做到交通运输全行业的线上执法监管。三是进一步加强线上执法系统整合建设，深度整合监管的各行业数据信息，打通相关监管部门的信息互通渠道，产生最大化的协同整合效应。

(2) 完善信息收集和披露机制

一是组织进行调研，切实了解公众对于网约车行业的信息需求，进而调整北京市交通运输综合执法总队信息披露的内容和形式，定期通过权威渠道发布相关信息，将其制度化、规范化，以更好地满足公众需要。二是要尽快建立网约车平台的评价体系和驾驶员评价体系。将各平台相关运营数据如载客量、事故发生率、顾客投诉率，投诉处理结果等信息通过官网定期公布。三是主动开展网约车监管话题讨论来收集公众的意见和建议，调动公众参与监管的积极性。

(3) 为公众提供一站式服务

一是要整合网站建设。群众不了解也记不住各个部门机关的职责分工，应当从方便群众办事的角度整合网站建设，将总队的网站进一步整合到市交通委员会的网站中，并且用群众易于理解的文字或者符号标记指导群众通过网站办事。二是在总队的官网要上线违法违章处理告知和预约功能，一方面提醒行政相对人携带法定的证据材料；另一方面能节省行政相对人的无效等待时间。三是要逐步实现违章处理文书电子化，甚至进一步推出线上违章处理系统，实现所有的流程都能让行政相对人线上自己独立办理，逐渐取消线下的违章处罚大厅。

4. 推进网约车监管整体性整合

(1) 促进政府间的整体性整合

北京市交通运输综合执法总队应加强与工商、市场监管、公安、城管和交管等部门的沟通。一是进一步促进监管目标的整合，就网约车管理的短期监管目标和长期治理目标进行整合，形成最优阶段性监管目标。二是进一步加强监管数据整合。将各自获取的数据充分整合利用，进一步深度挖掘数据价值。三是进一步加强监管手段整合。建议进一步细化权责，完善机制确定好各部门扮演的角色和入场的时机。特别是针对网约车的极端案件，要确保涉及约谈企业的工商部门、涉及信用惩戒甚至下架 App 的市场监管部门、涉及刑事违法的公安机关能及时入场。

(2) 促进政府与非政府机构之间的整体性整合

一是要加强与企业的整合。要鼓励企业发挥技术优势，就规范行业发展等诸多问题不断探索。要督促北京市主要的网约车平台公司主动履行主体责任，特别是督促 D 平台清理旗下大量不合规的驾驶员和车辆。二是要积极推动各网约车平台公司以及聚合平台公司加入北京市出租汽车行业协会。充分发挥协会的沟通桥梁作用和促进行业自律功能。三是要加强与消费者协会的沟通协作。组织各种活动广泛告知群众辨别非法网约车、维权以及紧急情况下的自救方法。

(3) 促进不同业态之间的整体性整合

一是要加强对于传统巡游出租汽车行业和网约车新业态的调研，可以采用座谈会的形式将新旧业态各方利益相关者邀请到一起进行广泛的沟通交流。二是收集广大从业人员对于新旧两种业态的意见和建议。三是要促进传统巡游出租汽车业态与网约车新业态之间的融合发展。建议北京市交通运输综合执法总队要自己掌握巡游车网约化改革后的运营数据信息。

5. 注重网约车监管前置性预防机制建设

(1) 增加网约车平台公司的违法成本

一是加大执法曝光力度，增加平台违法成本。单纯的罚款对于企业的震慑力对于某些大型网约车平台公司已经弱化，建议增加执法频次的同时，增加媒体曝光的比例。二是加大消费者监督力度，倒逼平台增强自律意识。可以考虑设置一定程度的有奖举报机制，对投诉举报事件以及网约车司机不雅行为或驾驶员的不良信用进行共享监督，发动群众的力量参与对网约车平台公司的监督①。

---

① 戴安娜，王明清．整体性治理视域下我国网约车的监管困境与治理路径 [J]．商讯，2019 (6)：6-7.

（2）推动网约车企业失信惩戒体系建设

一是建立健全网约车市场信用考核体系，制定出相应的行业管理办法并且明确信用考核指标，同时配以相应的奖惩机制，根据指标的评判标准将平台划分为不同的信用等级，予以相应奖惩，并且通过政府官网、官方微博等渠道加以公示，倒逼平台自觉地加强信用管理。二是与“信用中国”网站及第三方信用平台等开展合作，实现信用信息共享，并且通过建立红名单及黑名单制度，限制红名单上的主体的市场准入、禁止黑名单上的主体进入市场。三是强制要求企业开放 App 用户端乘客的自主订单评价功能。将乘客乘车后的评价信息也纳入信用考核的范围，甚至某些评价信息也可以作为执法总队查处违法违章行为的关键线索。

三、结束语

在“互联网 +”及分享经济的背景下，交通运输新业态作为一种新型智能交通出行服务出现并逐渐成为公众出行的重要方式。作为一种“破坏性创新”，交通运输新业态一方面利用互联网技术手段对乘客与司机进行了灵活匹配，体现了其成本经济性和便捷高效的优势；另一方面也冲击了原有的市场利益格局，引发了新旧业态的矛盾，其自身存在的市场失灵和负外部性问题也日益凸显，使交通运输新业态合规监管面临窘境①。

一般认为，整体性治理的本土化实践会遭遇以下三个方面的难题：学习和超越官僚制、利益整合和责任控制及信息共享技术分段推进②。北京市交通运输综合执法总队推出的线上执法模式作为整体性治理理论在网约车执法监管工作中的本土实践成果，也正在经历着这三个方面的难题。道路虽然曲折，但前途是光明的，本文在整体性治理理论视角下，意图探索北京市网约车线上执法模式如何实现治理的长效化这一中心问题的答案。衷心希望我们这些不成熟建

---

① 魏苒．整体性治理视阈下我国网约车监管策略探究［D］．济南：山东大学，2019.

② 胡佳．迈向整体性治理：政府改革的整体性策略及在中国的适用性［J］．南京社会科学，2010（5）：46－51.

议能够对网约车的执法监管工作有所帮助，希望北京市的网约车线上执法模式能够以群众利益为出发点和落脚点，进一步深化相关主体间的协调整合，进一步拓展信息技术应用的深度和广度，实现对网约车的长效化执法监管。

参考文献

[1] 黄晓春，嵇欣．技术治理的极限及其超越［J］．社会科学，2016（011）：72－79.

[2] 韩兆柱，翟文康．大数据时代背景下整体性治理理论应用研究［J］．行政论坛，2015，22（6）：24－29.

[3] LEAT D，STOKER G. Towards holistic governance：the new reform agenda［J］．Palgrave，2002.

[4] Perri 6，Holistic Government，London：Demos，1997，pp. 9－10.

[5] 叶璇．整体性治理国内外研究综述［J］．当代经济，2012（6）：110－112.

[6] 蔡立辉，龚鸣．整体政府：分割模式的一场管理革命［J］．学术研究，2010（5）：33－42；159.

[7] 李群．基于整体性治理的南宁市“网约车”监管机制研究［D］．南宁：广西大学，2018.

[8] 胡佳．迈向整体性治理：政府改革的整体性策略及在中国的适用性［J］．南京社会科学，2010（5）：46－51.

[9] 方堃，李晓园．少数民族流动人口跨域协同治理：逻辑与进路［J］．江西师范大学学报（哲学社会科学版），2016，49（6）：115－119.

[10] 魏苒．整体性治理视阈下我国网约车监管策略探究［D］．济南：山东大学，2019.

[11] 戴安娜，王明清．整体性治理视域下我国网约车的监管困境与治理路径［J］．商讯，2019（6）：6－7.

腾云“嫁务” 无微不至*

——基于企业微信政务版的基层“微治理”创新之旅

摘要：企业微信政务版是一款为政府机构和政务机构打造的应用软件。本案例描述了企业微信政务版以“与微信互连互通”为核心优势，在公共服务、办公管理、协同治理等领域的广泛应用。对于Y派出所而言，基于民警使用企业微信政务版开展工作，民众使用个人微信进行警务诉求沟通，打造出一个警民、政民如朋友般连接、互动的“微警务”治理模式。企业微信政务版也将YC市的社区网格化治理向前推进一步，从线下到线上，形成一个包括“连接网、情感网、服务网、回应网、联动网和自治网”在内的多网联结、实时共治的社区“新网格化”微治理模式。

关键词：企业微信政务版；微警务；微治理；政务服务；新网格化

引言

利用新信息技术、数字技术赋能基层治理，一向是我国国家治理能力现代化建设的题中之要义。2018年4月，习近平总书记在全国网络安全和信息化工作会议上强调，要运用信息化手段推进政务公开、党务公开，加快推进电子

---

* 本案例由北京航空航天大学公共管理学院硕士林树珅、郑琦、吕程程、马晓磊撰写，指导教师为北京航空航天大学公共管理学院贾哲敏老师。

政务，构建全流程一体化在线服务平台，更好解决企业和群众反映强烈的办事难、办事慢、办事繁的问题。2018年，国务院办公厅印发了《国务院办公厅关于印发进一步深化“互联网+政务服务”推进政务服务“一网、一门、一次”改革实施方案的通知》（国办发〔2018〕5号），进一步深化“互联网政务服务”推进政务服务“一网、一门、一次”改革实施方案为重点是加大力度，推进政务服务“一网通办”，从方法、工具和途径上寻求突破，切实解决社会治理中存在的管理与服务难题。

在此背景下，各地政府展开了积极的探索，利用各类数字工具构建线上政务平台和治理平台。最常见的是政务微信小程序或政务App，通过集成各项政府职能，发挥信息传播、公共服务、民情沟通的作用，如“浙政钉”“浙里办”“粤省事”“北京通”等。这些数字化工具形成了不少社会治理的实践经验，但仍然具有调适和发展的空间。

2021年4月，《中共中央 国务院关于加强基层治理体系和治理能力现代化建设的意见》明确指出：“加快全国一体化政务平台建设，推动各地政务平台向乡镇（街道）延伸，建设开发智慧社区信息系统和简便应用软件，提高基层治理数字化智能化水平，提升政策宣传、民情沟通、便民服务效能，让数据多跑路，群众少跑腿。”这实际上是鼓励地方政府勇于创新，根据实际需要，选对、用好数字化工具，全面提升治理水平。近年来，多地政府纷纷采纳“企业微信政务版”，用于政务服务、社会治理、智慧党建、乡村振兴等领域。由T公司开发，原本定位于社交功能的微信，是如何华丽转身，推出企业微信政务版，参与社会治理浪潮的？带着这个问题，我们走进“企业微信政务版”，解析其在基层警务和社区网格化治理两个场景中的具体应用，洞悉这一新型数字工具在基层治理中的作用与潜能。

一、案例正文

（一）揭开企业微信政务版的神秘面纱

企业微信是T公司继微信之后开发的又一项数字化工具。于2016年上线，致力于为企业打造专业、高效的办公、管理工具。截至2020年，已被超过500万企业和社会组织采用，拥有1.3亿活跃用户，深受用户喜爱。企业微信政务版是T公司微信团队为政府部门量身定制的专属政务数字化工具（见图1）。上海、广东、四川、江苏、湖北、浙江、贵州等省市的各级政府也先后使用了企业微信政务版，开展公共服务和社会治理。运用企业微信政务版开展工作，也成为不少政府工作人员的“新时尚”。

图1　企业微信政务版图标
（图片由企业微信负责人提供）

1. 企业微信政务版的主要功能

企业微信政务版主要为政府提供公共服务、办公管理、协同治理三类功能（见图2），致力于成为政务机构的“专属连接器”，促进政府工作的有效运转。

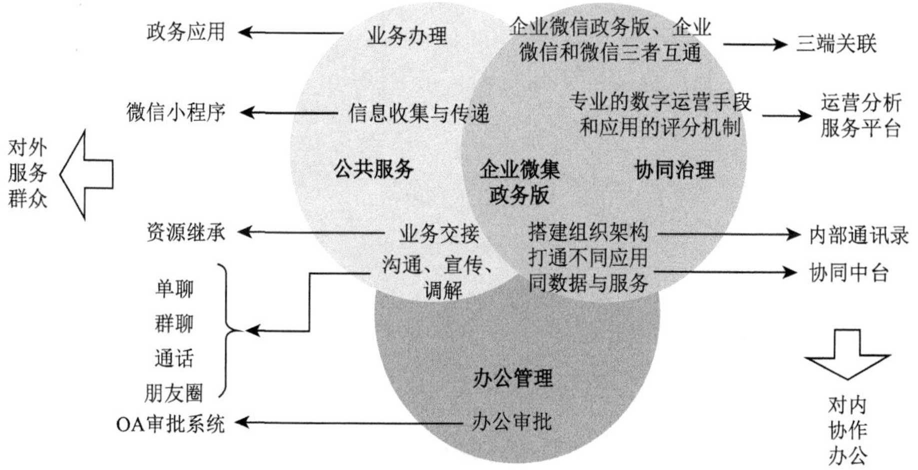

图2　企业微信政务版功能详解（图片由小组自制）

在办公模块，企业微信政务版可以实现掌上办公，包括导入人员信息、建立组织架构、职能流转和审批（OA）、资源继承等，实现部门、人员、职能、业务的无缝隙衔接，还可以自设小程序，满足个性化办公需求。

在服务模块，企业微信政务版能够直接触达民众，与微信一致，通过单聊、群聊、朋友圈的方式与公众对话、沟通，并集成各类政务应用，即时响应公众的政务需求。

在协同模块，能够添加外部联络人，包括政府机关各单位、企业、社会组织，帮助政府将与社会治理需求、发展需求有关的用户纳入其中，实现协同工作，协同治理。

此外，企业微信政务版还在中端提供运营分析服务平台和政务数据共享功能，进行政府服务和治理内部数据的集成、分析和协调，试图在一定程度上打破数据孤岛，并以此制定规范和考核依据。

2. 连接微信：企业微信政务版的核心优势

企业微信政务版的核心优势，以及独到之处，就是能够全方位连接个人微信，实现了两种微信版本的互联互通（见图3）。

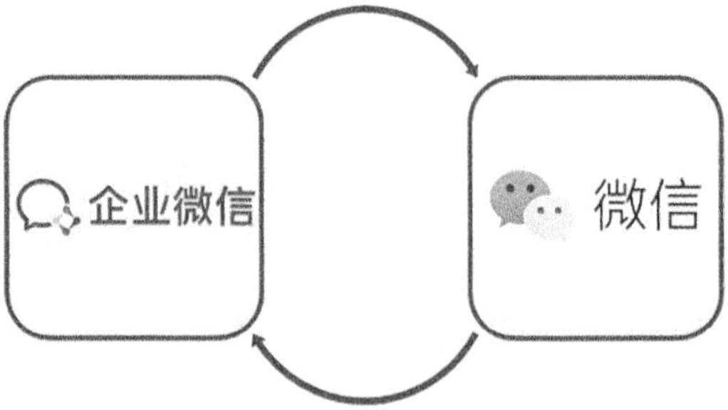

图3　企业微信与微信的联通（图片由企业微信负责人提供）

（1）连接9.83亿微信用户

截至2021年6月，我国共有个人微信用户9.83亿。企业微信政务版与微信实现内部用户资源共享，将政府与庞大的个人微信用户直接连接起来。企业微信政务版的用户通过认证显示所属单位，通过微信互加好友的方式连接公众。

（2）基本操作与微信相同

企业微信政务版有着与微信近乎相同的操作方式。只要会用微信，就会用企业微信政务版。政府工作人员不需要学习和培训，就能非常容易地上手。对于用户来说，更不需额外下载其他 App，打开个人微信，添加政府工作人员为好友即可交流。

（3）与微信功能全面互通

通过单聊功能，政府可以使用企业微信政务版与公众一对一对话，及时沟通；通过群聊功能，政府可以利用企业微信政务版建群，直接将微信用户拉入群聊，群发消息；政府使用企业微信政务版也可以发送朋友圈，开展政策宣传工作；还能内嵌各种小程序，满足政府特殊需求。

（4）扩展微信实现三端连接

微信连接的是人与人，微信与企业微信政务版之间连接的是人与政府、人与政务服务。与此同时，企业微信政务版还能够使政府内部工作人员之间互相连接，并促进横向关联，与其他政府部门、社会组织相联系。这实际上是扩展了微信的人际网络，实现了人、政府、社会的三端连接、多端协同。

（二）企业微信政务版在基层治理中的创新应用

为了重点探究企业微信政务版在现阶段是如何运用到基层治理之中的，发挥着怎样的作用，形成怎样的经验和模式，我们将对“Y 派出所微警务”和“YC 社区网格化微治理”两个应用案例进行详细分析。

1.“我的微信中有个警察朋友”：Y 派出所“微警务”治理之路

（1）减负增途径：基层警务治理优化遇难题

Y 派出所位于浙江省 Y 市，辖区面积 91.6 平方千米，下辖 16 个社区，36 个村区，是 Y 市人口最多、情况最复杂的街道之一。Y 派出所王副所长介绍道：“我们这治安情况复杂，主要是流动人口多、经营主体多，34 万的总人口里，流动人口就占了 25 万。经营主体有 13 万余家，相当于一个县级市的标准。外国人和少数民族人口也特别多，还有一个全国有名的‘联合国社区’。”

发达的混合多元经济、庞大的流动人口规模及居住复杂的环境带来的主要问题就是辖区内的警情数量居高不下。多年来，辖区警情数经常高居 Y 市“榜首”，多次被通报批评。与高警情相对的，是 Y 派出所的警力严重不足。每天只有 4 组巡警出警，警员压力极大。为了解决基层警务中“多案发、多警情、警力不足”的难题，实现“控发案、降警情、提高出警质量”的治理目标，让辖区居民生活得更加放心和安心，Y 派出所决定改变现有工作方式。

通过对 2019 年警情的梳理，他们发现，只有大约 3 成警情属于相对比较严重的刑事、治安案件，而剩下 7 成多是辖区内民众的求助、纠纷、举报等，其中求助类的警情高达 26%（见图 4）。

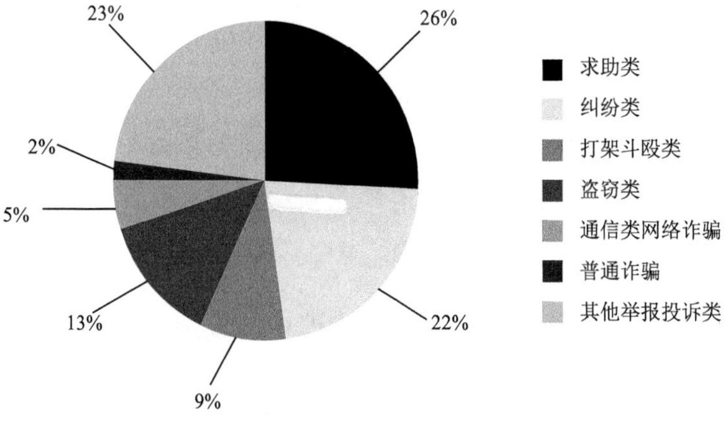

图 4　2019 年 Y 派出所警情类别百分比
（图片为根据采访稿整理出的数据制作而成）

据此，他们分析认为，未必所有警情都需要出警解决。如果能将求助类警情实行线上分流并在线解决，矛盾纠纷类案件实现线上排查和化解，加强诈骗侵财类案件的线上宣传和防范，那么派出所面临的亟待处理的警情就会大大减少。同时，派出所将有能力提高刑事类、治安类案件的出警效率和侦查强度，出警质量也会得到提升。而对于求助类的警情，不少都可以通过提前沟通、主动服务的方式化解或避免。

此外，在 110 电话之外，缺少一个能够和群众直接进行报警诉求交流、分流警情的更加便利和高效的方式。“对于老百姓来说，110 报警号码简单、深入人心，出警迅速且零花费，24 小时随时在线，在他们眼中，110 就是最好的报警方式。”所以，每当民众遇到麻烦，都习惯拨打 110 报警，而每当接到 110 电话，即使派出所尚不能明确判断具体情况，都不得不出警。Y 派出所也一度尝试向群众推广派出所的办公电话，有事情通过派出所电话解决，但是收效甚微。可见，让群众接受一个新的报警方式，任重道远。

（2）激活新工具：易用、易推、见成效

在明确问题所在后，Y 派出所决定引入一个新的数字化工具，全面提高派出所的警务能力。聚焦当前问题提出四大核心需求：让群众触手可及、不增加民警负担、不增加开支、具有线上交互和 24 小时及时响应的能力。

①方案比较知优劣。Y 派出所首先想到的是开发一款类似于“浙政钉”的政务 App。但需要民警和群众重新下载安装，还要学习使用其中复杂的模块和功能设计，可以预知推广存在难度。且政务 App 开发费用较高。其次，是利用阿里“钉钉”。因为“钉钉”具备办公功能，能够有效地接入派出所现有的工作。但“钉钉”在群众中的使用率不高，推广起来就更加困难。这两种方案对于 Y 派出所来说，都不是那么完美。

直到企业微信走进了 Y 派出所楼所长的视野。他说：“其实一开始并不知道还有企业微信这个平台。相对于政务 App 和‘钉钉’，微信具有庞大的群众基础，而朋友圈又能很好地传播信息。如果企业微信能够同时具备像‘钉钉’一样的办公功能，那就非常适合我们。”于是，Y 派出所主动与腾讯联系，得到了一个肯定的答案——可以通过企业微信来开展警务治理。企业微信与微信互通，操作简单、使用面广，而且是一个免费、开放的平台，这些优势都完美契合了 Y 派出所的需求。但在当时，企业微信主要面向独立法人（企业）开放，政府单位无法注册。经过与企业微信团队的反复沟通，Y 派出所终于注册了全国第一家政务类的企业微信，迈出了采用企业微信政务版的第一步。

②试水采纳获好评。2020 年 5 月，Y 派出所的企业微信政务版正式推出。因为简单、易用、便于上手，向民众推广的过程要比想象中顺利得多。除了在

派出所、居委会、店铺等明显位置张贴警员的企业微信二维码名片（见图5），邀请群众扫码添加好友之外，民警、警务指导员在日常出警、入户走访时都抓住各种契机向民众介绍这一新工具。“有的居民一听只需要‘加个微信’就行，就直接添加了。有的居民一开始看到不一定会添加，但是他们遇到事情后，他会想到，就去找来添加后再跟我们联系。”截至2021年底，已添加居民数达26万，占辖区总人口的70%。

图5　路边张贴的Y派出所民警企业微信号（2020年6月）

企业微信政务版的警务服务效果也很快凸显了出来。S社区刘先生一开始还觉得这是一个“雷声大雨点小”的事，觉得“估计用不了两天就会被放弃的”。直到他试着通过企业微信政务版进行了一次警情投诉，立刻就有民警上门了解情况，通知相应人员整改后，他的评价才有所改观。刘先生说：“这次好像与以往不太一样，Y派出所是真的在利用这一新工具，认真地解决辖区的警情，而且确实有用。”

楼所长谈道：“如果刘先生通过110报警，需由110指挥中心下派给派出所，派出所再转接出警民警到现场处置，同时还需要推送其他行政执法部门。处理环节多、时间长，群众还不满意。”如果通过企业微信政务版，只要发个微信，就可以一键联系到片区民警或驻村警察。这种“直线式报警”大大分流了警情，既节约了时间，又提高了效率。

有一天，有民警收到群众从微信中发来的消息，Y街道N社区发现一个3～4岁的走失男孩（见图6）。民警立即将信息进行编辑，通过企业微信政务版发送朋友圈，并在各个群中转发消息。由于消息扩散得快，只用了10分钟，就帮助孩子找到了父亲。“基层警务的江东速度”又一次征服了民众。现在，居民已经养成“有事儿直接给警察朋友发微信”和“没事儿看看警察朋友的朋友圈”的习惯。而曾经只用于个人社交的微信，如今已成Y派出所民警开展工作必不可少的新工具。

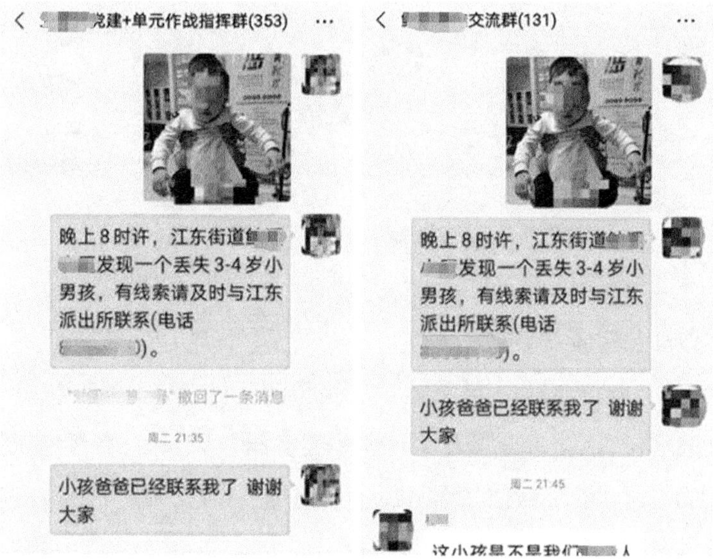

图6 Y派出所一条“朋友圈”10分钟找回走失儿童（2020年6月）
（来源：新华社《一条“朋友圈”10分钟找回走失儿童》）

很快，Y派出所利用企业微信政务版开展警务治理取得了不错的成效。辖区总警情实现了断崖式下降，传统侵财类案件下降56.48%，电诈类案件下降28%，打架纠纷类下降37.17%，每日接警量从原来的八九十起下降到六七十起。总体而言，通过企业微信政务版报警的居民变多了，而110报警变少了。民警共接受各类警务咨询15万人次，就地化解或妥善处置各类警情7 000余起。而群众的满意度也有所提高，仅看矛盾纠纷类警情，派出所调解成功率就高达95%。

(3) 从政民到朋友：打造“连接互动式”微警务

经过近两年时间，Y派出所利用企业微信政务版筑造起数字警务的“基座”，打通从后台到前端的闭环，探索出一条“连接互动式微警务”的治理之路（见图7）。主要的特色是：基于企业微信政务版和个人微信的互联互通，民警使用企业微信政务版开展工作，民众使用个人微信进行沟通，打造出一个警民、政民如朋友般互动的“警务政务交往空间”，从而助力基层警务实现快速分流、回应与处置，有效地提高治理水平。

图7　企业微信政务版之警民“连接互动式微警务”示意图（图片由小组自制）

具体做法包括如下4个方面。

①“标”注官方身份。系统给辖区民警和驻村辅警的企业微信政务版统一标注“名字+Y派出所”及“某某村居警务指导员”，公开派出所报警电话等，并生成专属“企业微信二维码”，让每个警察都成为一个具有公信力的警务服务窗口。

②“扫”码添加好友。群众只要打开个人微信的“扫一扫”，即可添加民警为好友。扫码后，即可如微信好友一般聊天、互动，接收政府推送的信息，也可查看民警利用企业微信政务版发送的朋友圈。

③一键发送“诉求”。群众与民警建立微信好友关系后，可在微信对话窗口中向民警提出各类警务诉求、求助并报警。民警收到诉求后会启动即时回应，了解事情的发展过程。如果需要出警，则出警处理，如果只需要调解，也会提供解决方案。诉求的回应过程与结果，也会通过对话窗口直接向群众反馈。这一模式的关键是让群众每时每刻都感受到警察朋友就在身边，及时

提供个性化警务服务的同时，也有效地帮助派出所实现了警情分流、高效出警。

④一键推送“消息”。民警可将辖区内的警务信息、政策、通告、警情等推送至微信群或朋友圈，既不影响群众的日常生活，也能确保群众接收到各类政府信息。而遇到重大或紧急事项，民警也可以将信息直推到居民微信上，有效提高了政策和通知到达的速度与效率。

如今在Y街道，处处可见“连接互动式微警务”在基层治理中发挥着重要作用。群众微信中的“警察朋友”，更是时时为群众的安居乐业保驾护航。

“一键到警”“时时在线”，现在，企业微信政务版已成为每日最为繁忙的警情集散地和工作流转口，发挥着提高警务服务水平、优化基层警务治理的重要作用。2022年1月，这一“微警务”模式也被浙江省公安厅评为全省公安派出所二十佳基层基础工作技战法，进一步获得了肯定。

2.“在线打通基层服务的最后一千米”：YC社区“新网格化”微治理探索

（1）连接到人：突破最后一千米的首要壁垒

网格化治理是近年来基层治理的重要创新举措。早在2010年10月，湖北省YC市就作为全国首批35个社会管理创新试点城市之一。“我们很早就推行网格化治理了，按照管理方便、界定清晰的原则把社区划分为若干网格，方便我们对基层社区进行管理。”YC市大数据中心张主任谈道。当时的做法，是把121个社区细分为1 110个网格，构建起市、区、街道、社区、网格的五级管理体系（见图8），即在市域治理不断下放权力的基础上，积极发挥社区、网格员的作用，对社区内部的公共事务进行沟通、协调和解决，并调动居民、社会组织的自治力量，实现多元共治。经过十多年的发展，“网格”成为YC市基层治理的触角，网格化治理也成为YC市基层治理的标志性经验。

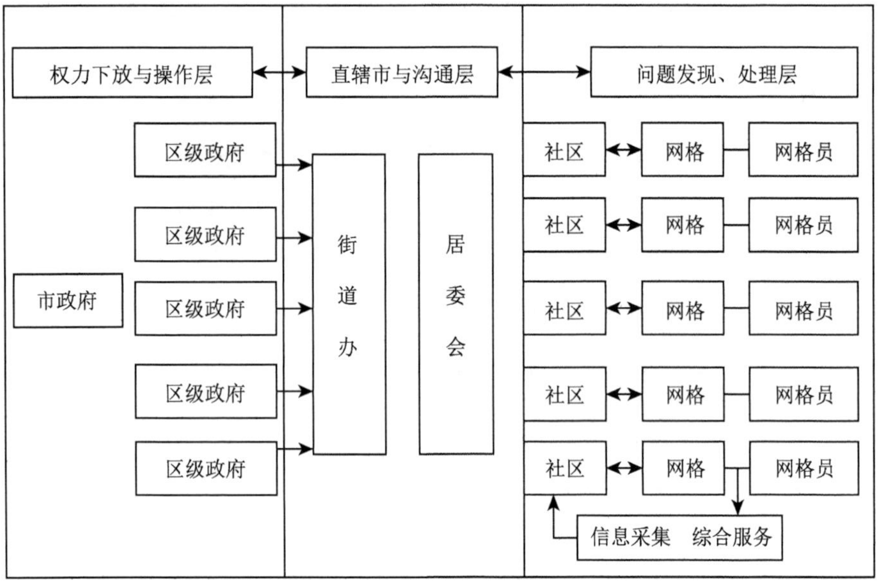

图 8 YC 市社区网格化治理示意图
（来源：鲁蕊，黄大熹．宜昌市社区网格化管理模式经验探析［A］．
中国高校人文社会信息网．2015．）

随着网格化治理的深入发展，社区工作者发现，这种基于线下面对面互动的模式存在问题。例如：此模式在很大程度上依赖线下网格员与群众间的联系和情感维系。如果不能实现和群众的即时沟通，就很难明确群众的实际困难和需求，服务群众也容易滞后。一旦网格员离职，服务关系还要重新建立。长此以往，会影响到群众对网格员的信任，而网格化治理的满意度也会随之降低。

此外，传统的联系和服务群众的手段已经跟不上时代的步伐。面对早出晚归的上班族、三天两头更换的租客……有时即使是同楼的网格员也很难联系到这些“不着家”的居民，而他们遇到问题时也不知道应该向谁求助，甚至不知道身边还有“网格员”这样的社区工作者。由此可见，网格化治理如果需要深入下去，首要问题是“连接到人”，次要问题是如何与居民保持着密切的沟通和联系。换言之，建立一个社区与居民之间便捷、及时、动态的联络渠道，才能打通网格化治理的最后壁垒，全面提升治理水平。

（2）从线下到线上：深化网格化治理的必然选择

2020年，因为"不聚集、不外出、少走访"的要求，网格员不好开门入户、联系群众，但需要与全体居民保持密切的联系，掌握居民动态。一旦出现新型冠状病毒感染，社区还承担着保障居民生活服务的职责。在这样的特殊背景下，网格化治理的重点亟须由线下转到线上。

起初，YC市的社区网格员选择直接利用个人微信开展工作。他们在社区内部建立了大量微信群，以楼域、楼群、片区为单位，把居民聚集到微信群里，集中发送通知通告，了解群众的生活服务需求，及时回复、回应群众。疫情防控进入常态化后，YC市政府希望将这种与群众实时沟通、密切联系的社区治理方式进一步确定下来，形成模式推广。

利用个人微信开展社区治理，虽然方便，但存在明显问题。例如：个人微信没有官方认证，因此信任度较低，且个人微信的随意性较大，不具有政府的权威背书。当地网格员也说道："微信的受众群体广，大家谁手机里没有微信呢？谁不刷个朋友圈呢？微信可以把居民快速连接起来。但是微信群太开放、随意了，每个群几百人，换个头像、网名，就不好辨认。"此外，微信只有窗口对话的功能，不能针对社区治理的特殊需求进行个性化功能设计。居民与社区工作者只能通过聊天的方式来解决问题，形式单一，且这种方式提供的服务也十分有限，只有发送通知和信息咨询两种，远远不能满足群众的实际需求。

后来，YC市政府也尝试引入和开发政务App。优势是集成性高，内含各项政务业务的办理端口，能够实现一键式服务。但在推广宣传时就发现了不小的困难。"大家都不太想下载，年轻人嫌占内存，老年人又不会用"，导致政务App的下载率低、使用率低、打开率低。如果群众不能熟练下载且习惯于使用政务App联络政府，那么政府仍然无法"到达群众、连接到人"，治理和服务就无从谈起。此外，政务App的互动性偏弱，即时性和回应性都不理想。这样一来，反映诉求、获得服务、及时反馈等网格化治理的核心要求就无法实现，且政务App还存在开发和维护成本都偏高的问题。

经过调研，YC市政府最终选择了利用企业微信政务版搭建网格化治理新平台。主要看重其三个功能：一是便利居民添加好友，居民通过自己的个人微信就可以直接接入社区网格化管理的布局；二是与微信互通，具有即时交流、即时回应的特点，这对于社区服务和社区工作而言格外重要；三是能够增加设计个性化的功能模块，既能实现政务服务的在线办理，又能实现内部协同办公。

基于上述考虑，2020 年 10 月，以企业微信政务版为核心工具的 YC 市"微治理平台"正式上线运行。这一平台的基础是社区网格员通过企业微信政务版添加群众的个人微信，按小区楼栋建立大量的网格化工作群。很快，该平台已建群 1.23 万个，入群 128.6 万人，成功地将现实中的网格化社区全方位地搬到了线上。此外，还接入小程序"宜格服务"，集成 54 个政务服务事项，现服务群众达 100 万人次。

（3）多网联结、实时共治：社区"新网格化"微治理模式的形成

如今，基于企业微信政务版，YC 市已逐渐形成一种数字化程度更高、连接程度更高、服务效率更高、治理更见成效的"新网格化微治理模式"（见图 9）。在社区的基础网格化管理工作变得更加便利、高效、快捷的基础上，这一模式扩展了"网格化"的内涵，形成了连接网、情感网、服务网、回应网、联动网和自治网 6 种"新网格"，在社区治理中发挥作用。

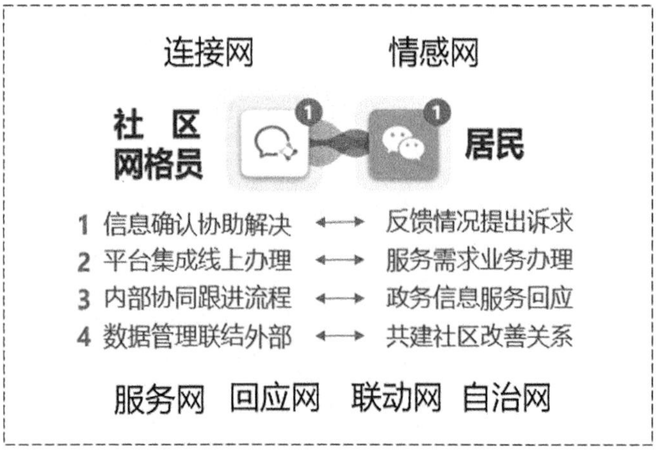

图 9　YC 市新网格化微治理模式示意图
（图片由企业微信负责人提供）

①从居民到政府构建"连接网"。推行"新网格化"微治理的第一步，将现实中的居民、社区、政府搬到线上，连接起来。YC市要求每位社区网格员都使用企业微信政务版，并进行官方认证。此外，还建立了全市统一的通讯录，将社区支部书记、下沉党员干部、社区民警、社区法律顾问、社区公卫医生、物业经理、业委会成员、社区服务组织、志愿者、电力或燃气管理员等都纳入"宜格服务"平台之中。按照"谁的区域谁负责，谁的对象谁服务"的原则，各个社区很快就建立起了社区专属服务网格。

第二步，让广大居民扫码添加网格员的企业微信。一旦居民与网格员互为好友，就加入新网格化微治理的连接网络。居民需要通过实名认证，再加入相应的楼宇群、社区群。为了方便网格员工作，原先社区基于个人微信自建的微信群也无须解散重建，而是一键转化为新的社区群。这样，基于企业微信政务版的"在线网格"，就很容易将居民、网格员、社区和政府连接起来。

此外，企业微信政务版也为社区提供内部协同办公功能，且开放了接口，与外部的政府部门相连接，既能够简化社区内部的工作流程，提高效率，还能与上级政府、其他部门保持联络，协同合作。

②零距离沟通编织"情感网"。利用企业微信政务版开展社区治理，一个极有价值的部分是网格员能与社区居民随时随地展开沟通，关系如亲友一般。J社区的网格员小刘说道："社区工作都是庞杂琐碎的细枝末节。以前为了掌握情况，我每天都到小区转一圈，和大家伙儿聊聊天，看看有什么能帮上忙的，渐渐地大家也熟悉了，一开始大家喊我'领导'，现在，都喊我小妮子了。从前居民怕麻烦,不习惯联系网格员，有时候也是我们工作忙，居民不能在第一时间找到我们。现在不一样了，有了微信，我们能随时联系，居民有了问题也更乐于找我们解决。就是发几条微信的事儿，有时候还相互关心一下，关系自然就能拉近。"有了情感，增加了信任，会给社区工作增添很多便利。这种情感式的交往，能够有效减少基层治理中的沟通成本，提高满意度，而社区与居民所编织的"情感网"也成为"新网格化"微治理模式中的有效"润滑剂"。

③满足个性化诉求形成“回应网”。从前居民遇到麻烦需要帮助，或者有诉求需要与政府沟通的时候，经常找不到人、无从下手。“新网格化”微治理模式能够较好地满足居民的个性化诉求。无论大事小事，居民可以通过微信群将诉求反馈给网格员，也可以添加网格员的企业微信，进行一对一沟通，还可以@小助理在“我找社区服务团队”中使用“您呼我应（在线报事）”“有事您@我（在线沟通）”的功能将诉求直接反馈给平台。一旦接到居民的诉求，网格员或社区工作者就会启动回应，主动向居民了解情况，关注他们的实际诉求，进而调动资源，解决问题。

王师傅居住的L社区一号楼紧邻街道，每天下班回到家都是一股浓烈的油烟味。不堪其扰的王师傅抱着试一试的态度在社区微信群内发送了一条消息说：“小杨啊，楼下做餐饮的油烟太大，晚上觉都睡不好，你帮我们想想办法？”虽然已是深夜，但网格员小杨马上在群内回复道：“王师傅您别急，我这就向上反映，尽快解决您的困扰。”这让王师傅心里的烦躁瞬间被平复。等到第二天下班回家时，楼下的三家餐饮店已经修起了烟道，再也没有呛人的油烟味。王师傅激动地给小杨发消息表达感谢，没想到在这么短的时间内，问题就得到了解决。小杨解释道：“现在我们每天都会通过企业微信和居民交流，他们只需要在微信群留言，我们就会看到，然后就会落实下去，帮助他们找到解决问题的办法。这件事我们就是让社区和物业共同出面，要求餐饮店尽快解决的，他们也很配合。”

这样的难题和回应速度，在以前难以想象。如今在企业微信政务版“居中调停”的作用下，居民的个性化诉求构成了“提出—回应—解决”的回应网。渐渐地，居民们养成了通过企业微信找社区、提诉求、跟进度的习惯，而网格员和社区工作者则会进入“接单服务”的状态，有针对性地及时回应居民提出的个性化诉求。

④提供精准化服务搭建“服务网”。“新网格化”微治理模式还要求社区通过企业微信政务版向居民提供丰富、专业、精准化的政务服务。目前，YC市已经把全市各项政务服务的端口和便民应用程序集成在企业微信政务版中，实现了“一网通办”。养老保险、老年证、养犬登记、车辆违章等常见的政务

服务，都可以通过企业微信政务版办理。精准化服务还体现在社区会将居民的信息和需求统计，上传至数据库中。经过大数据分析，可主动为居民提供部分公共服务，更加方便群众。

如果居民对政务业务的办理过程、方式、所需材料存疑，可以直接咨询网格员，网格员会及时提供帮助，将办理链接、材料清单等信息推送给居民。对于老年人、残疾人等需要格外关照的群体，网格员会特殊关注，提供一对一的服务指导，甚至上门服务。

⑤社区治理行动共建“联动网”。“新网格化”微治理不只是把社区和居民纳入线上网格，而是更多地将社区和各个政务部门打通，实现业务联动，为社区治理注入能量与活力。当网格员和社区接到居民的政务诉求之后，会通过内部办公系统，与相关部门联络沟通，或自主协调，或通过上级部门快速协同各个机构的治理力量，共同形成解决方案。

2021 年 4 月的一个下午，YC 市 X 区的社区网格员小张，接到居民群里发来的消息。“咱们小区门口的面馆有燃气的味道，好像发生燃气泄漏了。群里的网格员和燃气工人快来看一下。”小张立刻从企业微信政务版群聊里面联系到了燃气公司相关负责人，反馈出事地点、报案居民等信息。燃气公司接到消息立即派人查看，第一时间找到了燃气泄漏点并关闭了阀门。

为了保障社区居民的安全，小张通过内部办公系统反映了这一安全隐患，希望得到更多部门关注，并出面根治解决。第二天上午，街办综治网格中心就着手动员各个部门，组织召开了包括市政、城管、社区、物业、餐饮店老板等多方参加的协调会，经过充分沟通，制定出了整改方案。从居民在社区群里反映问题开始，到“网格员—社区—综治中心”等几个层级的信息上报、部门协调和事件处理，都在一天内高效完成，可见企业微信政务版之“联动网”的协同治理能力不容小觑。

⑥促进社区发展打造“自治网”。“新网格化”微治理还具有明显的社会动员作用，倡导居民、社会力量通过协作、参与、互助来处理社区事务，实现社区自治。居民可以在企业微信社区群中讨论社区公共事务。话题有时来自网格员或社工，有时候来自居民。“发个议事信息，群里的居民都可以议事。”

社区群中有值得信任的网格员和社区工作者，他们背后有着能够直通政府部门的有效渠道，这让社区居民更加信赖这种交流讨论，参与积极性有了一定的提高。

为了解决小区“乱搭乱建，乱牵乱挂，乱堆乱放，环境脏乱差”等问题，提升社区环境质量和居民满意度，YC 市 H 社区、R 小区、M 小区通过“宜格微治理”发起投票，就开展小区环境综合治理“净化美化”行动征求大家意见。仅仅三天，就有 234 户家庭参与了投票，这项动议获得了超过 90% 的居民的支持，收到了各类意见建议共 143 条，有几项建议被直接采纳。在后续的治理行动中，居民普遍具有较高的参与意愿，而由居民自己提出的建议也获得了更为有效的执行，凸显出蕴含在居民中的自治潜力。

此外，不少社区的公共决策也基于企业微信政务版搭建的平台进行，如业主委员会的选举和投票，还有社区志愿者的招募、服务与管理。这种充分的居民参与、良好的邻里生态，正是社区自治和社区发展最重要的基础。

3. 企业微信政务版助力基层微治理的未来展望

新信息技术的浪潮势不可挡。政府基层治理的行动与实践必将在数字化的海洋中不断地试水，寻求生存和发展。通过对 Y 派出所“微警务”和 YC 社区“新网格化”微治理模式的解析，我们欣喜地看到，作为一种新兴的政务数字化工具，企业微信政务版凭借与微信互联互通这一核心优势，打通了政民关系的回路、盘活了多种治理力量和资源，正在快速形成新的基层治理路径与模式。

可想而知，其中必定存在许多问题、不足与阻力，但我们更希望赋予这种新应用、新工具的未来发展一种乐观的期待。其一，深化和扩展企业微信政务版的应用场景，使其在基层治理、市域治理、产业互联、乡村振兴、智慧党建等领域都能得到广泛应用；其二，进一步服务政府，与政府展开深度合作，打造满足政府需求，有特色、接地气、高效率、易维护的工具平台；其三，进一步发挥企业微信政务版“连接到人、微信互通”的优势，整合多元治理主体，充分挖掘社会中的治理潜能，不断探索新的治理经验与模式；其四，既要放大格局，又要立足细微。将企业微信政务版融入数字政府、智慧政府建设的体系中，同时秉持“人即服务”的理念，在服务民众、回应民众诉求等层面更多地看到企业微信政务版的身影和贡献。

二、案例分析报告

（一）问题提出及研究意义

在政务数字化、数字政府建设的浪潮中，企业微信政务版作为一种数字化新平台、新应用，获得了前所未有的发展机遇。各地政府纷纷利用这一新工具开展基层治理，提供了许多新鲜的实践经验。从 Y 派出所开创的“连接互动式”微警务，到 YC 社区探索出一条“多网联结、实时共治”的“新网格化”微治理道路，都彰显出企业微信政务版助力基层微治理的效果与潜能。本文运用数字治理理论和微治理理论，审视这一新兴数字化工具，深入解析其在基层微治理过程中的作用与机制，提出一个正在形成的“数字微治理”新模式。

（二）理论分析框架（理论基础）

1. 数字治理理论

数字治理理论发轫于信息技术的发展与各界对新公共管理反思的浪潮，20 世纪 90 年代以来，日渐成为公共管理领域最引人注目的议题之一。数字治理区别于传统治理的关键在于“数字”，有两层体现：一是公共管理职能和信息得以转换成可度量的数字与数据，且具有多样性、快速性和价值性；二是政府治理中的决策、执行和监督向着数字化思维模式转型。数字治理框架下的政府将在技术应用、治理体系和治理能力三个方面迎来变革。

数字技术是数字治理中的关键角色，已由应用手段转变为核心驱动力。政府依托数字技术，开发数字工具，实现从服务提供者向系统管理者的转变。数字技术也为政府赋能，助力政府构建跨层级、跨部门、跨领域的数字化系统，实现职能、信息、数据的归集、共享、交换。早期的数字技术主要应用于政府办公自动化，提高政府内部信息处理和流转的效率。如今，新一代数字技术更擅长于通过“平台化”的集成，深化数据化和智能化，实现“政府即平台”的数字治理目标。同时，也致力于不断打破边界，深度赋能，满足政府、社会和公民不断发展变化的治理需要，全面提升数字治理的效能。

2. 微治理理论

“微治理”与国家的宏观治理相对，是一种基于政府机构、社会组织及社区自组织互构的新的治理逻辑和方式。在社会分化、群体异质化、个性发展日益突出的社会现实下，政府需要充分尊重并满足公众的多元利益诉求，提供差异化、精细化的治理。而公众需求的基本性、完善基层自治功能的目标以及其与基层政权紧密结合的特征，决定了“微治理”是基层治理创新发展的一种必然趋势。

“微治理”的核心特征包括面向治理中的微观问题、治理规模小、针对性强和治理过程差异化等。深究其内部结构可知，在治理主体上，“微治理”意在改变政府主导下的管控模式，倡导基层、社区多元治理主体的广泛参与。在治理对象上，“微治理”寻求更小规模的治理单位，以片区、社区、楼栋等“微组织”取代行政区划，试图深入传统治理力量无法触及之处，因而更加关注与个人和微组织密切相关的精细化、个性化的治理问题。在治理途径上，“微治理”力求充分发挥基层政府、社区、组织的作用，强调多元主体的协同合作，实现共同治理。在治理评价上，由于治理任务在基层的“落小落细”，衡量微治理水平的关键在于“因人而异、因地制宜”，满足差异性、异质性的治理需求。在治理前景方面，新一代信息技术正在嵌入社区“微治理”，社交媒体、政务 App、网络问政平台等工具被认为有益于向智能化社区的微治理赋能，表现在促进公众在线“微参与”、搭建网络协商“微场域”、拓展虚拟治理“微单元”等。

3. 分析框架

在数字治理理论视域中，技术驱动下的工具、政府、公众是数字治理模式的重要组成要素，也是分析维度。“技术”表现为数字化技术的内涵、应用与赋能过程。“政府”即政府部门对数字技术的采纳，以及因新技术应用而产生制度与结构的调整。“公众”则侧重公众对数字技术的接受与使用，以及新技术为公众提供的新的参与路径与政治机会。

新数字化工具（企业微信政务版）的推广与利用，提供了数字治理框架中的新变量，变革着工具、政府、公众三者之间的角色与关系，产生新的治理行动。这一过程内嵌入基层微治理的语境之中，又将发挥着不同的治理功能和作用，释放出治理潜能。综上，得出本文的分析框架（见图10）。

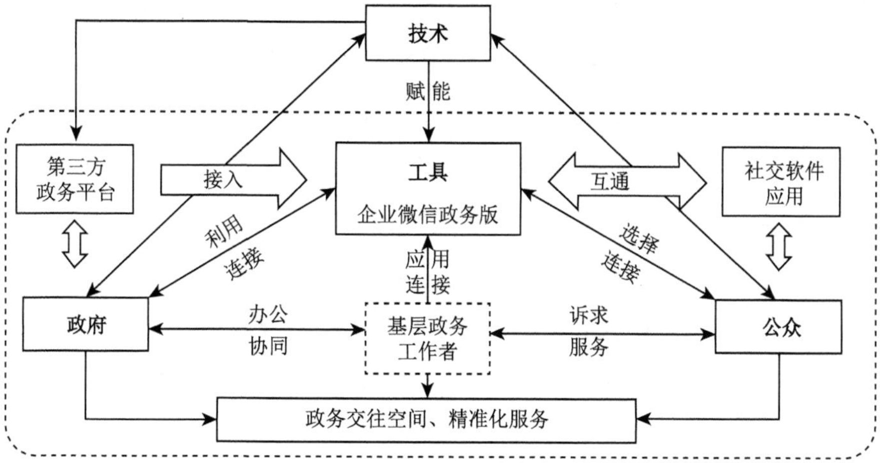

图10 分析框架

（三）案例分析

1. 技术赋能：新数字治理工具的应用与价值

新技术为数字治理的创新提供了可能性。各级政府将各类新技术的特征与优势应用于治理，在一定程度上提高了治理的合理性和科学性，如“浙政钉”“粤省事”“北京通”“津心办”“随申办”等政务App、小程序、数字平台都从不同层面助力政府提供服务、推进治理，产生着积极的效果。企业微信政务版之所以能够在众多数字工具中占有一席之地，与其技术特性与核心优势紧密相关。其一，企业微信政务版能够同时提供办公、服务、治理等功能，集成性高，还可自行添加个性化模块设计，能够全面满足政府的治理需求；其二，能够保障数据安全，满足政府对数据的存储、处理、分析、共享、保密的要求；

其三，开发和维护成本较低，即使财政能力有限的基层政府也能使用；其四，符合用户的使用习惯，操作方便，因此易推广、易普及；其五，连接微信，与微信全方面互联互通，从而实现了人、政府、组织、社会的多端连结。

基于上述特点，企业微信政务版主要在如下3个层面对治理过程赋能。

（1）面向政府赋能

通过注册和认证企业微信，将政府的人员、职能、信息、数据全面接入、联通，搭建政府办公平台和协同平台，从而打通政府的业务流程，实现政府内部人、事、职的无缝隙连接。企业微信政务版还非常注重新业务的开发与配套建设，切实满足政府不断变化的治理需求，始终从技术的角度提供改进空间。

（2）面向用户赋能

企业微信政务版通过添加用户的个人微信而与公众直接相连。微信连接的是人与人，微信与企业微信政务版之间连接的是人与政府、人与政务。此外，企业微信政务版还连接政府内部与外部，有效地将多类社会治理主体关联整合起来。企业微信政务版进一步保障并释放了公众的话语权、诉求权、表达权和参与权。公众能够直接触达政府，实现诉求、意见和建议直接向政府输入，提高了参与公共事务和开展自治的积极性。

（3）面向治理的方式和途径赋能

企业微信政务版践行“一个应用就够了”的理念，注重集成性，实现所有业务的通用通管。这有助于政府打破工具壁垒，节约资源，加强沟通合作，在一定程度上提高治理效率和水平。企业微信政务版与微信的互通，将治理过程从线下转移到了线上，有利于政府探索对公众诉求进行即时回应的方法和策略。对于协同治理而言，企业微信政务版实现的多主体“多端连接”，打破了时间与空间对治理的限制，充分整合动员，从而形成协同化程度更高、合作更为深入的新的治理途径。

此外，这项新的数字工具还具有信任赋能——增加公众对政府的信任；情感赋能——政府与公众形成如朋友般亲密的情感网络；安全赋能——数字治理实施中的隐私和数据保护等赋能维度，共同推动治理主体角色变化和治理模式改进。

2. 连接互动：构建政务交往新空间

企业微信政务版的核心优势，是通过与微信的互联互通，将基层政府、社区与公众有效地连接起来。民警、网格员、社工等基层政府工作者使用企业微信政务版开展工作，公众使用个人微信进行联络，构筑起一个政府与公众如“朋友”一般密切联系、交流沟通的政务交往新空间。在这个空间中，公众触达政府更为容易、将意见输入政府的路径更短。政府以“朋友”“熟人”“帮助者”“调解员”的姿态与公众沟通，回应公众的需要，提供服务或实施治理，从而在一定程度上改变了政府与公众在原有治理模式中的地位与角色。具体内容如下。

（1）政府与公众的互动由线下到线上

企业微信政务版将各个基层治理的主体搬到线上，将现实中的政府、公众、基层工作者、社区、组织充分连接到一个移动数字应用之中。在Y派出所“微警务”案例中，民警主要通过邀请民众扫码添加微信的方式实现警务空间转移，而在YC市“新网格化治理”案例中，社区工作者和网格员建立起大量的微信群，以楼域、楼群、社区、片区为单位，把居民聚集到群里。

基于此，民警、网格员、社工等能够与公众直接沟通与互动。政策发布、信息收集、通知公告等从“挨家挨户上门”转变为“线上一键直达”。民众需要联系政府，可以通过单聊、群聊的方式直接向民警求助、报警，或向网格员咨询、投诉。政府会选择同样的方式回应民众，及时响应民众需求。原本需要面对面表达诉求、寻求公共服务的环节，被企业微信政务版大大简化，减少时间成本并提高效率。

（2）政府与公众的关系由“政民”到“朋友”

企业微信政务版让政府工作者“住”进手机移动端，成为民众可以随时联系、零距离接触、即时沟通的微信好友。Y派出所力争实现每个居民的微信里都有一个警察朋友，如报警、咨询、办理业务能够通过企业微信进行。警民关系不再遥远和生硬，而是近在身边，随时为居民的安全保驾护航。在YC市，网格员每天都通过微信群或企业微信与居民进行沟通，角色转变为“好友”“亲人”，拉近了政民距离，建立起信任的基础，在一定程度上改善了政民关系。而居民通过“好友关系”沟通生活矛盾，提出服务需求或求助，也会获得满意的答复。社区、基层政府与居民所编织的“情感网”也成为政务交往空间中的有效“润滑剂”。

（3）政务交往新空间中的多主体联结

在政务交往新空间中，除去基层政府、工作者与公众的直接交往，还有多元治理主体的联结也可实现。企业微信政务版将多个政务部门和组织与基层单位打通，实现业务联动，为基层治理注入活力。当网格员、社区接到居民的政务诉求之后，会通过内部办公系统“一键”发送工单，与其他相关部门联络以进行职能协同，合作寻求更好的解决方案。政务交往新空间还有利于公众之间的交往与联结，实现治理重心的下移。

3. 多元精准：推动精细化基层微治理的发展

企业微信政务版满足了基层政府差异化、精细化治理的需求，根据政府的顶层设计、规则、职能、治理目标，提供个性化的功能模块，帮助政府搭建基层微治理的新网格、新网络。Y 派出所的“微警务”，就是通过企业微信政务版，精准了解和把握了区域内部的警情状况，再通过“连接互动式”警民沟通，实现了案情分流和精准处置，提高了警务治理水平。YC 社区的“新网格化微治理”则构建了大量“企业微信—微信互通群”，鼓励居民直接、明确地表达政务诉求，再由社区、基层政府“接诉即办”，满足居民的合理需求，实现精细化治理的目标。具体而言，企业微信政务版推动精细化基层治理还能从如下层面展开分析。

（1）基层数据的精准传输与分析

在企业微信搭建的移动办公平台中，数字工具可以实现基层治理中信息、数据、诉求的全面采集、实时上传和传递，打通了从前端信息数据收集到后端汇总分析的传输链条，这有利于政务部门全面掌握基层的治理动态和治理需求。在政府内部协同过程中，政府可以通过大数据系统，对基层数据进行比对和分析，识别基层的情况和民众的真实需求，提供差异化服务，从而提高治理决策的科学性和合理性。

（2）个性化、差异化政务诉求的满足

精细化治理的目标之一是通过多种数字化手段，满足公众多样性、差异性的政务需求，提供优质的服务，同时解决政府在面对基层繁杂的社会事务时所面临的效率问题。企业微信政务版通过微信好友与微信群与民众进行一对一、一对多的互动，让民众得以将诉求、意愿、意见、建议等输入政府。政府直接面对公众诉求，并针对每项诉求提供解决办法，切实将精细化的服务和治理落到实处。可见，“差异化诉求”的有效输入，必将带来高效的“精细化治理”的结果。此外，通过企业微信政务版，基层政府也能够更加精准地服务于特殊人群，如独居老人、残疾人等，为他们第一时间提供“点对点上门服务”，这保障了精细化治理的过程充满关怀。

（3）形成“诉求—即时回应—治理”的回路

提高精细化治理质量和满意度的重点在于政府能否对公众的需求做到“即时回应和及时回应”。企业微信政务版正是助力基层政府形成“个性化诉求—即时回应—差异化治理”的回路，才得以成为践行精细化治理的有效工具。民警、网格员、社工与民众在政务交往新空间中的互动，使得民众诉求能够以最快的速度获得政府关注，进而开展沟通，形成定制式解决方案，确保了民众诉求件件都有回音，都有高质量的回应。此外，企业微信政务版还能够及时显示回应进度，使得政务服务全流程可查、可评，有效保障了治理过程的公开、透明和高效。

（4）技术增能加速融入数字政府体系

深入探索精细化治理，新技术、新应用是重要支撑。技术也需要不断增能，才能在与基层政府合作的过程中把握关键要素，满足其不断变化的治理需求。企业微信政务版的技术架构十分灵活，能够快速实现各类功能的衔接与调适，依托“连接微信，人即服务”的理念，也在不断寻求新的功能和场景。在 YC 市，企业微信政务版已在系统中内嵌了智能机器人功能，尝试提供实时人机互动、公共服务自动化、诉求自动分选递送等服务，更见治理效率。同时，企业微信政务版还可以通过多个应用程序接口，与外部政务云平台衔接，作为大数据政务服务体系的基础细胞，融入“人在干、数在转、云在算”的数字政府建设体系之中。

（四）对策建议

进一步优化和完善因企业微信政务版的利用而初步形成的“数字微治理”模式，技术工具、政府和公众还可在如下层面做出调整和改进，以期未来发展。

其一，“数字微治理”模式面临着场景的延伸和扩展，除了微警务和社区网格治理，还应积极探索，多方尝试，开拓、寻求更为丰富的应用场景。其二，应进一步充分利用企业微信政务版“连接到人、人即服务”的核心优势，在沟通互动、服务公众、回应公众等层面不断优化功能，让公众使用体验更好，满意度更高，也促进政府与公众在政务交往新空间的互动更为频繁、效率更高、质量更有保障。其三，重视公众在“数字微治理”模式中的作用，提供多元的参与途径和方式，进一步整合公众。要鼓励公众使用新工具自下而上地参与基层治理，并提高参与效能。其四，完善企业微信政务版自身的功能设计，依据基层政府的实际需求进行业务开发和配套建设，进一步打通与政务云平台在数据、信息、职能层面的联通与合作，融入数字政府建设的宏观体系，不断激活治理潜能。其五，在大力推广利用的同时，也应警惕新工具带来的技术风险。要将数据、信息控制在政府内网的安全半径内，杜绝数字权力的滥用，加强隐私保护并尽力减少各种潜在的应用风险。

三、结束语

基于对 Y 派出所“微警务”和 YC 社区“新网格化”微治理的案例分析和理论分析，本文认为，企业微信政务版助力基层政府、基层组织开展微治理，正在初步形成一个“数字微治理”的新模式（见图 11）。

在技术赋能和技术增能的背景下，政府、公众、工具等数字治理核心要素的内涵及角色正在发生着明显的变化。政府通过技术完成政务数字化转型，基于技术开发工具，引导并推动实现多主体协同治理。公众由新技术充分赋权，通过与政府的“直连、直抵”，积极表达政务诉求，扩大参与，提升自治共治

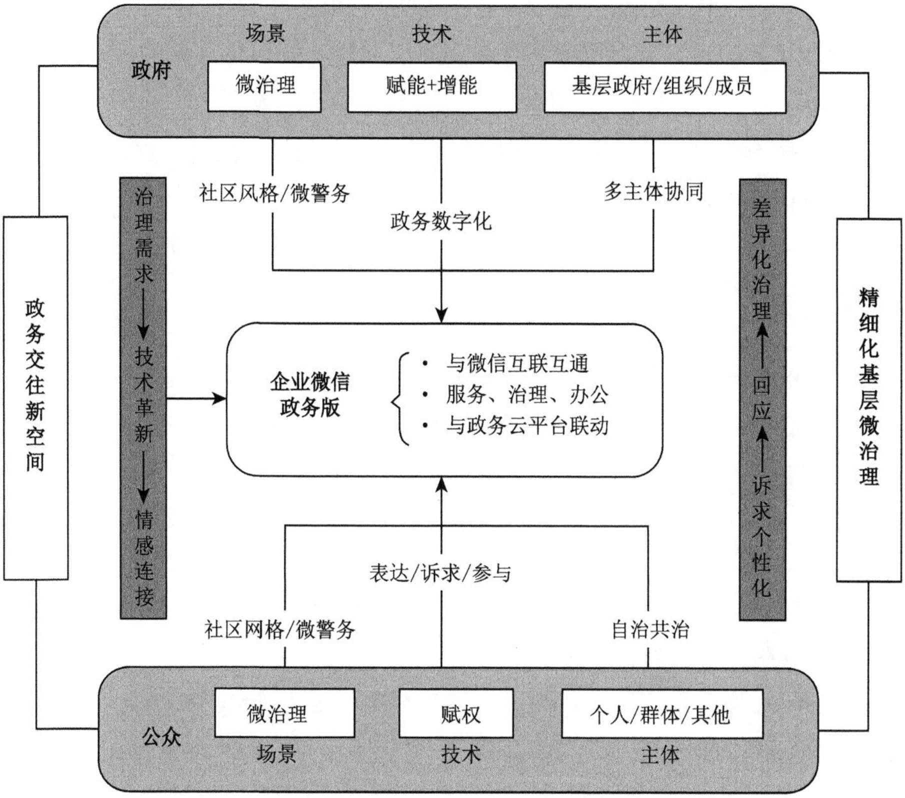

图 11　基层政府“数字微治理”模式示意图

的能力。新数字工具的重要地位则被凸显出来，内含创新能量，提供着多种治理优化的机会和可能，其具体的形态和样貌，需与政府的基层治理需求深度结合、深入合作。

目前，基层政府“数字微治理”有着两大适用场景：政务交往新空间和精细化基层微治理。二者都是在企业微信政务版这一新工具的赋能之下，经过与政府、公众的反复磨合、互动而产生的。其中，企业微信政务版利用与微信互联互通的优势，有效地将基层微治理的多元主体整合进来，在“政务交往新空间”中进行对话与沟通，使政务诉求和服务需求得以便利地“输入—输出”，并形成有效的互动和回应。其中，情感连接促使政府与公众如“朋友”一般交往，成为政务新空间中重要的“润滑剂”。此外，基于与“人”的深度相连，企业微信政务版将办公、服务、协同等功能与基层需求深度整合，在促进“精细化微治理”方面提供了多种选择。目前主要有两组路径：一是通过“个性化诉求—即时回应—差异化治理”回路的实现，满足公众多样化的政务需求并提高治理质量；二是与大数据政务云平台相结合，通过数据治理的方式进一步强化和改善精细化基层微治理。

参考文献

[1] DUNLEAVY P, MARGETTS H, BASTOW S, et al. New public management is dead: long live Digital-Era governance [J]. Journal of Public Administration Research and Theory, 2005, 16 (3): 467 -494.

[2] 徐琳，袁光．区块链：大数据时代破解政府治理数字难题之有效工具 [J]．上海大学学报（社会科学版），2020，37 (2)：67 -78.

[3] 北京大学课题组，黄璜，曾渝，等．平台驱动的数字政府：能力、转型与现代化 [J]．电子政务，2020 (7)：2 -30.

[4] 鲍静，范梓腾，贾开．数字政府治理形态研究：概念辨析与层次框架 [J]．电子政务，2020 (11)：2 -13.

[5] 王淼．“大数据 + 网格化”模式中的公共数据治理问题研究——以突发公共卫生事件防控为视角 [J]．电子政务，2021 (01)：101 -109.

[6] 胡税根，杨竞楠．发达国家数字政府建设的探索与经验借鉴 [J]．探索，2021 (1)：77 -86.

[7] 翟云．“十四五”时期中国电子政务的基本理论问题：技术变革、价值嬗变及发展逻辑 [J]．电子政务，2021 (1)：67 -80.

[8] 张晓，鲍静．数字政府即平台：英国政府数字化转型战略研究及其启示 [J]．中国行政管理，2018 (3)：27 -32.

[9] 尹浩．城市社区微治理的多维赋权机制研究 [J]．社会主义研究，2016 (5)：100 -106.

[10] 宁华宗．微治理：社区“开放空间”治理的实践与反思 [J]．学习与实践，2014 (12)：88 -96.

[11] 黎昕，高鸿．社区微治理：社会治理创新的重要载体 [J]．福建论坛（人文社会科学版），2015 (9)：143 -148.

［12］阙天舒，王建新．“指尖政府”：特大城市移动服务微治理研究［J］．天津行政学院学报，2016，18（1）：10－19.

［13］李璐．城市社区“微治理”：社会治理精细化的实现路径——以成都市成华区为例［J］．福建论坛（人文社会科学版），2018（9）：158－164.

［14］王法硕．智能化社区治理：分析框架与多案例比较［J］．中国行政管理，2020（12）：76－83.

［15］吴晓林，郝丽娜．“社区复兴运动”以来国外社区治理研究的理论考察［J］．政治学研究，2015（1）：47－58.

［16］吴义东．微治理：城市社区营造中的社交媒体实践——一项媒介人类学研究［J］．新闻与传播评论，2022，75（1）：105－114.

［17］鲍静，贾开．数字治理体系和治理能力现代化研究：原则、框架与要素［J］．政治学研究，2019（3）：23－32；125－126.

众筹何时不再众“愁”*

——以SD筹款平台为例探究网络公益的困境和出路

摘要：近年来，我国公益慈善事业借助互联网平台不断发力创新，因其速度快、时效强、易发起、易参与、影响大和传播广的特点，促进了志愿福利的发展，并在社会福利体系中成为弥补政府、市场及非正式福利供给不足的新渠道。然而，慈善与网络平台的结合虽然在横向维度上扩大了福利供给，但在纵向维度上缺乏监管评估的特点也被网络平台放大。利用网络平台监管缺陷发起的“假慈善”“诈捐门”等事件在一定程度上挫伤了公众参与的积极性，严重制约了网络慈善的进一步发展。本文在此背景下，以演员吴某通过SD筹款获得“百万众筹”为案例，通过对包括捐赠者、受助者、运营者、政府部门等多方参与人员深度访谈和定性分析，探讨了网络慈善筹款现状的优劣势，在肯定志愿性福利与网络平台的结合优化了福利供给的同时，也发现了网络慈善中暴露出的监管不严、审核不足、后续缺乏跟踪等问题及成因，提出了在福利多元主义大力发展的过程中，也要注意与多元协同治理因素相结合，只有通过多方协作加强网络慈善的责任共担、信息共享，以及完善筹款和使用的监管评估机制，才能促进网络慈善的可持续发展。

关键词：网络慈善众筹；福利多元主义；志愿性福利；协同治理

---

* 本案例由北京航空航天大学公共管理学院硕士研究生董振强、于朋、周洁、王安然、高一然撰写，指导教师为北京航空航天大学公共管理学院聂晨老师。

引言

近年来，我国公益慈善事业借助互联网平台不断发力创新，以 SD 筹款平台为代表的一系列网络慈善众筹平台开始出现在大众视野，并利用互联网平台速度快、时效强、易发起、易参与、影响大和传播广的特点，成为混合福利经济的有力补充，能够帮助紧缺医疗资金的大病患者在短期内筹集医疗资金，有效推动了传统社会福利分工的创新。在现代福利收缩的背景下，福利多元供给主义体系日益受到重视，在该体系下，志愿性福利成为与国家福利、市场福利和非正式性福利处于福利社会分工同等地位的组成部分而非补充。尤其是志愿性福利在横向维度上发展出的“互助”模式，因为其福利生产和福利融资上的非强制性特点，体现出经典的“帕累托优化”，所以受到更为广泛的关注。

以 SD 筹款平台为代表的慈善众筹平台的迅速扩展，正是志愿性福利以互联网为载体的再现，已逐渐成为弥补我国医疗体系中国家、市场和非正式保障制度不足的重要组成部分。但是，围绕网络志愿平台相比于其他慈善供给部门缺乏管制和评估的特点，“假慈善”和“诈捐门”等争议性事件也吸引着媒体公众的关注，进而挫伤公众志愿参与慈善生产和融资的积极性，最终制约了志愿性福利部门作用的发挥。在这一背景下，本案例围绕演员团体 D 社成员吴某“有车有房”，但通过 SD 筹款平台“众筹百万”的事件进行了全面讨论，通过对参与该事件各方的话语分析，加上对该平台上捐赠者、受助者、运营者的多方深度访谈，以此呈现出了互联网慈善发展的优势和劣势，并为更好地利用互联网平台促进志愿性福利的可持续发展提出了相应的解决方案。

一、案例正文

（一）起：一演员突患重病网络平台发起“众筹”

2019 年，演员吴某突发疾病，被紧急送进医院，头颅 CT 显示大面积脑出血，并一度失去意识，经过医生全力救治，他脱离了生命危险，病情逐渐稳定。与此同时，他的家人通过 SD 筹款平台向社会求助，发起了众筹。

2019 年 5 月 1 日，吴某的家人 SD 筹款平台上以“爱心接力，帮帮我身患脑出血儿子，让他有个美好的未来”为题发起众筹，众筹金额为 100 万元，“百万众筹”闹剧就此拉开帷幕。

平台显示求助文章是由吴某的母亲来某所发，内容大致如下：吴某今年 33 岁，2019 年 4 月 8 日凌晨突发疾病，送往医院，当时被诊断为脑出血，“CT 上看出血量非常大，做 CTA 时人已经失去意识”，吴某手术很顺利，术后已经住院将近一个月。但来某和吴某父亲的退休收入远远不够药物及治疗的开销，“万般无奈下，只好恳求各界好心人士伸出援助之手，共同帮助这位苦命的孩子战胜病魔”。很快，吴某的妻子张某也在社交平台上转发了这条筹款链接，希望能让更多的人知道这件事，并且来帮助吴某。热心人士纷纷慷慨解囊，短短几天之内，利用互联网平台，众筹金额已达 148 184 元。

（二）承：“有车有房”与“众筹百万”惹争议

在众筹期间，互联网上突然爆出了吴某在北京有车、有房、有医保、有存款的消息，父母都已退休且有退休金，社交软件显示，吴某和张某一起饲养着名贵的纯种金毛犬，他们的生活也算小康。消息一出，互联网上一片哗然，对这次“百万众筹”质疑之声四起。

1.“是非真假”吐槽不断

一个脑出血需要众筹 100 万吗？况且吴某有北京市医保。经调查，脑出血在北京市已列入重大医疗保险疾病的范围，目前针对脑出血手术，北京市医保会按照一定比例纳入报销范围，这一比例可达 70%，何况脑出血手术报销前花费在 8 万 ~28 万元，为什么吴某的脑出血需要众筹 100 万元？据 SD 筹款平台“增补信息”栏中显示，吴某有一辆价值 13 万元的车，有医保，家庭年收入 7 万元。姑且不细查吴某家庭年收入是否属实，但即便所写收入属实，这样的条件也应负担得起医疗费用，更不需要大额的捐款。

2.“隔空对话”拨云见日

网友从一开始对“百万众筹”这一个人行为的谴责到后来对以 SD 筹款平

台为代表的网络慈善众筹平台的质疑，日益引发了公众对该事件的关注。与此同时，吴某的妻子张某，作为“百万众筹”筹款人一方的发言人，通过社交平台陆续发声回应网友质疑。

（1）回应网友对筹款金额的质疑

张某的回应，具体内容如下：

患者工作：D 社相声演员。

收入：6 000 元左右。

房产：父母名下有两套房，均无房地产权证

车辆：为吴某妻子婚前购置，女方的是嫁妆。

患者现在还处于重症，待节后如情况稳定，可转入康复医院进行治疗，后续医疗计划谨遵医嘱，暂时家庭花费 7 万元，包括第一次开颅手术（去骨瓣手术），第二次血肿清除手术，入院相关检查，不包括4 月 8 日术后入院在神经重症医学科接受的治疗，至今 5 月 2 日所产生费用，费用不详，刚刚脱离呼吸机还在观察，节后医生再给出下一步的安排，决定是否转入康复医院。

后续花费：医院附近整租两居室，（4 500 ~ 5 000 元）两年费用大概 12 万元左右；护理人员 1 名（5 000 ~ 8 000 元）依恢复情况判定，暂定半年 4 万元左右；定期复查（费用不详）；长期服药（费用不详）；康复理疗（费用不详）；针灸推拿（3 000 ~ 5 000 元）暂定 3 个月费用 1 万元左右。

根据病情恢复情况再进行颅骨修复手术，手术费用 4 万 ~ 10 万元，颅骨修复术后康复治疗费用暂时不详，预估五万元左右。康复期内患者及妻子无法外出工作，无任何经济来源。家中已无积蓄，父亲为铁路退休职工，4 年前患脑梗死，需母亲照顾，父亲退休金为 5 000 元左右，需长期服药，康复治疗。患者医疗报销情况暂时不详，需待办理出院或转院时再行提供。因为现在在放假期间，后续材料需要等开具之后，再上传。

从这份清单来看，里面的费用似乎没有什么不对的地方，吴某家人称之所以众筹百万元，是因为在为吴某医治的过程中已经花费了10万元，而且吴某家人称吴某父亲因为脑梗死已经花费了不少钱，所以现在家里的积蓄不多，虽然现在吴某已经清醒，但是后续需要的费用还有很多。

不过大家在看完上面这份详细清单后，更加愤怒了，因为吴某母亲连租房费用及请护工的费用都要网友来承担。有网友质疑道："家里在北京有两套房，一辆车。对外却说自己是贫困户。住院了有不上班的妻子看护，还要捐款请护工的贫困户？"

此外，有细心的网友发现张某在发长文时的手机也非常昂贵，该手机为某品牌新款手机，这款手机于4月11日正式在国内发布，而吴某是在4月8日发病，这就意味着是在吴某生病住院后张某还更换了手机。

吴某家人以家庭困难，难以支付医疗费用为由，在SD筹款平台向公众发起众筹，但是张某这一换手机的举动并不像困难家庭所为，所以网友对其表示强烈不满。

眼看质疑声越来越多，张某话锋一转，再次通过社交平台向大家解释道："之所以众筹百万元，是因为自己第一次发起众筹，不懂平台规则，首页让输入金额就输入了一个上限额度。"此外，针对吴某是不是建档立卡贫困户，吴某的家人也解释道这是因为自己不懂平台规则，所以才错误操作，勾选了建档立卡贫困户，后期SD筹款平台也予以了更正。

而网友对这种解释持否定态度，换来的是更多的调侃。

(2) 回应对吴某家庭财产信息的质疑

张某在微博上发了一条长文，专门解释网友对家庭财产的质疑：

据张某社交平台上的信息及SD筹款平台公开的资料，可以看出确实如互联网上流传，吴某家庭有两套房产一辆车，房产为六环外公租房且房产不在吴某名下，车辆为婚前购置价值13万元。

时隔一天，张某贴出了一张居委会的情况证明来证实家庭经济情况，主要内容如下。

①房产：患者父母名下只有一处"铁路公有住宅租赁"房屋。另外一处

“铁路公有住宅租赁”房屋准备做患者的结婚用房。

②车辆：患者父母名下没有机动车，只有一辆老年代步车和一辆电动自行车。

③其他财产：患者父母名下没有店铺、有价证券和其他财产，现有存款15万元，已经全部用于支付儿子吴某的医疗费等。

同时，据居委会介绍，吴某的工资的确只有6 000元，上个月只开了1 000元；吴某的母亲称家里有15万元的积蓄，这是他父亲退休的住房公积金钱，准备给吴某结婚用，这一回也全都拿出来了；社区居民也发动了捐款；吴某有医保，封顶是30万元，30万元往上就是自付的。由此，对居委会的采访也基本上证实了吴某的收入情况，通过以上信息，网友基本上已了解吴某的家庭财产情况。

而张某对于丈夫患病期间更换了手机，先是隐匿了手机型号，然后发文回应称：“手机是之前预定的，因为吴某之前说喜欢，所以定了情侣款，以每部6 000元的价格，全款12 000元购入。”虽然张某给予了解释，但是大家更多的是感觉到了欺骗，当时网友正紧锣密鼓地为吴某慷慨解囊，结果在这个时候，作为妻子还能花费巨资购买与治疗无关的手机，有网友直呼其众筹行为为“网络乞讨”。

(3) 回应有车有房为什么还要发起众筹和为什么还能发起众筹

有网友觉得SD筹款平台是众筹平台，捐款纯属自愿行为，所以部分网友对此表示理解：“嗯支持一下吧，确实家里条件也都写上了，没有说隐藏现实情况欺骗大家来捐款，捐不捐都全凭自愿，认为没必要捐钱的完全可以假装没看到，关掉页面就好了，祝愿早日康复吧，钱都是小事，身体重要”。

但是，更多的网友认为吴某家庭资产足以支付其医疗费，不应再发起众筹，吴某有车有房还要众筹，有诈捐的嫌疑，所以对此表示不能接受。

那么网络慈善众筹作为志愿性福利到底是不是“一个愿打一个愿挨”？有车有房能不能众筹？一时间众说纷纭，引发了更多的思考，公众开始讨论发起众筹的资格到底是什么，而众筹金额并没有官方标准，也就是意味着想筹多少就筹多少。

在互联网上一片质疑声中，2019 年 5 月 3 日，吴某的家人关闭了筹款通道，众筹于 2019 年 5 月 1 日发起，短短的三天筹到了 14 814 元，有网友称这次众筹在一定程度上利用了 D 社的背景和名气，因为有知名度，所以短时间筹集到了近 15 万元的善款。但是这场“百万众筹”的闹剧并未随着筹款通道的关闭而结束，反而升级到公众产生了对以 SD 筹款平台为代表的网络慈善众筹平台的信任危机。

（三）转：“众筹”遭“众异”背后乱象

1. 究竟是救命还是诈捐，网络慈善遭遇信任危机

2019 年 5 月 5 日，SD 筹款平台正式在官微上发出说明。该说明指出，SD 筹款平台信息系统数据显示，5 月 1 日 22 时，患者吴某的妻子在平台提交患者身份信息、诊断信息，医疗花费信息等相关求助信息，为突发脑出血的吴某申请发起筹款。次日晨，SD 筹款平台与发起人取得联系，了解患者更多信息要求其补充、公示当地（居/村）委会开具的患者家庭经济情况证明等更多相关证明材料和增信信息。此后，SD 筹款平台联系了患者所在医院的医护人员，对患者病情等情况进行核实，确认患者病情属实。

5 月 3 日下午，发起人与 SD 筹款平台沟通停止筹款。截至筹款结束，该项目共筹得 14 814 元，5 269 人次参与，暂未申请提现。发起人正在补充更多证明材料，供赠与人了解、监督。如发起人申请提现，SD 筹款平台会进行公示。后续公示若无异议，SD 筹款平台会将此款项直接汇入医院对公账户，用于患者后续治疗，若有结余，剩余款项将原路退还赠与人，关于患者治疗情况和款项用途，SD 筹款平台将持续向公众公示。该说明还指出，关于 SD 筹款平台规则，当前对房产、车产、存款等家庭经济情况普遍缺乏合法有效的核实途径。为了让赠与人充分了解患者的实际情况，决定是否予以帮助，SD 筹款平台要求发起人向赠与人最大化、真实地公示患者的疾病情况、治疗花费情况、家庭经济状况（主要是房产、车产等信息）、预期款项用途，以及享受医保、商业保险情况。同时，SD 筹款平台将第三方验证机制、监督举报机制与平台审核机制相结合，对患者相关情况进行核实。该说明最后强调，SD 筹款平台

上线至今始终坚持零服务费，助力患者最大限度及时接受治疗。平台上的每一个筹款项目都有退款通道，在项目打款前赠与人可根据个人意愿随时申请退款。

SD 筹款平台官方说明一出，大家除了继续对“百万众筹”事件的主人公进行指责，对 SD 筹款平台也有不少争议，尤其是说明中提及的：审核信息没有界定“有车有房就完全不能发起筹款”，平台“没有资格去审核发起人的车产和房产”。这个解释曾一度引起网友质疑：“平台没有资格去审核发起人的资产，如何保证爱心用在了该用的地方？SD 筹款平台没有资格审核资产那就任由发起人随便编写自己多苦多穷来博取同情？还让没房没车的人给有房有车的人捐钱？SD 筹款平台这样下去并不是做善事，而是在磨灭网民的善心。”我们访谈一位热衷于公益的捐赠者 C，他表示：

> “百万众筹”对我而言还是有很大影响的，这大大降低了我对该平台的信任度，以后我要理性捐款，把相关材料核实好，真实性高的才会捐。到底是要在家里已经达到山穷水尽再拿不出一分钱的情况下才能发起求助，还是仅仅出现因病导致现有生活质量下降、消费降级的情况，就可以发起求助呢？目前发起的众筹没有一个明确的标准。

人们担心随着事情的发展，大家对 SD 筹款平台信任崩塌，最终导致真正需要捐款的人得不到帮助。网络上对 SD 筹款平台的质疑可谓一波未平一波又起，有人感叹道：“SD 筹款平台这次遇到危机了。”这场“百万众筹”事件同样引起了媒体的关注，经过媒体的转发，这次“百万众筹”事件一度成为网络热点，事件的动态不时冲击微博热搜前五榜。

随着事态的发展，《人民日报》、央视网等官方媒体也进行了关注并积极发声，发挥了舆论引导定音定调作用，批评了“百万众筹”占用了有限的爱心资源，是一次消费善意的闹剧，同时也提醒了网络慈善众筹平台要把好关，呵护好珍贵的善意。

2. 审核机制尚不完善，网络众筹发展受限

目前，社会信用体系尚不健全，信息不对称所引发的事前的逆向选择与事

后的道德风险已是依赖信任行业的普遍问题。求助项目发起人对患病真实情况最了解，其与网络慈善众筹平台之间存在信息不对称，相关行业建设还有待完善。这说明网络慈善众筹平台的具体工作方式、工作人员素质、被救助者资产调查和善款用途监管等方面仍有待进一步完善，让行业在健康的环境下良性发展。关于演员吴某众筹事件，通过访谈，SD 筹款平台内部人员 F 某说道：

我们平台审核信息没有界定有车有房就完全不能发起筹款，但前提是要按照平台的规定，去提交这些相应的证明材料，我们内部也称为“初审”环节，但是我们作为一个社会企业，当下技术条件的限制导致我们平台没有有效的手段去核查筹款人车产、房产等相关的家庭资产，只能要求发起人公开说明自己的家庭经济情况。基于这个实际情况，为了更快更及时地帮助救助对象，只要筹款人把基本的病情和财务情况确保是真实、没有隐瞒地全部公开，我们就会“初审”通过，剩下之后就可以先让筹款人在社交网络传播筹款，这时候就进入“复审”环节，“复审”环节涵盖社交审核的一些手段，在社交网络传播的时候，有些人会发现他有隐瞒的情况、有作假就会举报，这也是辅助我们审核的手段。我们也会监控舆情，看哪些方向有问题，需要他继续提交资料。后面提款需要把所有资料进行公示，由网友投票决定他是否可以把钱提出来，我们后面还有很长的审核流程。其实我们在审核上一直在迭代，我们也会更严谨、更多维度地进行风控，减少类似事件。”

而经过了“百万众筹”闹剧，SD 筹款平台饱受公众质疑，但经过这次闹剧后公众对 SD 筹款平台的态度究竟如何？通过访谈，捐赠者 Y 某说道：

平台审核太不严格了，筹款应该给真正需要的人、值得帮助的人，而个别人没有感恩之心，利用捐赠者的同情心，对捐款人来说心里有很大的落差。平台应该加大监管力度，筹款和用款要公示，让公众明明白白捐款，不要让一小撮人滥用大家的善意和同情心。

在这次“百万众筹”事件中，有人为吴某没有为自己购买一份保险而惋惜。访谈一位保险业人士 L，他坦言道：

吴某患的“脑出血”所致“失语、偏瘫”，恰恰就是在商业重疾保险中的“脑卒中后遗症”的理赔范围内。如果吴某购买了一份商业重疾保险，自己得到保险公司的救助，就不会有这场闹剧。发生了“百万众筹”这样的闹剧，说明商业保险市场还有很长的路要走。

还有不少网友呼吁政府应有所作为，将网络慈善纳入监管，规范互联网慈善市场，让更多爱心得以安放。

2019 年 5 月 8 日，民政部回应个人求助不属于慈善募捐，不在民政部法定监管职责范围内，但由于影响到慈善领域秩序规范，下一步，民政部将引导平台修订自律公约，针对群众关心的问题持续完善自律机制，也将动员其他平台加入自律。互联网众筹这类新生事物，对一些因贫困而无法救治的人而言，不亚于“及时雨”。但 SD 筹款平台等互联网众筹平台存在的审核不严格、管理不规范问题，致使虚假众筹甚至诈捐骗捐事件时有发生，此类现象饱受诟病。这种救助模式要持续发展，就必须严格规范流程和管理，铲除违规行为滋生的土壤。唯有如此，才能被公众信任和支持。

（四）合：“诈捐”不断网络慈善众筹路在何方

1. 水滴难成“江河”轻松筹不“轻松”

纵观近些年来网络慈善众筹平台发生的诈捐、骗捐事件，主要分为以下 4 个类型。

（1）夸大病情及所需费用，提高筹款金额

部分病人家属为能够获得更多的善款，常常夸大病情及所需费用，提高筹款金额，最后将多出的部分用于其他地方。把病说得太严重，误导不懂的人捐款，最后真正需要帮助的人却没有得到救助。例如：2019 年 6 月 20 日一名乳腺癌患者的亲属称为母亲花光积蓄，后续治疗每月需五六万元，因此在网筹上发起目标30万元的筹款。全部治疗费用仅在5万元左右。

（2）未专款专用，善款被挥霍

部分病人筹得善款后死亡，未用到这笔钱，家人并没有将筹来的善款退还或者捐给所需之人，而是留作私用、挥霍。例如：2019年6月19日一名儿童因重症住院，家人通过网筹平台共筹到15万元善款，但最后孩子不幸去世，未用到善款，父母却用善款旅游、玩乐，网友称“受到了欺骗”。

（3）谎报家庭情况，骗取善款

部分病人其实家庭条件很好，完全可以负担得起治病所需费用，却谎称家庭贫困，已无力支撑，骗得善款。例如：2019年5月14日一名病人在网络平台上发起求助，称已无钱治病，但最后调查发现其家中房、车都有，经济条件完全能支撑其治病费用，比大部分捐款人家庭生活好很多，疑似诈捐。

（4）线上购买病人资料进行诈捐

由于网络监管力度不够，有商家代写众筹文章，还有商家出售虚假疾病诊断书、检查报告等材料。犯罪分子通过网络购买这些材料后，在平台发起众筹，进行诈捐。例如：2019年6月15日一名青年在网筹平台发起个人求助项目，称为患急性淋巴细胞白血病的朋友筹款。最后调查发现其在互联网上购买病人的病历等信息及众筹文章进行诈捐。（以上案件来自“镇江网警巡查执法”官方账号）

从诈捐、骗捐的4种常见类型我们可以发现，当前网络慈善众筹平台存在着对发起人的病历真伪和筹款金额等信息审核不严格、对发起人的家庭财产核实不精确和对筹得的善款监管不到位等问题。

2. 信任不易，且行且珍惜

以SD筹款平台为例，其实众多网络慈善众筹平台也做了不少的工作：SD筹款平台在2018年度开始应用“线上材料审核＋实地探访核实＋医院直审通道”多重审核机制和“人工＋AI”的风控技术，进一步提升审核效率；联合行业其他平台共同发布了《个人大病求助互联网服务平台自律倡议书》和《个人大病求助互联网服务平台自律公约》，以更加严格的行业发展标准来规范平台行为，加强与各方沟通，呼吁社会监督，共促行业发展。

与此同时，SD 筹款平台还在全国发展了 17 000 名爱心志愿者，遍布全国进行实地患者探访，关爱困难大病家庭的同时，力求每一次求助行为都真实可信，每一笔善心款项都落到实处。

但是在 2019 年，SD 筹款平台还是出现了“百万众筹”这一闹剧，网友开始质疑 SD 筹款平台审核机制。SD 筹款平台吸取这一教训，采取覆盖筹款发起、传播、提现等环节的全流程动态审核，借助社交网络传播验证、第三方数据验证、大数据、舆情监控等技术和手段对筹款项目进行层层验证。结合平台大数据及技术优势，从风控、技术、客服、法务、财务、安全监察等部门抽调业务骨干组成专项应对小组，对风控和审核系统持续迭代和优化。此外，SD 筹款平台也不断重点强化外部交流合作、建立警企联动机制，内外联动形成合力，重拳出击不诚信求助行为。

相信无论是 SD 筹款平台还是其他网络慈善众筹平台，初衷都是致力于通过自己的努力，去搭建筹款人和捐款人之间信任的桥梁，让温暖的传递不打折，让真正值得帮助的大病患者收到救命钱。但是现在摆在其面前最紧迫的任务是：如何重建用户信任，做到公开、透明地完成互联网帮扶和救助，让整个行业能规范化发展。面对数百万大病家庭的期盼，数亿捐款人的托付，网络慈善众筹平台任重而道远。诈捐不断，敢问路在何方；信任不易，且行且珍惜。

二、案例分析报告

（一）理论基础及概念界定

1. 福利多元主义与协同治理理论

福利多元主义作为社会政策的一个重要的宏观分析范式，关注了福利的多元来源、供给、传输的结构，同时也强调通过国家、市场、志愿性和非正式福利部门相互合作来提供更丰富的福利服务。在福利国家陷入困境之时，福利多元主义给社会保障提供了新的解决思路。它一方面纠正了过分强调国家提供福利的错误认识，提出国家、家庭、市场、志愿组织等多元福利提供者的职责并重，实现从福利的国家提供模式转型到福利的多元提供模式等重要的观点；另一方面，也弥补了市场提供福利的不足，提出建立多元福利提供者的结构。

很多学者，如刘继同和冯喜良、彭华民、岳经纶和张孟见等都先后提出了福利多元主义对我国社会福利制度改革具有的借鉴意义。尤其是在我国社会福利制度建立经历了从计划经济体制向市场经济体制转型的过程中，新型的社会保障制度随之出现。市场经济的发展在强调市场与社会保障制度的关系，但传统的家庭、社区在社会福利制度中扮演的角色，新兴的志愿组织、民间团体在社会保障中应该发挥的作用在一定程度上被忽视。中国具有强调家庭作用的传统文化和价值，有组织结构严密的社区，有密切互动的邻里关系，它们在福利提供中起到一定的作用。目前，西方国家经验已经证明其过分依赖国家和市场的路径先后失灵，因此福利模式不能照搬西方国家的经验。如今，福利多元主义给我们提供了一个可以借鉴的理论模式：平衡不同的福利提供者的作用，避免国家在福利提供中过分地保障，也避免市场成为唯一依靠的渠道，通过多方合作来构建一个有稳定的福利保障、和谐发展的社会。

福利多元主义，特别是其中的志愿组织和民间团体提供的志愿性福利供给，对于我国福利体系的建立具有重大的借鉴意义，加上与互联网平台的结合，更进一步扩大了志愿性福利的供给、需求及影响。但是，福利多元主义较多强调国家、市场、志愿性和非正式福利部门在横向维度上的合作，而在一定程度上忽视了不同主体之间在纵向维度上的协同关系。尤其是以 SD 筹款平台为例的，带有互助性质的志愿性福利供给，尽管与互联网平台结合之后，有了一定的发展，但是互助的特点加强的仍然是志愿性服务在横向维度上的宽度，其纵向维度上的协同治理和监管方面的问题并没有得到解决。

因此，需要在多元福利供给中考虑引入协同治理的因素，解决志愿性福利在纵向维度上的缺陷。协同治理是指政府、企业、非营利组织、公民个人等都作为参与主体，协同解决公共服务的难题。表面上看，协同治理的参与主体与多元福利相似，但是其更强调社会协同的政府主导机制、社会协同的责任分担机制、社会协同的合作动力机制、社会协同的成本分担和收益分配机制、社会协同的集体行动机制、社会协同的信息共享机制、社会协同的监督评估机制等，因此能够有效弥补志愿性服务与互联网平台结合后只有横向上的宽度，而在纵向上缺乏责任分担和监管评估的不足。

协同治理可以考虑通过以下六种方式构建责任共享、成本共担、协同评估和监督的机制。

一是构建社会协同的政府主导机制。首先，政府要明确自己的社会治理职能，实现理念的彻底转变。社会整体利益的最大化是多元社会主体协同的最高目的，政府发挥主导作用的主要任务是充当支持者、组织者、倡导者的角色。其次，政策输出也是政府在社会协同中的主导作用的具体体现，政府要提供良好的政策法律环境和制度安排，通过这种环境和制度安排促进多元社会主体的协同。最后，多元社会主体协同的最终实现，需要政府积极主动地去促成。

二是构建社会协同的责任分担机制。社会协同治理强调责任共担，政府在其中扮演的是监管者、规制者的角色，这就要求政府避免承担无限责任的问题，建立各社会协同主体合理分担的有限责任机制，即各社会协同主体履行政府的部分职能并同时承担相应责任。

三是构建社会协同的合作动力机制。这一合作动力机制应该包括两方面内容，分别是激励与竞争机制。激励机制需要为包括政府在内的各个社会协同主体提供一些诱导性因素，激励他们合作，使其产生合作行为。竞争机制需要具有两类竞争关系：第一，几大社会协同主体在社会协同的过程中，在协同方案的选择、权力与稀缺资源的分配等方面展开的竞争；第二，各社会协同主体内部在协同的过程中，各主体成员之间为争取参与的机会而展开的竞争。

四是构建社会协同的集体行动机制。社会协同合作就是要求各社会协同主体共同处理社会事务，在这个过程中，针对要解决的社会公共问题采取集体行动，这就需要在社会协同主体之间建立高效的集体行动机制，这一机制的目的是实现各自有不同目标和利益诉求的社会协同主体在具体行动上能够相互合作、协调，以降低解决社会公共事务的内部成本。

五是构建社会协同的信息共享机制。信息共享机制的构建，政府一方面要提高信息公开的自觉性；另一方面要积极构建社会治理信息互动平台。

六是构建社会协同的监督评估机制。在监督评估机制中，监督包括内部监督和外部监督。内部监督一方面依靠政府，运用法律法规、政策等方法，对整个协同网络行为的总体性进行监督；另一方面社会协同规则赋予了参与协同的各成员之间相互监督、相互约束的权力，在具体的社会协同行动中互相监督，可以达到合作的预期效果，也可以避免各成员自身的合理利益受侵害。外部监督可以成立专门的监督队伍，同时接受来自公众的监督，尽可能地实现社会治理信息的公开透明，保障社会治理各协同主体合情、合理、合法地进行社会公共事务的共同治理。

2. 公益众筹与福利多元主义

“众筹”一词，最开始源于美国一网站，该网站主要的作用是为有梦想、有创造力的人提供筹资的平台。早期，西方学者对“众筹”的概念多有界定。在保罗·贝拉弗雷姆看来，众筹就是一种公开招标，新企业通过互联网，它以募捐形式，或某种形式的回报、股权作为保证，希望公众提供资金，支持筹资者实现特定目标。有学者提出，众筹是个人和组织通过互联网从相对数量较多的公众处获得对于每个人而言又相对较少的资金，以此启动项目。

随着近年来众筹在中国的兴起与发展，国内的一些学者也对“众筹”给出了自己的定义。其中以陆松新的观点最具代表性，他认为众筹是指项目发起者通过利用互联网或 SNS（Social Networking Services，社会性网络服务）传播特性，发动众人的力量，汇聚各方面的资金、能力和渠道，为小微企业、艺术家或个人进行某项活动或创办企业提供必要的资金援助的一种融资方式。

公益与众筹的结合是近年来的一种新生事物。在我国，从学者到非政府组织，对公益众筹的概念都有着不同的看法。目前，根据邵祥东的总结，公益众筹的性质有三种不同的理论观点。一是社会投资论。认为它是一种从慈善捐赠基础上发展而来、具有验证价值的新型投资方式，强调这种投资不是对营利性组织的投资，而是对社会的投资。不过，这种观点认为项目发起人应向投资人提供非现金（如荣誉证书）或股权回报，主张使用经济学融资理论加以分析。二是社会公益论。认为它是一种带有赠予性质的公益行为，是互联网时代的一种新型公益模式，也是一种常规的、特殊的网络捐赠方式。三是社会救助论。

认为它是一种新型社会救助模式，是对国家主导的社会救助体系的有力补充，是一种为特殊贫困群体服务且无经济回报的社会救助模式。而近年来，大量的研究均集中在后两类性质上，关注其社会公益属性和社会救助属性，如讨论众筹的绩效和包括社会结构特点在内的各种影响因素，以及讨论如何围绕这两个性质进行制度建设。

从福利多元主义视角来看，公益众筹的这三个属性都体现为在该体系下与政府福利、市场福利和各种非正式性福利并列的志愿性福利。而该志愿性福利的发展，能够依靠公众的互助，在政府和市场福利供给不足的情况下，或者难以依赖政府和市场的背景下，有效弥补其他角色福利供给的不足。而正式志愿性福利的出现，能够在一定程度上推动福利多元化，最终不仅可以在宏观上解决福利国家危机问题，而且可以促进社会的良性循环和可持续发展，但也不可避免地存在着其缺乏认责共担、信息共享和监督评估的缺点。

3. 众筹平台

众筹平台是指发布个人求助、网络互助的非慈善募捐信息的互联网平台，它也是服务于求助者与捐助者的信息交流中心和中介。在提供运营和服务的过程中，既要对求助者进行指导监督，也要对捐助者进行教育和服务。值得注意的是，个人求助、网络互助的真实性由信息提供方负责，而非众筹平台负责。

目前的众筹平台主要是依托微信进行传播，这种以微信作为社交体系的方式，能够以每一位微信用户为“圆心”，形成中国人社会关系的“差序格局”，每个人以自己为中心形成网络，向四周扩散层层传递，波纹的远近可以表示社会关系的亲疏程度。众筹平台就是借助这样的方式达到求助信息层层传递的目的。杨帆认为用户在朋友圈获得的信息，通常来自熟人发布，所以在一定程度上是基于个人意愿的选择，与用户本身具有高度的相关性。众筹平台正是基于这些特性，以“熟人社交 + 公益”的方式，使得求助项目能够迅速地触达更大的范围，一方面容易让用户产生信任；另一方面也能提高项目完成速度。而众筹慈善和互联网平台的结合，有力地助推了志愿性福利供给和需求的快速扩大，进而为福利多元主义在横向维度上的扩展起到了重要的作用。但仍然未能解决其责任问题、信息问题，以及监督和评估的问题。

4. 协同治理因素应用于互联网公益众筹的分析框架

网络公益众筹的运行程序复杂，因此想要顺利地实现治理目标，需要不同主体之间齐心协力。本文认为网络公益众筹的基本分析框架应该包含三个基本条件：主体多元、主体互动和提供保障。由此，提出适用于本文的分析框架（见图1）。

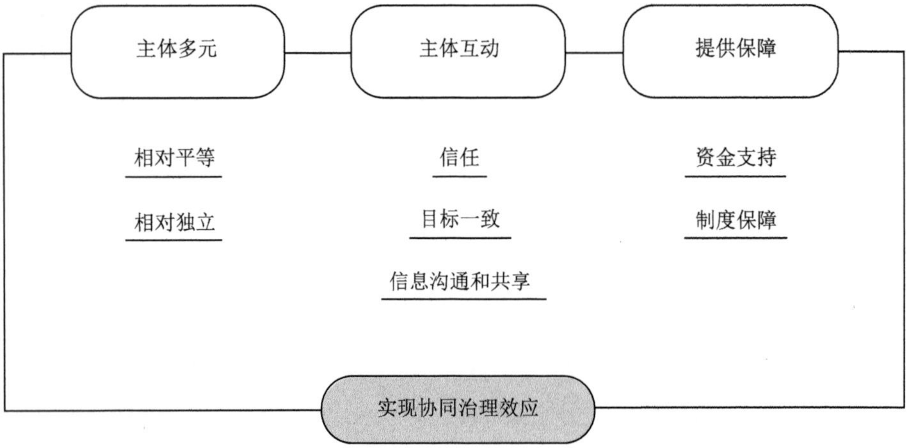

图1　网络公益众筹的协同治理分析框架图
（来源：杨帆．互联网个人求助类众筹面临的困境及突破——以协同治理理论为视角［D］．长春：吉林大学，2019.）

（二）案例分析

1. 采取的研究方法

本文采取定性研究和定量研究相结合的方法。其中定性研究通过网络材料的话语分析及深度访谈的形式进行，主要用于发现问题；定量研究通过总结定性材料后设计的调查问卷方式进行，并通过对问卷结果进行描述性统计，验证定性分析发现的问题。

在网络材料的话语分析方面，主要通过“有车有房，百万众筹”事件参与的受捐赠方、捐助方、平台管理人员，政府部门以及网友在网络上发布的描述和评论进行深度的分析，以此挖掘出案例最原始的材料，形成案例分析的基础。

在深度访谈方面，主要是在网络材料的分析之后，将“有车有房，百万众筹”案例参与各方作为研究群体，通过直接面对面交谈的方式，来获取预先设想的调查信息。在访谈过程中分别访谈了对 2 位筹款发起人、10 位捐赠者、4 位政府工作人员，以及 4 位筹款平台方工作人员，即一共 20 次面对面的深入访谈，探究网络慈善筹款现状，分析网络慈善中暴露出来的监管不严、审核不足、后续缺乏跟踪等问题及问题的成因，并通过与政府、市场、传统慈善以及网络慈善等多角色作用的比较，为如何促进网络慈善筹款的监督管理和培育发展提供合理化建议。

在调查问卷方面，研究小组根据文献和定性访谈的材料设计并发放了调查问卷，共发放问卷 550 份，回收有效问卷 528 份，问卷有效率达到 96%。问卷问题主要集中在对于互联网慈善平台的态度和参与，重点关注了公众对该平台优势的认可程度和对于劣势的认知程度。

2. 参与网络公益众筹的主体

对于多元主体的划分，一个层面是较为宏观的划分，包含政府、社会和市场主体。我们根据网络公益众筹的现实情况，进行比较微观的划分，认为多元主体主要包括政府、市场主体、社会组织、媒体和公民（见图 2）。

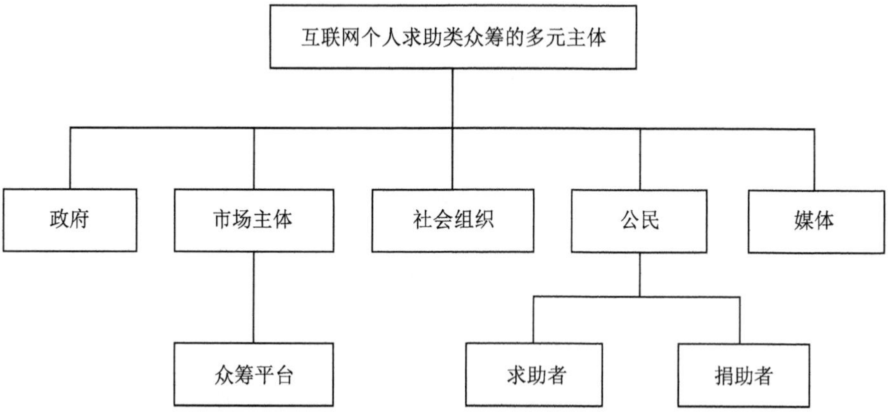

图 2　网络公益众筹的多元主体型（作者自绘）

3. 主体之间的互动关系

不同的主体所具备的优势是不尽相同的，因此如果各主体之间能够通过互动，使自身的优势得到全面发挥，更有助于充分实现协同治理效应。网络公益众筹的多主体互动类型特点主要包括信任、目标一致、信息沟通和共享。

信任是实现协同治理的前提，只有各主体之间能够做到相互信任，网络公益众筹的其他环节才能够得到运行下去的机会；目标一致是实现协同治理的必要条件，因为每个主体都是一个独立的个体，意味着需求有所不同，但正是这些独立的主体共同构成了协同治理这个整体（见图3），所以说达成协同治理的方向性和治理任务的统一性是格外重要的；信息沟通和共享是协同治理顺利实现的基本条件，互联网时代也是一个信息大爆炸的时代，如果没能达到充分的沟通和共享，网络公益众筹要想实现健康长久的发展就变成了幻想。

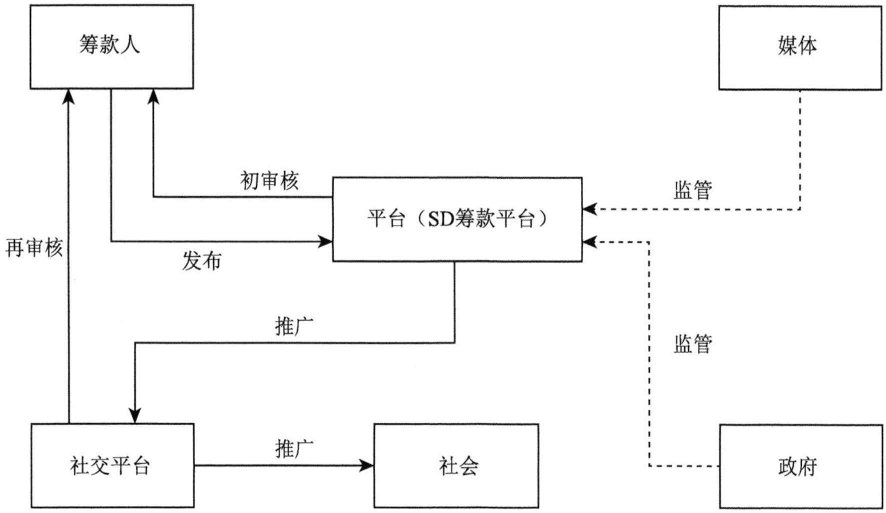

图3 主体之间关系模型资料（作者自绘）

筹款人通过SD筹款平台等网络平台发起募捐筹款申请，经过平台初步审核成功以后，由社交媒体进行二次审核，审核通过以后，SD筹款平台等网络平台会通过社交平台进行相应的推广宣传，将信息传递给社会大众。这一过程受到政府和媒体的监督。

4. 多元主体层层把关，为何层层放“水”

（1）左手慈善，右手公益，SD 筹款平台难保无水分

通过访谈，来自 G 省农村的筹款人 L 某告诉我们：有朋友告诉我可以使用这个平台众筹，我就发起了 SD 筹款，这个材料审核的过程不算复杂，会有 SD 筹款平台的工作人员联系我，告诉我怎么填写。”当问及是否会对提交资料进行审核时，L 某告诉我们：“我提交以后没过多久就有自称是 SD 筹款平台的客服人员联系了我，对于提交的资料只是让我完善了一下，简单地问了我几个问题，并没有询问我什么，至于有没有去别的地方核查我就不清楚了，反正没多久就审核通过了。”关于众筹资金我们带着问题又咨询了 L 某，他告诉我们：“众筹金额是我听大夫说后续治疗费用，然后结合自身实际情况提出来的，客服人员对资金这块没提出什么意见。”

首先，从筹款人 L 某的访谈记录来看，以 SD 筹款平台为代表的网络慈善募捐平台对于发起者的“门槛”很低，基本上不设置什么标准和要求；其次，对于求助者的真实家境调查并不详细，对需要帮助的对象了解也不全面，对于发起者填报的信息没有细致深入的调查和审核，存在许多不真实的情况；网络慈善募捐平台监管机制也不完善，在具体捐款审核和资金监管方面还存在许多漏洞。

捐赠者一度希望平台能解决这个问题，但“诈捐门”事件为平台泼了一盆冷水。SD 筹款平台的线下团队对病患审核不严谨，平台的审核机制在这个环节就失灵了。不仅如此，平台作为最关键的执行机构，还可能参与造假，这会大大降低公众的信任度。这类平台能否尽到义务、自身的道德风险谁来监控成了新的担忧。

引起以上问题的原因是多方面的，首先，网络募捐平台以简单、方便的申请途径成为许多人求助的方式，但是因为平台自身缺乏专业的审核资质，不能有效对求助者的信息进行核查，而是需要用亲戚朋友的证明这种方式辅助审核流程，这就造成对求助者隐私保护不到位的现象时有发生；其次，平台自身也没有足够的审核能力去对求助者家庭信息进行更详细的调查，只能通过证明材

料和有效证件完成初步审核，这种审核就很有可能造成虚假信息的涌入，为诈捐行为提供可能性。

(2) 制度存漏洞，人性无良知，道德无底线

曾经热衷于做慈善的捐赠者C某告诉我们："到底是要在家里已经达到山穷水尽再拿不出一分钱的情况下才能发起求助，还是只出现因病导致现有生活质量下降、消费降级的情况，就可以发起求助呢？目前发起的众筹没有一个明确的标准，这是影响公益众筹信誉度的一个关键。"

从捐赠者的访谈记录我们不难看出，网络慈善募捐平台对筹集到的捐款没有做到严格的后续监管，平台只做到了收集捐款，却在使用捐款这个关键的环节缺少相关措施；筹集的善款数量缺乏科学合理的审核机制，善款金额的设定本应由具有资格的部门进行具体评估，平台却将这个权力交给求助者，这就会造成求助者虚假申报捐款金额的现象发生；诈捐行为的屡禁不止让社会爱心人士对网络慈善募捐产生诸多质疑；同时，网络慈善募捐平台存在着审核不严格的问题。

经过讨论分析，我们认为引起以上问题的原因主要在于平台自身审核环节漏洞较多，致使诈捐现象经常发生，这进一步导致了社会公众对类似平台产生了不信任，对捐款平台丧失信心。加之，捐款后期没有有效的审核方法，无法有效做到资金后续跟踪监管，这很有可能让不法分子利用，用社会的爱心捐款来满足自己的私人欲望，对筹款金额设置的不合理，一方面让不法分子有机可乘，获取非法捐款；另一方面也让真正需要救助的筹款人不能获得有效帮助，从而对大病治疗造成负面影响。

(3) 法无授权，不能被政府监管

出于对网络慈善募捐平台的诸多质疑，我们走访咨询了与平台管理息息相关的H省卫计部门、H省某县民政部门和某市扶贫部门的工作人员，面对着公众的质疑，政府部门也是一肚子委屈。以民政工作人员M的访谈材料为例：

我们各部门做了大量卓有成效的工作，制定了一系列完备的救助政策和救助流程，但是一方面工作的知晓度低；另一方面因为要兼顾公正、公开、透明和严格把关，所以在效率方面就会打折扣。面对着当前网络上存在的“诈捐门”事件，受访者告诉我们“网络个人大病求助应该属于个人求助，个人求助不属于慈善募捐，属于民事赠与关系，不在民政部门法定监管职责范围之内。”我国慈善法也没有将网络个人大病求助纳入规范范畴。

通过对政府部门的深度访谈，我们意识到群众对相关政府医疗保险救助内容了解程度较低；相对网络慈善募捐平台而言，政府医疗审核流程复杂，审核期较长。

由于政府部门在推行新的医疗政策时宣传不到位，对于一些偏远地区的求助者而言，并不能及时迅速了解最新的医疗政策，从而错过有效的捐助。另外，政府因为自身工作性质，对提交的审核材料需要进行严格的审查，这就间接导致审查流程复杂，审核期过于漫长，让需要紧急救助的人错过了求助的最佳时期。从另一方面来看，政府有属于自己的社会医疗审核方法，其通过国家直接对求助人进行帮扶。从这个角度来看政府属于非营利的社会公益组织，其帮扶行为不应掺杂任何商业行为。以 SD 筹款平台为例的网络捐款平台虽然是一个爱心捐款的网络机构，但是从本质上来说它们是有着商业营利的方面，平台通过促进完成捐款案例，来提高自己的知名度。这对于动用社会资源去帮助审核是不合理的，而且政府部门需要审查医疗保险相关的案例材料，没有充沛的精力去审核平台的申请信息，对政府部门来说是心有余而力不足的，所以政府部门往往不愿意对 SD 筹款平台等网络捐款平台提供全面的审查服务。这就会导致审核流程由捐款平台自己负责，而政府不能提供有效的监察负责服务就会为诈捐行为提供可能性。

此外，个人求助不属于慈善活动。我国慈善法没有禁止个人求助，但这一行为也不在慈善法的约束范围内，也就不在民政部的监管之下。求助者和捐赠者原则上只要两相情愿就可以，前提是求助者提供的信息真实透明。而在互联网时代，平台有没有意愿、有没有能力提供保障就成了关键。

（4）网络众筹平台最大的“愁”，SD筹款平台最大的“水”

平台方表示仅仅依靠自身难以解决信息不对称的问题，需要多方参与，帮助平台审核申请者信息，评估筹款使用。以平台工作人员L的访谈材料为例：

> 我认为我们当前最需要政府提供审核帮助。正如我刚刚所说，社会针对我们平台的争议多数源自我们对筹款人个人信息的审核，平台在核实筹款人的车辆、房产、存款等家庭经济情况时缺乏合法有效的途径，我们平台审核甄别力量也有限，所以我们需要民政、工商、网信、交管、住建、银保监会等部门建立联合审核机制，对我们提供审核帮助。

我们通过对平台内部工作人员的走访发现，平台缺乏合法有效的途径对求助者提供的信息进行审查，对筹款使用情况进行评估是目前网络公益募捐平台存在的最大问题也是最难解决的问题。引起上述问题的原因是多方面的。

首先，网络公益募捐平台自身所处的大的网络环境致使众网友在发表言论时不够合情合理，进而造成了虚假信息干扰平台审核，审核效率不高的后果；其次，在信息审查方面，由于平台自身属于第三方机构，没有合法的途径调查求助者个人信息。根据法律规定，任何第三方机构都不允许私自调查并收集私人数据和信息，而这种监管行为如果得不到法律的支持就很难高效开展下去。尤其是对于这种公益捐款的监督更应该符合国家相关法律法规，不可以由私人随意调查求助者的财产、家庭状况等个人隐私。这也是许多平台和部门想要严格审查，却没有办法进行严格审查的重要原因之一。政府部门对材料审查有着严格流程，但是这也会在一定程度上让审查进度有所延缓。这样就和捐款平台时效性的特点有所违背，因此如果全部依靠政府监管也存在一定弊端。

为了让网络筹款平台值得信赖，SD 筹款平台等平台也采取了一些核实求助信息的措施。例如，SD 筹款平台增加了现场本人视频验证环节，一些特别的项目还需要医生连线佐证。但是不难看出，网络筹款平台的核实主要还是针对患者的病情和所需治疗费用的额度，而一个人不大可能在这些“浮出水面的冰山一角”上动手脚。屡受公众质疑的患者家庭经济状况，才是更需要调查核实的“水面下的冰山”。对患者病情、所需治疗费用额度等求助信息的核实，无疑是必要的，但还远远不够。

尽管平台表示基于熟人社交的筹款平台有利于公众监督，并且呼吁社会各界进行共同监督，但当公众监督真的到来时，它们却不能及时回应和消除公众的疑虑。如果说“骗捐”是网络筹款平台的“忧愁”和“水分”的话，在核实患者家庭经济状况上，能力不足才是网络众筹平台最大的“愁”、SD 筹款平台最大的“水”。

（5）戴着镣铐起舞——舆论媒体监督任重道远

网络的兴起也带动网络媒体监督的悄然兴起。需要注意的是，一方面目前网络上信息的真实性有待提高；另一方面网络上情绪化严重，加之网络媒体监督缺乏相应的法律监管及网络媒体从业人员素质良莠不齐等问题，导致舆论媒体监督在实践中还存在着不足，如存在着认识上的误区和操作上的障碍。因此，在现行的新闻舆论监督过程中，在多数的情况下，总是呈现出一种滞后性。它或多或少的是以人民的利益和国家的财产受到损害为代价的。仅仅依靠舆论难以解决信息审核和筹款使用评估的问题。

（三）对策建议

研究小组根据文献和定性访谈的材料设计并发放了调查问卷，共发放问卷 550 份，回收有效问卷 528 份。通过对问卷的统计性分析发现，受访者中的 62.83% 都曾经参与过网络公益众筹平台的发起的捐款项目。当被问及为什么会选择“SD 筹”等网络慈善平台筹集善款时，选择方便快捷和传播范围广的分别占到 59.86% 和 67.61%（见图 4）。

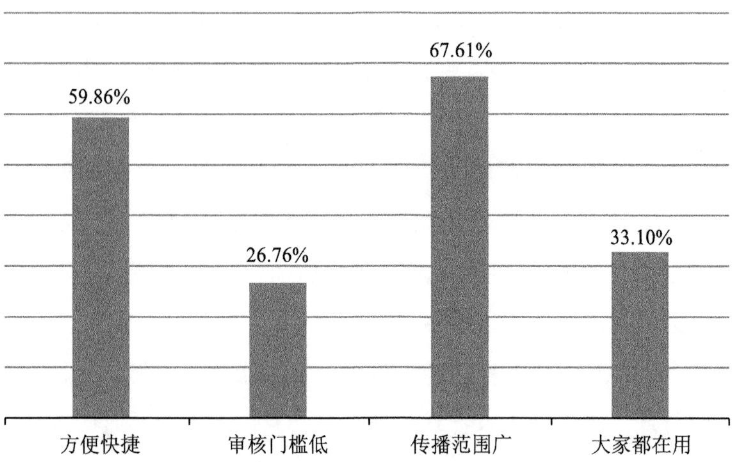

图4　为什么会选择SD筹款平台等网络慈善平台筹集善款（作者自绘）

在问及为什么不选择向政府部门申请救助时，受访者中有66.23%的人选择不知道该向政府哪个部门申请（见图5）。此外，不断被曝光的诈捐新闻也消耗了公众的热情，磨灭了公众对平台的信任。

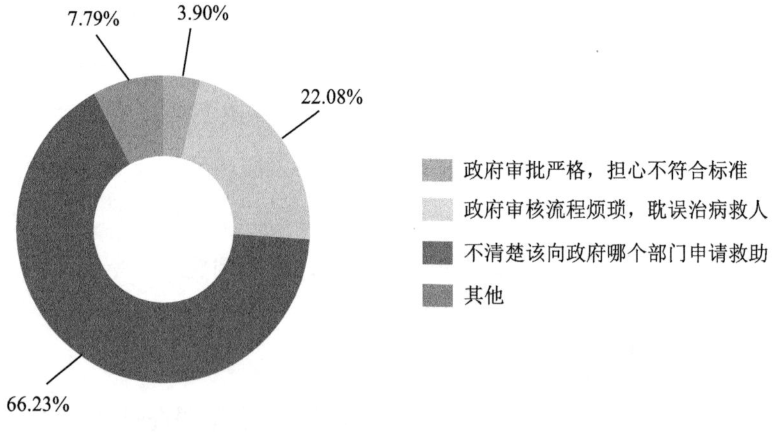

图5　为什么不选择向政府部门申请救助（作者自绘）

由此可见，受访者的意见集中在两方面。一方面，大部分受访者都认可了网络慈善募捐平台在易申请、速度快、传播广等方面的优势，这说明网络慈善具有非常好的公众支持；另一方面，受访者对网络慈善的信任度较低，正如“百万众筹”案例所反映的，公众对于网络慈善最大的质疑都集中在申请者信息审核和筹款监管方面，这一问题如果不能得到很好的解决，将严重制约网络慈善的持续性发展。因此，需要考虑如何能够更好地实现协同治理，通过政府和捐助者、求助者、众筹平台、媒体多方协作，解决信任问题。

1. 充分发挥多元主体的有效性

（1）培育公益精神

网络公益中的行为失范事件，根源在于道德缺失，因此适当进行引导对于道德建设很有必要，通过潜移默化的教育来纠正不正当的众筹行为。公益精神的培育既需要时间的沉淀，也需要文化的熏陶。随着技术的发展进步，媒体能够在很大程度上影响公民的价值观。一方面，媒体尤其是网络媒体通过宣传、报道、转载、评论等传播方式，对网络公益项目进行跟进，以及扩大相关众筹平台的影响力。媒体因出现场合的广泛性和多样性，很容易在普通公民身边形成浓厚的公益慈善氛围，并且在潜移默化之中影响普通公民对于网络公益众筹的优劣评判。另一方面，媒体也要承担起一定的社会责任，要做到正面引导社会舆论、全面准确地承载信息。

（2）引入行业自律机制

网络慈善募捐平台应积极配合有关部门监管，优化审核流程，力争实现更严格的风险控制，如可以定期对捐款平台进行抽查，对违法违规现象及时惩处，防止因小失大造成严重后果，整顿捐款平台的执行流程；主动与政府部门及具有相关审核资质的医院进行合作，形成多个部门联合监管格局，做好信息整合及信息资源共享，让越来越多的平台主动积极地加入进来，解决现在无人愿意主动承担责任的现实问题，减少类似诈捐行为的发生；运用大数据筛查审核资质，利用科技手段在法律允许的条件下查看求助者消费、财产、住房、医疗等信息，对不符合要求的申请进行驳回，减少公众质疑；扩容线下志愿者，依托地方志愿者协会等组织，对筹款家庭进行线下核实，还可以由志愿者对求助者亲属邻居等亲近人员走访调查，为网络平台背后看不到的实际社会情况进行补充。这种利用线上线下同时审核的过程可以让求助者的求助信息更加真实可信，切实将社会的爱心奉献给真实的困难大病家庭，而不是成为违法分子的赚钱工具。

平台应成立独立的服务监督团队，通过实地探讨、电话回访等方式发现和查处问题。同时调整绩效管理方式，将考核重心从数量调整为项目最终过审的合格通过率。另外，线下团队也要进行学习、实行考核上岗。

（3）提高政府监管能力

①规范互联网众筹市场。政府需要考虑牵头规范互联网众筹平台，发挥引导作用，促进平台修订自律公约，净化网络环境。针对群众关心的问题持续完善自律机制，进而动员其他平台加入自律自警。这样可以由政府作为引领者，带动越来越多的平台加入，进而形成良好的网络捐款新风气。

②提供审核援助。社会针对平台的争议多数源自网络慈善募捐平台对筹款人个人信息的审核，平台在核实筹款人的车辆、房产、存款等家庭经济情况时缺乏合法有效的途径，审核甄别力量也很有限，迫切需要民政、工商、网信、交管、住建、银保监会等部门建立联合审核机制，对平台提供审核援助。因为第三方平台没有审核他人个人信息的能力和权力，所以只能通过政府部门作为引领者将不同的部门联合起来。政府作为信息审核的关键推动者，更需要对社会关心的问题提供方便。政府也可以和平台签订相关的隐私保护协议，防止出现捐款平台泄露他人隐私的现象发生，这样也能让公众减少对隐私泄露的担心。

③善款的后续监管。平台筹得的款项直接支付给个人账户，后期的监管将无法实现。政府有关部门应建立相关的监督机制，严格监管善款后续走向，确保资金使用安全。例如，由政府引导第三方监察机构的参与，如电视新闻、报刊、网络平台等，利用多种途径来完善监管流程。第三方监察机构的参与既可以缓解捐款平台独自的监管压力，也在一定程度上提高了执行的效率，同时减少了审核的困难。既提高了办事效率又为资金的合理使用提供了保障。

④出台完善相关法规。联合多个部门最重要的是要将审核机制和流程合法化，政府可以出台相关的法规条文来引导更多部门和机构参与进来。政府有责任也有权力对社会爱心资金的合理使用提供监督和对策。将相关责任落实到法律层面，让网络捐款真正实现有法可依。

⑤引入黑名单制度。政府应指导互联网平台针对恶意的诈捐行为，采取相

关惩罚措施，建立起黑名单制度。社会爱心人士的捐款不应该成为个人牟取私利的借口和手段。对待诈捐行为或者滥用爱心资金的现象，可以将这样的求助者列入法律失信人的黑名单之中，并且赔偿全部的捐款金额。情节特别严重的可以依据法律让其得到相应的惩罚，这样做对意图骗捐者可以产生强大的震慑效应。监管部门有必要将调查获得的个人不良信用信息与同行业平台共享乃至上传到全国性的个人征信系统，让联合信用惩戒机制发力，以此约束和规范平台求助行为。

法律是需要帮助者的防护屏障，同时也是不法分子的高压红线，一刻也不能触及。提高不法分子犯罪成本，让他们知难而退。这样在法律法规的监管下可以在一定程度上减少类似事件的发生。立法和相关法规的跟上，是宏观层面能提供的支持。

（4）完善外部监督机制

核实信息后，对求助者进行适当的宣传，让更多需要帮助的人得到及时的帮助，避免求助者因为捐助得不及时不到位而错过救助的机会。在宣传的同时也要注意对求助者的个人隐私进行保护，防止出现对求助者的二次伤害；对平台救助过的对象进行持续长久的跟踪调查，延长后期调查的期限和方式，确保善款用到实处，让诈捐者暴露出本来的面目。这种做法同时也是对社会爱心人士负责，让捐赠者实时了解善款使用状况；合理的宣传是形成正确舆论导向的风向标，让社会多一些爱心，少一些戾气，净化网络平台。

2. 增加多元主体之间的互动

（1）加强信息平台互通共享

①建立网络慈善募捐平台与政府联合的方式。利用政府信息平台对求助者的信息进行更加详细专业的审查。与政府签订相关的隐私信息保护条款，让捐款平台的信息审核在法律层面符合要求。信息在审核流程上采用少流程、严审查的审核机制，如资产审查和患者病情实际情况调查分别由政府机关和专业资质机构同时进行，这样能最大限度地减少审核的流程环节。并且这种方法可以让多个机构合作完成，让信息审核更加具有公信力，并且减少了虚假信息的清除工作，最大限度地提升了审核的工作效率。做到准确掌握筹款人信息的同

时，满足高效率审核的目标要求。

②建立网络慈善募捐平台与医院联合的方式。在不同的医院成立相关的审核站点，求助者发起求助应该首先向相关的审核站点进行申报。这样可以直接通过求助者所在的医院或者医疗机构对求助人的信息进行了解。如果求助人的申请被批准执行以后，再通过求助者所在的医院对求助者的详细情况进行后续调查，避免亲戚朋友辅助审查而导致求助者隐私泄露的问题，而且对求助者来说也不需要承担过多的心理压力。对社会爱心人士来说这种方法也更加具有说服力。在根源上可以遏制不法分子的诈捐行为，对真正的求助者来说这是降低门槛，而对于企图钻空子的不法分子来说是提高了门槛。

（2）加强信息的沟通和共享

①引入善款后期公示制度。网络个人求助的特性决定了求助的目的、进程、资金使用情况等各类信息必须公开透明。因此，应该要求互联网平台完善信息披露机制，如要求求助者分阶段对捐款的使用情况和被捐事项的进展情况及时披露和反馈，让捐助者可以及时了解到捐款的动向。

②提高善款利用率。引入捐款池制度，可以有效提高善款募集和使用的效率，更好地为需要帮助的人服务。比较合理的做法是，当求助者的求助额或实际收到的捐款数额超过申报事项的所需金额时，超出部分将自动划入网络求助平台的监管账户进行监管，后续根据程序要求将剩余款项转赠慈善机构，由慈善机构妥善管理和使用剩余善款，帮助更多需要帮助的人。

③增加反馈渠道。相关众筹平台应该构建一个全方位的用户信息反馈渠道，充分地利用互联网时代带来的便利，有针对性地提出改进方案，不断优化产品设计。

3. 建立相应的保障机制

对于网络公益众筹的治理，必须做到有法可依，因此明确网络公益众筹合法地位显得非常重要，这一举措能够有效加强个人求助行为的监督管理，为这种众筹模式提供保障。

一方面，对于网络公益众筹涉及的相关名词的法律概念上的界定。例如，“个人求助行为”“个人公开募捐”等名词进行法律概念上的明确。并根据实际情况制定相应的规制措施和管理办法，这样就能在实际运作出现问题时根据法律的依据作出判断。

另一方面，明确求助者的信息公开范围。让求助者知道在求助的过程中到底哪些信息是必须进行公开的，哪些信息是在保护求助者隐私的范围之内的。这样做同时也在一定程度上保障了捐助者的知情权。

三、结束语

总的来说，以SD筹款平台为代表的网络捐款平台正在越来越受到社会的广泛关注。但同时网络捐款平台所暴露出的缺乏信息共享、监管不力的问题仍然突出，其优点和缺点背后反映的是：一方面，慈善作为一种志愿性福利与互联网结合之后，充分扩大了其供给和需求，也充分利用了互联网的速度快、时效强、易发起、易参与、影响大和传播广的优势，大力推动了我国当前福利多元主义供给体系的发展；另一方面，与互联网平台的结合带来的是志愿性福利在横向维度上的扩展，而其在纵向维度上的治理缺陷，如参与主体责任共担、信息共享、监督评估缺乏的问题，仍然没有得到解决。在这个过程中，平台只起到了将志愿性福利的优势和劣势放大的作用。因此，本文在案例呈现和案例分析之后提出，需要在福利多元主义供给体系中，嵌入协同治理体系。只有要求政府、市场、平台、公众进行广度合作，也要进行深度协作的同时，才能逐渐建立多参与主体下的社会协同的责任分担机制、社会协同的信息共享机制及社会协同的监督评估机制，最终才能从根本上解决诈捐问题，促进互助性慈善平台实现可持续的发展。

参考文献

[1] 刘继同，冯喜良．转型期多元福利实践与整体性福利理论框架［J］．北京大学学报（哲学社会科学版），2005（3）：129－135.

[2] 彭华民．福利三角：一个社会政策分析的范式［J］．社会学研究，2006（4）：157－168；245.

[3] 岳经纶，张孟见．社会政策视域下的国家与家庭关系：一项实证分析［J］．重庆

社会科学, 2019 (3): 51 -63.

[4] 杨妮娜. 协同治理: 改善公共就业服务供给机制的一种路径 [J]. 税务与经济, 2014 (5): 41 -45.

[5] 邵静野, 来丽梅. 社会治理体制创新中社会协同机制的构建 [J]. 东北师大学报 (哲学社会科学版), 2014 (1): 204 -206.

[6] 肖本华. 美国众筹融资模式的发展及其对我国的启示 [J]. 南方金融, 2013 (1): 52 -56.

[7] 杨超, 唐亚阳. "公益" 概念辨析 [J]. 伦理学研究, 2015 (6): 115 -118.

[8] 陆松新. 互联网金融与众筹的兴起 [J]. 农村金融研究, 2015 (1): 25 -29.

[9] 邵祥东. 公益众筹特征识别与决策参考—— "空间—制度" 耦合嵌入视角 [J]. 公共管理学报, 2018, 15 (3): 142 -153; 160.

[10] 钟智锦. 社交媒体中的公益众筹: 微公益的筹款能力和信息透明研究 [J]. 新闻与传播研究, 2015, 22 (8): 68 -83; 127 -128.

[11] Duncan B. A theory of impact philanthropy [J]. Journal of Public Economics, 2004, 88 (9): 2159 -2180.

[12] 周建波. 创业项目选择互联网众筹影响因素研究 [J]. 新产经, 2016 (10): 16.

[13] 汪国华, 张晓光. 中国网络慈善运作模式比较研究 [J]. 社会科学研究, 2014 (3): 104 -110.

[14] 杨帆. 互联网个人求助类众筹面临的困境及突破——以协同治理理论为视角 [D]. 长春: 吉林大学, 2019.